國語國文學叢書 019

閨範 附 婦儀

학자원

국어국문학총서 19

閨範 附 婦儀

2017년 7월 25일 초판 1쇄 발행

편 자 : 김미란 김지용 공편
펴낸이 : 김병환
펴낸곳 : 학자원
주 소 : 134-814 서울시 강동구 천호대로 1121
전 화 : 02) 6403-1000
팩 스 : 02) 6338-1001
E-mail : hakjaone@daum.net
등 록 : 2011년 3월 24일 제324-2011-14호

HAKJAONE Publishing Co.
1121 Cheonho-Daero Kangdong-Gu Seoul

ISBN : 979-11-87806-42-4 93380

값 60,000원

「규범」(閨範) 해제

金美蘭

1. 「규범」(閨範)(金智勇所藏本)

(1) 편찬자와 편찬연대

1)편 찬 자 : 미상

2)편찬연대 : 책 말미에 이 규범을 편찬하게 된 경위에 대하여

「庚午年에 한가한 틈을 타서 적어 놓았다가 壬申年 여름에 완성하였다.」

는 기록이 있다. 이것으로 보아 1872년이나 1932년에 저술되었음을 짐작할 수 있다.

(2) 표기방법

이 책은 앞에서는 한문으로 기록하였고 뒤에서는 같은 내용을 한글로 번역하여 병행하여 기록하였으며 필사본이다. (국문은 아려한 궁체 달필)

(3) 편집체제 (국한문 39張)

이 규범은 다음과 같은 체제로 구성되어 있다.

內篇 執德 第一
- 貞一章
- 忠信章
- 靜重章
- 溫和章
- 公恕章
- 謙恭章

外篇 篤倫 第三
- 奉先章
- 事親章
- 敬夫章
- 事尊長章
- 教子孫章
- 敦宗族章

修身 第二　存心章
　　　　　愼行章
　　　　　謹言章
　　　　　協儀章
　　　　　敬事章

範家 第四　御下章
　　　　　和隣章
　　　　　恤窮章
　　　　　勤女工章
　　　　　戒奢侈章
　　　　　遠鬼佛章

(4) 「규범」의 내용

이 책은 내편과 외편으로 나누어 내편에서는 자신의 마음을 닦는 문제, 즉 내면의 문제를 다루고 있고 외편에서는 주위 사람들과의 문제, 즉 외적인 문제에 대하여 다루고 있다。이것은 안에서부터 시작하여 밖으로 확대시켜 나간다는 修己治人의 관점에서 상당히 논리적인 면을 보여주고 있다. 여기서 기술된 덕목들을 구체적으로 살펴보면 다음과 같다。

내편

집덕(執德)(덕을 지킴)

정일(貞一): 「貞」이란 바른 것을 지키어 사특함이 없는 것이며 「一」이란 두마음이 없는 것을 말한다。

충신(忠信): 성실한 것을 말하며 덕의 근본이다。구차와 허위는 忠信의 敵이다。

정중(靜重): 고요하고 진중함을 이른다。

온화(溫和): 따스하고 두텁고 화순한 덕을 말한다。

공서(公恕): 論語에 나오는대로 내가 하고저 아니하는 바를 남에게 베풀지 말라는 것을 의미함

겸공(謙恭): 스스로 빈듯이 하고 스스로 낮은듯이 한다。

수신(修身)(그 몸의 움직임을 삼가고 닦는 것)

존심(存心): 마음은 일신의 主宰다。슬기, 꾀, 생각, 염려등이 여기에서 비롯되기 때문에 마음은 만가지 일의 근본이 되는 것이다。따라서 물욕에 빠지지 않도록 하여야 하고 항상 조심하여야 한다。

신행(愼行): 어진 것은 행하고 사나운 것은 행치 마라。어진 일에 밝은 후 어진 것을 행하고 사나운 일을 살핀 후 사나

운 일을 버려야 한다.

근언(謹言) : 말은 망령되이 하는 것이 아니다. 그러므로 마지못해 입밖에 내어야 허물이 적다. 말씀이 간략한 사람은 마음이 고요하다.

섭의(攝儀) : 威儀를 단정히 한다는 뜻이다. 위의는 비록 작은 것이지만 작은 행실을 갖지 않으면 큰 덕을 갖출 수 없다.

경사(敬事) : 일잡기를 공경하고 망령되이 하지 말 것

외편

독륜(篤倫) (윤리를 돈독히 함)

봉선(奉先) : 先世를 잊지 않고 그 덕을 追報코저 하는 것으로 자연스러운 정성으로 奉祭하여야 한다.

사친(事親) : 부모의 은혜는 말로 다 표현할 수없다. 사랑만도 아니고 공경만도 아니고 둘 다 해야 한다.

경부(敬夫) : 부부는 천지의 도이다. 等分과 強柔에 있어 다름이 있으니 공경하여 두려워 하여야 하며 업수이 여겨서는 안된다.

사존장(事尊長) : 부인의 도는 낮추는 데 있으므로 어른 섬기는 데는 더욱 공근함을 극진히 해야 한다.

교자손(教子孫) : 자식은 어릴 때부터 가르쳐야지 크면 제어키 어렵다. 빛나는 옷과 맛있는 음식은 교만케 하므로 조심해야 한다.

돈종족(敦宗族) : 종족은 조상을 한가지로 한 사람들이다. 따라서 사랑하는 마음을 지니고 돈목히 지내야 한다.

범가(範家) (집안을 다스림)

어하(御下) : 비복이 천하지만 같은 사람이므로 사랑해야 하며 고르게 대해 주어야 한다.

화린(和隣) : 이웃은 나와 한가지로 한 마을에 사는 사람이니 은혜로서 대해 주어야 한다. 환란에 서로 구하고 서로 도우며 살아야 한다.

휼궁(恤窮) : 궁박한 자도 나와 같은 사람이니 남에게 빌어 살기를 구하는 사람을 어여삐 여겨야 하며 그를 도와주어야 한다.

근여공(勤女工) : 가난해도 아내가 부지런하면 부자가 될 수 있다. 그러므로 여공에 힘써야 한다.

계사치(戒奢侈) : 아무리 부자라도 재물이라는 것은 진함이 있으므로 사치의 해를 경계하여야 한다. 따라서 검소가 마땅하나 거기에도 도리가 있다.

원귀불(遠鬼佛)：인생의 명과 길흉화복은 사람의 선악에 따라 하늘에서 받는 것이므로 귀신과 부처 섬기는 데 기울여져
서는 안된다。

(5) 「규범」의 특징

첫째 한글로 기술하였다는 점이다。 즉 앞에는 한문으로 기술하였지만 뒤에는 이것을 한글로 번역하여 기록함으로써 독자층을 확대하고 있다。 다른 규범들이 여성교육을 목표로 하고 있으면서도 정작 표현문자에 있어서는 여성들이 해독하기 어려운 한문으로 기록하고 있는 것과는 달리 이 「규범」은 분명히 여성독자들을 염두에 두고 한문과 한글 두가지로 기록하였다고 생각된다。

둘째, 저자가 강조하고자 하는 여러가지 덕목에 대하여 기본적인 의도를 설명하려고 노력하였다。 즉 다른 규범에서는 각 덕목들을 실천하였던 인물들의 사적을 예로 들어주고 있는데 이것은 자칫하면 근본의도에 대하여는 소홀해질수 있는 우려가 있다。 그런데 본 「규범」은 각 덕목들이 왜 우리에게 가치가 있는 것인지 그 근본취지를 설명해 주고 있다는데 의미가 있다。

2。「규범」(閨範)(國立圖書館所藏本)

(1) 편찬자와 편찬연대

1) 편 찬 자：永嘉後人이라고만 기록되어 있을 뿐 이름은 명시되어 있지 않다。 永嘉後人이라고 하면 永嘉라는 본을 가진 사람의 후손이라는 것으로 추측해 볼 수 있다。 이렇게 본다면 延世大學校本 「閨範」의 편찬자인 永嘉 金福漢과의 관계를 조심스럽게 상정해 볼 수 있다。 김복한의 생애에 대하여 확실히는 알 수 없으나 연세대학교본 「규범」의 跋文에 보면 근일 여자들이 학교에 모여 남녀의 분별이 없어지고 있다는 것을 개탄하는 기록이 있는 것을 보아 연세대학교본 「규범」이 개화기 때 기록되었음을 알 수 있다。 이렇게 보면 국립도서관본 규범은 개화기 이후에 기록되었다고 볼 수 있다。

2) 편찬연대：己未年 季夏라고 기록되어 있는데 앞에서 언급한 것처럼 학교가 생긴 이후라고 한다면 1919년 초여름이라고 생각할 수 있다。

3) 필사본으로 전해진다。 한문본 126매

(2) 편찬의도

『「閨」는 여자가 거처하는 방을 가리키며 「範」은 법을 의미한다。사람이 禽獸와 다른 것은 三綱과 五常(五倫)이 있기 때문인데 요즈음 女俗이 의복과 음식의 귀함은 알면서 삼강과 오상을 알지 못하니 참으로 안타깝다。내가 이것을 민망히 여겨 小學등을 비롯한 옛 문헌에서 여자에 관계되는 것을 취하여 쉽게 해석하여 설명하였고 또 우리나라의 사적도 뒤에 붙였다。』고 하였다。

(3) 내용

1) 正心章

정심은 그 마음을 바르게 하는 것이다。사람의 마음이 그 몸의 主요、만사의 근본이 되기 때문에 먼저 바르게 하여야 하며 여기에서도 첫째장으로 삼았다。

2) 檢身章

검신은 그 몸을 檢修하는 것이다。몸을 닦지 않으면 만사를 이루지 못한다。그러므로 군자는 반드시 그 몸을 닦아야 한다。

3) 事親章

「事」는 존경하여 섬긴다는 말이요 「親」은 父母、舅姑를 말하는 것이다。

4) 謹夫婦

「謹」은 敬謹이다。부부는 두 姓이 합하여 人倫의 큰 綱을 이루는 것이니 화락하고 분별이 있으면 만가지 복의 근원이요 불화하면 백가지 앙화의 근본이다。

5) 奉先章

자손이 先世에 효도하는 도는 오직 공경하여 제사를 받드는 데에 있으니 반드시 정성을 다하여 예를 다해야 한다。

6) 正家章

정가는 그 가법을 바르게 한다는 뜻이다。사람이 집에 거함에 일마다 공경하고 삼가 그 예법을 잃지 말아야 그 家道를 보전할 수 있다。

7) 教子章

어머니는 열 달 동안 뱃속에서 아기를 기르므로 性情을 바르게 가져야 한다。또한 아들은 어릴 때 어머니의 언행을 보고 배우며 딸은 장성할 때까지 어머니에게서 배우므로 어머니의 자녀교육은 더욱 중요하다.

8) 友愛章

사람이 부모에게 효도하기는 쉬우나 형제에 대해 우애를 갖는 것은 어렵다. 그러나 同氣로서 불화하면 금수와 다를 바가 없다.

9) 親親章

친친은 친척들과 친목을 도모하며 지낸다는 뜻이다.

10) 節儉章

옛부터 奢侈의 害는 水火보다 심하다고 하였다. 그러므로 福을 기르는 것은 마땅히 절검으로 근본을 삼아야 한다.

11) 接下章

노비를 대하는 것을 이름이다. 그들은 수고를 대신해 주므로 마땅히 긍휼히 여겨야 한다.

3. 한글본 규범과의 관계

국립도서관에 소장되어 있는 또 다른 한글 필사본「규범」은 필사자가 海平尹氏로 되어 있고 이에 의하여 지금까지는 海平尹氏가 짓고 필사한 것으로 알려져 왔다. 그러나 이 한문본「규범」과 비교해 보면 한글본「규범」은 한문본「규범」을 번역한 것이라는 것을 명확하게 알 수 있다. 그것도 전체를 번역한 것이 아니고 正家章중간까지만 번역이 되어 있다. 꼭 절반이 번역된 것으로 보아 상, 하권으로 나눈 것으로 추측이 되나 뒷부분은 과문한 탓인지 아직 확인하지 못하였다.

어떻든 국립도서관에 소장된 한글본「규범」의 원 지은이는 한문본「규범」과 마찬가지로 永嘉金福漢으로 수정되어야 할 것이다.

4.「한씨의 부훈」(韓氏婦訓)

(1) 편찬자와 편찬연대

1) 편 찬 자 : 韓元震 (1682~1751)

한원진은 조선 英祖때의 학자이다。 字는 德召, 號는 南塘이다。 1717년 (숙종 43년) 學行으로 천거받아 寧陵參奉이 되고 1721년 (경종1년) 副率에 임명되었으나 신임사화로 老論이 실각하자 사직했다。 1725년 (영조1년) 經筵官에 뽑혀 학문을 進講, 영조의 총애를 받았으나 少論을 배척하다가 蕩平策에 어긋난다 하여 削職되었다。 그는 학문에 전심했는데 특히 心性論 논쟁에서 人과 物의 性이 不同함을 주장하면서 湖論의 領首가 되었으며 李珥의 學統을 계승하여 氣發理乘一途說을 고수하였다。

2) 편찬연대 : 序文에 壬辰 5월이라고 쓴 것을 보아 1712년, 즉 편찬자의 나이 31세 때 편술한 것임을 알 수 있다。

3) 편찬의도 : 한 집안의 흥망은 부인의 행실에 달렸고 부인 행실의 正邪는 가르침의 有無에 달렸다。 일찌기 누이동생의 청도 있던 차에 자신이 주장했던 天理와 人情이 같지 않다는 논리에 근거하여 그 마음의 가린 바를 구하고(救其心術之蔽) 그 힘써 노력하는 바를 지시하기 (指其企勉之方) 위하여 이 책을 썼다고 하였다。 다른 책을 통해서도 이러한 내용은 얻을 수 있지만 이 책은 그러한 덕목들을 실천, 실행하게 하는데 목적이 있다。

4) 판본은 목판본이다。

(2) 韓氏婦訓의 내용

제1。 統說章

하늘이 사람을 내매 그 떳떳함(倫)이 5가지가 있으니 사람이 禽獸와 다른 까닭은 이 五倫이 있기 때문이다。

제2。 事父母舅姑章

栗谷先生이 「孝를 행해야 한다는 것을 모르는 사람은 없어도 정작 행하는 사람은 드물다」고 한 말을 인용하면서 내 신체의 모든 부분을 부모로부터 물려 받았으니 그 은혜를 알아야 한다고 하였다。 또한 시부모는 내 所天의 부모이니 나의 부모나 다름없다는 것을 알아야 한다。 요즘 偏塞된 부인들이 남편은 사랑하면서 그 부모인 시부모에게 무심한 것은 어리석은 것이다。

제3。 事家長章

부인 평생의 榮悴, 休戚이 남편이 현명하냐 아니냐에 달려있다。 남편이 현명하면 집안이나 국가에서 흠모하게 되고 따라서 그 몸이 尊榮해진다。 그렇게 되면 부인 역시 영화로와진다。 그러므로 부인된 사람은 남편을 현명하게 이끌어 주어야 한다。

제4。 接兄弟娣姒章

형제가 처음에는 사이좋게 지내다가 자라서 각자 결혼하게 되어 다른 姓의 며느리들이 들어오게 되면 사이가 나빠지는 경우가 있다. 형제가 화합해야 家道가 융성하고 가도가 융성해야 부인이 영화롭게 된다.

제5. 教子婦章

사람의 善惡이 어릴때부터의 배움에서 비롯된다. 그런데 어릴 때는 어머니의 말과 행동을 보고 배우기 때문에 어머니의 역할이 중요하다. 요즘 너무 사랑이 지나쳐 교만해지고 惡習을 행하게 되는 것은 어머니의 허물이다.

제6. 待妾媵章

부인의 七去之惡의 하나가 바로 妬忌이다. 陽 하나에 陰 둘은 天道의 보통이다 첩이 嫡室이 되려고 하는 것도 큰 죄이고 적실이 첩을 투기하는 것도 잘못이다. 남편이 첩에게 너무 오래 빠져 있다 하더라도 분노로 생각지 말고 오히려 더욱 공경하면 첩도 느끼는 바가 있을 것이고 남편도 후회할 것이다.

제7. 御婢僕章

君臣과 主僕이 같은 관계이다. 임금이 백성을 불쌍히 여겨야 흩어지지 않고 나라가 망하지 않는 것처럼 주인도 비복을 窮恤히 여겨야 집안이 흥한다.

제8. 幹家務章

부부의 일이 다르므로 남편은 밖의 일을, 부인은 안의 일을 관장하며 서로 간여하지 않는다. 부인의 일은 음식과 의복의 일등에 힘쓰는 것이 도리이다. 요즘 부인들이 편안한 것만을 좋아하여 힘써 일하는 것을 부끄럽게 여기는 경향이 있는데 부인 한사람 부지런하냐 아니냐에 따라 그 집안의 흥망이 좌우된다.

제9. 接賓客章

손님 접대는 남편의 체면에 관계되기 때문에 집안 형편에 따라 정결하게 접대해야 한다.

제10. 奉祭祀章

제사의 예는 조상의 은덕에 보답하고 孝를 펴는 것이므로 誠으로써 행해야 한다.

제11. 謹婦德章

부인이 집안 일을 관장하려면 먼저 자신의 몸을 닦아야 한다. 부인의 덕은 貞, 靜, 和, 順이 귀하다고 할 수 있다. 貞은 한 남편을 섬거서 욕됨을 받지 않는 것이고, 靜은 언어와 행동이 고요하고 감정의 표현에 절제가 있는 것이며 和는 사람을 대할 때 온화하게 하는 것이며 順은 다른 사람에게 굽히는 것을 말한다.

「부의」(婦儀)(士小節중) 해제

(1)

金 智勇

여성을 위한 제가의 교훈서는 조선 초기부터 갑오경장이후 신교육시기까지 다양한 이름으로 쉴새 없이 저술 또는 번역되어왔었다。

「내훈」(內訓)、「여사서」(女四書)、「규범」(閨範)、「여범」(女範)、「여훈」(女訓)、「부훈」(婦訓)、「부의」(婦儀)、「교녀서」(敎女書)、「규합총서」(閨閤叢書)、「여사필지」(女士必知)、등 실로 다양하고 각색이었다。

그 중 뚜렷한 문헌을 들자면

(1)「내훈」은 성종 때 성종의 모후인 소혜왕후(昭惠王后)가 중국의「열녀」(烈女)「여교」(女敎)「명감」(明鑑)「소학」(小學)의 네책에서 부녀자의 교양교육에 적합하다고 여겨지는 조항들을 친히 가려 뽑아7장으로 엮되 한문과 국문을 대역하며 또는 왕후 자신의 교훈을 붙여서 찬술한 조선조 귀족층 여성들의 예의범절과 수신。제가。돈목에 관한 교훈의 책이다。

그 목차로써 내용을 규찰한다면

1。언행(言行) 2。효친(孝親) 3。혼례(昏禮) 4。부부(夫婦) 5。모의(母儀) 6。돈목(敦睦) 7。염검(廉儉)등으로 엮어졌다。

(2)「여사서」는 중국 후한 때 조대가(曹大家)의「여계」(女誡) 와 송나라 약소(若昭)의「여논어」(女論語)와 명나라 인효문황후(仁孝文皇后) 의「내훈」(內訓) 과 유씨(劉氏) 왕절부(王節婦)의「여범」(女範) 네책을 모아「여사서」(女四書) 라 했는데 우리나라에서는 영조의 어명으로 이덕수(李德壽)가 번역한 조선 귀족층 여성들의 교양서이다。

그 내용은「내훈」보다 훨씬 많고 자세하여 4권(4책) 99항목으로 편술했다。

(3) 규범「閨範」은 조선 중류사회 여성들의 교양서인데 별항에서 해제됨으로 여기서는 생략하고 다만 이덕무(李德懋)가 찬술

한「사소절」(士小節) 중의「부의」(婦儀)에 대하여는 상술 해제하고자한다.

(2)

「사소절」(士小節)을 찬술한 (李德懋 : 1741~1793)는 조선 영•정때의 실학자 (實學者)로서 자가 무관 (懋官) 호는 형암 (炯菴), 아정 (雅亭), 청장관 (青莊舘), 영처 (嬰處), 동방일사 (東方一士) 등 여러가지이며 본관은 전주 (완산)요 통덕랑 (通德郎) 성호 (聖浩)의 서자이다.

박학다재하고 경사 (經史)를 통달하며 문장과 • 글씨 • 그림에도 명성이 높았고 특히 문장이 훌륭해서 박제가 (朴齊家), 유득공 (柳得恭), 이서구 (李書九)와 함께 규장각 (奎章閣)의 4검서관 (檢書官)으로 이름이 높았다.

그러나 그 자신 서출이므로 학식과 재주에 비해 벼슬은 현출하지 못했어도 다른 서얼 (庶孽) 보다는 벼슬이 높았고 사회활동도 많았으며 특히 저술이 훌륭했다.

벼슬은 규장각 검서관, 적성현감 (積城縣監), 사옹원주부 (司饔院主簿) 등을 지냈고 1778년에는 사신을 따라 북경 (北京)에 가서 그 곳의 학자들과 교유하면서 학문을 닦았고 견문을 넓혔다. 북학 (北學)을 주장했으며 저술로「청장관전서」(青莊舘全書) 71권 25책이 있다.

이「청장관전서」안에는

영처고 (嬰處稿 : 시문집) 6권, 예기억해 (禮記臆解 : 예기에 대한 논술) 2권, 아정유교 (雅亭遺稿 : 시문각체문집) 14권, 편서잡고 (編書雜稿 : 송나라 역사 논술) 4권, 기년아람 (紀年兒覽 : 역사의 기술) 2권, 뇌뢰낙락서 (磊磊落落書 : 인물평전기) 12권, 목이구심서 (目耳口心書 : 군서 (群書의 독후감집) 6권) 앙엽기 (盎葉記 : 수필집) 8권, 서해여언 (西海女言 : 황해도 기행문) 1권, 천애지기서 (天涯知己書 : 편지와 필담을 모은것) 1권, 입연기 (入燕記 : 북경기행문) 2권, 한죽당섭필 (寒竹堂涉筆 : 아정의 만록집) 2권, 청비록 (清脾錄 : 만필) 4권, 청정국지 (蜻蜓國志) 2권과 그리고 사소절 (士小節) 8권 2 책이 수록되어 있다.

이「청장관전서」는 1795년 (정조 19) 때 아정 이덕무의 유고를 그의 아들 이광규 (李光葵)가 수집하여 내탕금 (內帑金)으로 간행한 귀중한 문헌이다. 그러나「사소절」은 필사로 되어있다.

그 뒤「사소절」(士小節) 만을 따로 8권 2책의 목활자본으로 간행했는데 완산 (完山) 이덕무 (李德懋) 무관 (懋官)이 저술하고 심성 (瀋城) 최성환 (崔星煥) 성옥 (星玉)의 편으로 된 한서이다.

또한 이 「사소절」 중 「부의」(婦儀) 만을 1870년(고종 즉위 7년 경오) 2월에 양주(楊州) 조택희(趙澤熙)가 번역한 필사본 한 책이 전한다.

이 번 여기에 영인하는 한문본 「부의」(婦儀)는 필자의 소장 본인 「사소절」(士小節) 중에서 따로 뽑았고, 번역한 필사본은 국립중앙도서관 본을 빌려서 썼다. 「사소절」(士小節)은 8권2책의 한문본으로 총924장(章)으로 나누어 저술한 선비와부녀자와 아동들의 교훈서인데 그 대략의 순서는 제 1권에서 제5권까지는 선비들의 예의범절 즉 사전(士典) 580장(章)이요, 제6권과 제7권은 부녀자의 예의범절 즉 부의(婦儀)로 206장이며 제8권은 어린이를 가르치는 규범 즉 동규(童規)로 131장이다. 이밖에 서문과 목차가따로 있다.

필자가 소장하고 있는 한문본 「사소절」은 한면에 10행이요 1행에 20자이다. 판광은 가로가 15㎝ 세로가22㎝로 저자의서문이 4면이고 목록이 2면 그리고 본문이 280면이다. 모두 143매(枚)의 큰 책이다.

여기 영인하는 책은 「사소설」 중 「부의」(婦儀) 만을 「규범」(閨範)에 붙여서 조선조 중류사회 부녀자들의 교훈서요. 예의범절의 규범을 보이고자 하는 바인데 여기에서는 한문본과 함께 양주 조택희가 번역한 필사본도 함께 붙여 영인한다.

「부의」(婦儀) 목차를 보면

1. 성품과 행실 〈性行〉
2. 말씀 〈言語〉
3. 옷과 음식 〈服食〉
4. 행동과 몸가짐 〈動止〉
5. 가르치고 기르는 법 〈敎育〉
6. 바른 법도 〈人倫〉
7. 제사 범절 〈祭祀〉
8. 여러가지 생활 규범 〈事物〉 등인데 각항의 주요 골자를 들어 본면 다음과 같다. 「내훈」과 대비하면서 해제 하겠다.

(3)

「부의」(婦儀)의 8항목 중에서 성품과 행실 즉 성행(性行)에 대하여 가장 많은 힘을 기울여 찬술했는데 저자는 「주역」의 건곤이의(乾坤二儀)와 「시경」의 관저(關雎)장을 들어 부의 근본으로 삼고 있다. 특히 건곤이의는 남녀평등을 의미한다 하고 관관저구의 시경정신은 부부의 윤리 법도를 만들었다 하면서

1. 선량하고 정숙한 부녀자의 몸가짐
2. 순하고 완곡한 부녀자의 섬김
3. 정결하고성실한 부녀자의 제향
4. 부지런하고 검소한 부녀자의 생활등을 강조하였다.

이 찬술에서는 중국 고대 명가와 경전을 많이 인용했고 우리나라에서는 이율곡과 이퇴계의 말을 이끌어 설명했다.

1)성품과 행실 〈性行〉

머릿말로 『유순하고 정숙한 부인은 덕성스럽고, 부지런하고 검소한 부인은 복되다』하고

『부인은 공순해야 한다. 시아버지와 시어머니에게 공순하고, 시누이와 동서들에게 화순하고서야 남편에게 합당하다. 실을 뽑고 천을 짜는 일에 능숙하고, 지키고 모아 쌓고 덮고 저장하는 일에 자상해야 한다. 그러므로 부인이 순한 성품을 갖춘 뒤에야 안으로 화순하게 다스리고, 안으로 화순하게 다스린 뒤에야 집안이 오랜 복을 누릴 수 있는 것이다.』

라고 하였다.

이 말은 부인의 도리를 설명함에있어 아주 기본적이고 당연한 것으로서, 그 요점은 공순과유연성과 평화와화순한 것이며, 그래서 공순은 온갖 덕행의 근본이요, 화순은 온갖 복상의 집합이되는 것이라 했다.

귀족층 부녀자들에게 훈계하는 「내훈」 이나 「여사서」 에서는 사람이 본래 선하다는 「성선설」 (性善說) 을 깔아놓고 있지만 이 덕무는

『부녀자는,사람의 성품은 본래 착하나 다만 그 기질에 구애되고 물욕에 가려져서 스스로 그 허물과 악에 빠져 들어가는 것을 알지 못하는데, 만약 이를 혹은 바로잡고 혹은 닦아서 그 본성을 회복시키면 가히 현숙하게될 수 있다는 것을 깨달아 알게 될 것이다. 대게 부녀자는 재주와 성품이 슬기롭고 민첩한 사람이 많아서, 쉽게 바른 길로 들어서고 잘 감동한다. 노둔한 남자들에게 비교하여 어찌 그 보람이 빠르지 않겠는가? 번거로운 말이 필요하지 않으나, 또한 그 중요한점을 알게 할 따름이다』

라고 하여 사람은 본래가 무선 무악의 상태요 다만 교육과 환경에 따라 선악 (善惡) 과 현우 (賢愚) 가 결정됨을 교훈하고 있다.

그러나 때로는 견강부회한 주장도 있으니 예하면

『부녀자가 남 몰래 덕행을 쌓으면 그 아들딸들이 번성하고 훌륭하게, 착하게 잘 자란다. 시험삼아 살펴보라! 젊어서 죽는 사람은 대부분 혹독하고 각박한 데 말미암는다.』

라는 것。

이는 비록 편중된 말이기는 하나 청소년의 가정교육이 절실히 요구되는 지금으로서는 온고지신을 느끼게 된다。

또 무절제한 호화생활을 경계하는 지금에

『부녀자가 의복과 음식이 남만 같지못한 것을 견디어내지 못함은 이는 도둑질하는 근원이 된다。혹은 보리와 피와 잡곡밥을 잘 먹어내지 못하는 사람이 있다면, 그것이 비록 편식에서 나왔다 하더라도 바로잡지 않으면 안된다。이는 굶어 죽을 상이다。』

라고 했으니 현대인에게도 절실한 교훈이 아닐 수 없다。심지어 사람의 성품이 극악할 때를 염려하여서는

『잔혹한 성품을 가진 부녀자는 계집종에게 벌을 줄 때、음란하고 추잡한 말과 형벌을 가하기를 좋아하며、머리털을 뽑고 볼을 쥐어틀고、바늘로 찌르고 쇠를 달구어 지지고、더러운 것을 입에 쓸어넣고、발가벗겨 거꾸로 달아매는 등、그 참혹함과 악독함이 대단한데、그런 집은 반드시 망한다。』

고 경계하며、사람이 사회적으로 옳고 그릇됨을 용기있게 대처하여야 함을 강조하였는데

『집안의 어른이 능히 밝히 살피지 못하고 성을 낼 때、집안 사람들이 그에게 순종하여 그 곁에서 죄악을 조장하여서는 안 된다。다만 너그럽게 노여움을 풀도록 그 사정을 자세히 말하여 무사하게 유도하는것이 옳다。또한 전의 원한으로 인하여 그가 죄가 없음을 알면서 앉아서 보기만 하고 속으로 몰래 기뻐하지 말아야 한다。혹은 거짓으로 구제하는 체하면서 남몰래 해치는 사람도 있으니、어쩌면 그렇게도 악독한 것일까?』

라고 한 교훈은 사회정화의 차원에서도 윗물이 맑아야 한다는 수범적 생활기풍을 조성하기 위해서도 절실한 교훈이다。

배금사상과 물질만능의 현실에서 다시금 귀를 기울여야 할 저자의 교훈은 쉽고도 주변적인 사례로써 우리들 마음을 긴장시킨다。

『기물과 재물을 이루고 부서지고 얻고 잃어버림은 자연히 그 때가 있는 것이다。무엇을 깨뜨리거나 잃어버렸다고 성난 목소리와 낯빛을 난폭하게 드러내거나 아들딸과 하인을 구타하여 살이 터지고 피를 흘려도 오히려 노여움을 그치지 않는 것은 옳지 않다。물건을 귀히 여기고 사람을 천히여김은 덕성있는 성품이 아니다。혹은 애석해 하기를 그치지 아니하여 우는 사람까지 있으니、어찌 좀 헤아리지 않기가 이지경에 이른 것일까?』

라든가

『혹 남의 말만 듣고 마음이 불편하고 옳고 그름을 분별치 못하고 높고 낮음을 모르는 행위는 불길한 징조』

라고 교훈한다。

결국 부녀자의 성행은 귀족사회에서는 「유한정정」(幽閑貞靜)을 강조했지만 중류사회의 부녀자는

『혐의받을 일을 멀리하고, 삼가는 마음을 지키고, 부지런하고 검소하며, 정숙하고 화순하며, 말을 간결하게 하고 얼굴빛을 즐겁게 나타내는 여인은, 집에 있어서는 효성스러운 딸이 되고, 남에게 시집가서는 공손한 며느리와 정숙한 아내가 되고, 자식을 낳으면 어진 어머니가 된다。그러한 이는 불행하게 과부가 되거나 혹은 환난을 만나는 일이 있더라도, 그 본래의 뜻을 고치지 아니하여 지조가 있고 정조가 굳은 부인이 돼서, 뒷세상에 모든 사람들에게 추대되어 부녀자의 의표가 될 것이다。부인이 처음을 잘하고 끝맺음을 잘함에는 오직 이런 행실이 있을 따름이다』

라고 성품과 행실의 근본을 종결했는데 이는 「내훈」이나 「여사서」의 교훈보다 평민적이요。생활인으로서의 부덕을 강조한 교훈이다。

2) 말씀 (言語)

여훈에 있어서 언어는 가장 중요한 대목이 된다。

『무릇 말할 때 「죽겠다」고 말하고, 「죽이겠다」고 말하는 사람은 길하고 상서로운 부인이 아니요, 잘 울고 공교하게 웃음짓는 사람은 정숙하고 안온한 부인이 아니다。』

라고 세속 여성의 언어생활에 큰 규잠을 주고 있다。「내훈」에서는 『말은 그사람 인품을 나타내는 그릇이요 표준이다』라하고 말을 잘못하면 집안이 망하고 나라를 뒤엎는다고 했는데 여기서는

『평소에 까닭없이 턱을 괴고 갈 곳을 몰라하는 듯한 표정을 하는 것은 원망하는데 가깝고, 귀를 대고 종알종알하는 것은 헐뜯어 말하는 것에 가깝고, 희희낙락 웃는 모양을 그치지 않는 것은 방탕한 데 가깝고, 시끄럽게 고함치는 말을 그치지 않는 것은 질책하고 싸우는 말에 가깝다。』

이는 언어와 낯빛을 함께 교훈한 말이다。

명랑하고 복된 가정이 되기 위해서는 밝은 언어, 긍정적이고 희망겨운 언어가 필요하다며『남자가 까닭없이 근심하고 탄식하는 소리를 하거나, 부인이 까닭없이 원망하고 한탄하는 말을 하면, 보지않아도 그집의 법도가 무너져 어지러워짐을 알수 있고, 또 한 가문의 운수가 쇠망함을 점칠 수 있다。』

라고 겁나게 충고했다。

「내훈」에서는 『안엣 말 밖에 내지 말고 밖엣 말 안으로 들이지 말라』했는데 여기서도,

아이를 때리고 종을 꾸짖는 소리가 항상 집 밖으로 나가면, 그 집안의 법도가 쇠망하여 무너져 버릴 것을 알 만하다。박의 사람들은 다만 그 부인이 공손하지 않은 것을 나무랄 뿐만 아니라, 반드시 먼저 그 집 어른이 제대로 집안을 잘 단속하지 못함을 책망할 것이다。』

라고 하였고 더구나 신혼부부가 명심할 언어범절에 대하여,

『신부는 입으로 아이를 낳고 기르는 일을 말하여서는 안 된다, 이는 그 부끄러움이 없음을 사람들이 싫어하기 때문이다。

새로 결혼한 부인은 남편 집안의 자질구레한 일을 친정에 전하여 이야기하여서는 안 된다。재취로 시집간 누이동생은 침착하고 고요하여 말과 웃음이 적었는데, 그는 모범이라 10년 동안이나 가난하게 지냈지마는, 집에 돌아와서 한 마디도 남편의 집안 일을 말하지 않았다。아! 가히 부녀자의 모범이라 할 것이다。

새로 결혼한 부인은 남에게 남편의 재주와 현명함을 과장해 자랑하여서는 안된다。

무릇 혼인을 의논할 때는 처녀로 하여금 그 의논하는 말을 듣게 하여서는 안된다。

음란한 말을 입 밖에 내지 아니할뿐만 아니라, 만약 그런 말이 들리면 귀를 가리고 급히 피할 것이다。

종을 부르는 소리는 급하고 높아서는 안 된다。그 소리가 바깥채에 가는 것도 두려운데, 하물며 그 소리를 이웃 사람으로 하여금 듣게 하랴?』

고 했는데 이상은 언어의 규범에 대한 「부의」의 주요대목을 추린 것이다。

3) 의복과 음식(服食)

「내훈」에서도 옷은 깨끗하면 되고 호화찬란한 것은 꺼렸다。여기서는。『지금의 세상에서는 부녀자의 의복은 저고리는 너무 짧고 좁으며, 치마는 너무 길고 넓어서, 의복이 요사스럽다。

옷깃을 좁게 만든 적삼이나, 폭을 휑하게 넓게 만든 치마는 의복이 요사스럽고 음란해 보인다』

18세기 후반에도 중류사회의 옷은 너무 선정적이었던 모양이다。

부녀자의 복식에 대하여 규범이 많았으나 상징적으로 한대목만 든다면,

『속옷을 빨아서는 조용한 곳에 널어서 말릴 것이다。〈예기〉에 말하기를, 『속옷과 이불은 남에게 그 속을 보이지 말라。』고 하였다。』

라고 했는데 중국 예기(禮記)의 말이 아니라도 지금의 아파트들을 바라보면 그 속에 살고 있는 주민의 민도를 알 수가 있다

난간에 내어 건 주민의 담요나 심지어는 얼룩이간 요를 볼때 보는 사람이 부끄러울 정도이니 말이다.

『딸을 시집보낼 때 혼수를 너무 사치스럽게 마련하여 집을 망치고 재산을 탕진하는 사람이 있다. 이는 그딸을 무분별하게 사랑하는 데 빠져 딸의 사치하는 습성을 길러 주는 해독이된다. 그들은 가장을 위협하면서 제멋대로 혼수를 갖추어서 조상들이 장만한 재산을 다 팔아 없애니 제사도 받들지 못하게 만드는 것이다. 이는 한 가지 일을 하여 세가지의 죄악이 갖추어지는 것이다.』

라고 했다.

예나 지금이나 딸의 혼수문제는 심각하고 뿌리도 깊은 모양이다.

그러나 상류사회의 규범인 「내훈」이나 「여사서」에서는 『호화로움과 사치한 것은 어질지 못한 것』이며 다만 깨끗함〈潔〉분수에 맞음〈齊〉, 곧음〈貞〉, 맑음〈淑〉, 만이 귀한 것이라 했으니 분수 넘치는 혼수는 생각지도 못하는 일이리라.

여자의 4행〈女四行〉에 부덕(婦德)과 부용(婦容)과 부언(婦言)과 부공(婦功)이 있으니 음식만드는 일은 부공에 속하는 일이다.

『음식을 마련하는 일은 오직 부인이 맡아 하는 일이다. 시아버지와 시어머니를 봉양하고, 제사를 지내고, 손님을 대접하는데 이것이 아니면 공경과 즐거움을 다할 수가 없는데, 만약 음식이 설고 익은 것이 고르지 아니하고, 음식의 간이 알맞지 아니하고, 차고 덥기가 고르지 못하고, 먼지와 티끌이 섞여서 먹을 수가 없으면, 그 어찌 신명께 제향하고 사람을 봉양하겠는가? 음식은 풍성하고 사치하게 진수성찬을 마련해야 하는 것이 아니라, 비록 호박국과 콩나물이라도 깨끗하고 조촐하면서 법도에 맞으면 되는 것이다.』

라고 조리의 근본을 교훈했다.

「내훈」에서는 『옷이나 음식을 만드는데 남보다 뛰어나게 잘 만드는 것보다 깨끗하고 갖추어진 것이 으뜸』이라고 했다.

또 음식 짓는 실제를 교훈하는 조항에서 일례를 들면

『무릇 손으로 음식을 만들 때는 머리와 가려운 데를 긁지 말고, 어린아이에게 젖을 먹이지 말고, 말과 웃음을 삼갈 것이며, 손톱은 잘 깎고, 반드시 수건으로 그릇마다 잘 덮으며, 겨자장을 갤 때는 가까이 대고 재채기를 하지 말 것이다.』

평범한 곳에 진리가 있듯이 비근한 하나로 정결의 깊은 뜻을 알리었다.

4) 기거 동작(動止)

부녀자의 몸가짐과 그 동작을 교훈하되, 『대체로 대문 안에 들어섰을 때, 안에서는 물레를 돌리고 베짜는 소리가 나고, 밖에서는 시를 읊고 책을 읽는 소리가 들리면, 그 집안이 잘 다스려지고 정돈되어 있음을 가히 알 것이다. 안에서는 기이한 이야기 책을 읽는 소리가 나고, 밖에서는 내기 장기와 바둑 두는 소리가 들리면, 그 집안이 난잡함을 알 것이다』

라고 했다. 이것은 중류의 가정을 표준한 것이다.

5) 가르치고 기르는 일(教育)

자녀 교육과 양육에 대한 규범은 사소절의 특징이다.

『옛날부터 지금까지 부인으로서 현숙한 분이 많지 않은 것은 아니지만, 오직 정자의 어머니 후부인은 가히배울 만하다. 정자가 말하기를,

돌아가신 아버님께서는 어머님의 내조에 힘입으시어 예의와 공경이 더욱 지극하였다. 어머님은 겸손하고 온순하시어 스스로 잘 다스리셨으며, 여러 서출들을 어루만져 사랑하심이 자신이 낳으신 자식과 다름 없었다. 매질하고 종아리치기를 기뻐하지 아니하시고, 어린 노비들을 보기를 아들 딸같이 하시어, 여러 아들들이 혹 그들을 꾸짖으면 이를 경계하여 말씀하시기를,

너희들이 이만할 때 능히 그런 어른스런일을 하였겠느냐? 하시고, 또 늘 말씀하시기를

「자식이 불초한 까닭은 어머니가 그허물을 덮어 주어 아버지가 알지 못하는 데서 비롯되는 것이다.」라고 하셨다.

음식을 먹을 때 곁에 앉아 먹게하고 국에 다시 간을 맞추면 곧꾸짖어 그만두게 하시고, 말씀하시기를,

어릴 때 자기 욕심에 맞는 것을 찾게 하면, 자라서는 당연히 어떻게 되겠느냐? 하셨으며, 비록 하인을 부릴 때라도 나쁜 말로 꾸짖지 못하게 하셨기 때문에, 우리 형제는 평생 음식과 의복에 가리는 것이 없었고, 나쁜 말로 남을 꾸짖지 못하였다.

이는 우리의 성품이 그런것이 아니라, 가르치시어 그렇게 만드신 것이다.

남과 다투고 분해함이 비록 옳더라도 이를 도와 주지 않으시고, 말씀 하시기를,

「그 능히 굽히지 못함을 근심하고, 그 능히 다스리지(펴지) 못함을 근심하지 않을 것이다 하시고는, 늘 스승과 벗을 따라 놀게 하셨으며, 비록 가난하게 살더라도 손님을 맞으려면기뻐하면서 접대할 것을 갖추라」고 하셨다. 고 했다』

이는 혹 진부한 교육방법일지 모르나 현대의 정황으로 보아서참고 할 만한 것도 있다.

6) 인륜도덕(人倫)

여기서는 굳이 삼강.오륜을 말하지 않고 다만

『남자가 반드시 인격이 뛰어났다고 스스로 크게 여겨서, 대장부는 하늘이요 임금이라고 하며, 미친 듯 날뛰고 사납게 행동하는 것은 오로지 부인만을 책망할 것이 아니다.

이런 까닭으로 맹자가 말하기를,

몸소 올바른 도리를 행하지 않으면 아내나 자식에게도 행하여지지 못하고 남을 부리는데 옳은 도리로써 아니하면 아내나 자식들에게도 행하지 못한다. 했으니 사람은 즐거운 마음으로 그 지아비를 잘 섬길 것이요 그 자식들에게 본이 되도록 그 어버이를 잘 섬길 것이다 .』

라고 실제의 일을 들어 교훈했는데 평범하지만, 이는 사람이 사는데 반드시 있어야 할 인륜도덕이었다.

은근히 『가정의 평화와 융성발전은 여주인공에게 있는것』이라는 교훈이다.

정통사상에 『나라가 어지러우면 어진 재상을 생각하고, 집이 가난하면 어진 아내를 생각한다』는 사고방식이 이 속에 깔려있다.

7) 봉제사 (祭祀)

옛 풍속에 봉제사는 모든생활에 우선했다.

『무릇 과일・곡식・고기・채소는 반드시 먼저 나누어 제사의 소용을 마련하여 둔 연후에야 감히 다른 데에 쓰도록 할 것이다.』

또

『무릇제사를 당하여 제사 음식을 마련할 때는 떠들고 웃거나 말을 많이 하지 말고, 아이들을 때리고 종을 꾸짖지 말며, 삶고 지지는 물건은 뜨겁게 하여 김을 올려 신이 흠향하게하고, 떡과 과일을 너무 높게 괴어 무너져 떨어지게 하는 것은 깨끗한 정성이 아니다.』

이는 제사는 정성과 엄숙이 으뜸이요. 「제사모시는 어른이 계신듯 하라」는 규범과 「정성 없는 제사는 안 지낸 것보다 못하다」는 윤리에서 나온 정신이다.

8) 여러가지 생활규범 (事物)

이 「부의」의 독특한 편찬은 사물이라는 조항이다.

『선비의 아내는 집안의 생계가 가난하고 궁핍하면 약간 살아갈 도리를 마련하여 일을 하는 것이 안될 것이 없다.

길쌈을 하고 누에를 치는 일은 진실로 그 근본이 되는 일이요。 심지어 닭과 오리를 치고、장과 초와 술과 기름을 사고 팔고、또 대추・밤・감・귤・석류등을 잘 간수하였다가 때를 기다려 내어 팔며、또 홍화・자초・단목・황벽・검금・남정등 약초를 무역하여 모으고、도홍・분홍・송화・황유・녹초류・천청・아청・작두자・은색・옥색 등 여러가지 물들이는 법을 배워 알면。이는 오직 생계에 도움이 될 뿐만 아니라 역시 부녀자의 수공의 한 가지가 될 것이다。

그러나 이욕에 고질이 되어 각박한 일을 많이 행하여 인정에 멀게 한다면。이 또한 어찌 현숙한 행실이겠는가?』

라고 했는데 참으로 괴로운 이론이다。

옛날 선비는「곡가를 묻지 않는다」또「손에 돈을 만지지 않는다』하고 그 생계를 부인에게만 떠 밀던 사대부의 모순된 이론이다。

옛사람이 말했다。

『말하는 사람이야 불찰이 있으랴、듣는 사람이 요량해 새기라』고

1990년 12월 蓮堂書齋에서。

● 근년 발간된 여사수지를 여기에 부록한다。

閨範 附 婦儀

目次

閨範

(國漢文本)

閨範目錄

內篇

外篇

存心章
慎行章
謹言章
攝儀章
敬事章

御下章
和儕章
恤窮章
勤女工章
戒奢侈章
遠鬼佛章

閨範

內篇

執德第一

婦人之德貞一爲大苟不貞一雖心具萬善身備百行無足言也

守正無慝是謂貞也至死不貳是謂一也忠孝者臣子之大行也貞一者婦人之首德也

有以死保其貞一者爲無貞一而苟生不如死之樂且安也

無貞無一禽獸之徒也

右貞一章

心之誠實謂之忠信其德之餘乎

為善非忠信不能苟且虛偽者忠

信之賊也惡根也苟不去其根則惡日長焉善何由

生是故忠信則善可復惡可去矣 一

朱子曰人不忠信事皆無實為惡則易為善則難

知善不力行知惡不速去非忠信也行善去惡而欲

人之知之非忠信也

人苟不忠信雖使有美言嘉行皆虛偽而非實德也

右忠信章

浮躁輕佻之人所有德者鮮矣養德者必以靜爲基以重爲本非靜非重無以養德也無欲者能靜有守者能重衆欲不生此心湛然無一毫累如明鏡止水靜之謂也衆善實中此心凝然泰然不少妄動如山嶽凡所重之謂也

右靜重章

凡有溫厚和順之德則可以悅父母舅姑可以宜夫子兄長可以慈幼恩下可以敦宗睦隣若反是則粗薄暴戾不可以悅父母舅姑不可以宜夫子兄長慈不及幼恩不及下宗族怨焉鄰里惡焉此天下之

大道也可不慎歟

溫厚和順輝德之正也苟能存之人孰不慕其德哉

○詩曰終溫且惠淑慎其身

右溫和章

人心亦猶我心也我欲安則人亦欲安我不欲危則人亦不欲危惟公恕者察乎此是故傳曰己所不欲勿施於人

苟不公恕雖閨門之內皆怨畔之

無公無恕者以私欲也私欲之多不可盡舉而凡所以利乎己而不欲利乎人者皆私欲也

公恕者與人同利與物同樂苟能存此心則胸中無私可與天地同其量

原憲曰克伐怨欲不行豈徒不行而已若有一毫藏在心中雖欲公恕其可得乎

見人惡則暴揚之聞人善則忌毀之在己則行一惡恐人有責行一善恐人未知甚矣私之害也見人惡閔聞人善敬慕然自修乎中而不望人知懼然力改其惡而不忌人責惟公恕者能之

苟充利己害人之心雖殺人而有利爲之令人皆以安自處而處人於危以樂自處而處人於苦其不公

不怒之甚矣

張子曰民吾同胞物吾與也

右公恕章

謙者自虛而不敢自滿恭者自卑而不敢自尊有德而讓則德益充大有位而恭則享其祿自滿者德不進自尊者位不久況無德無位而其可自滿自尊乎

謙恭則人敬慕之驕矜則人忌侮之克謙克恭不驕不矜非畏人之忌侮而欲人之敬慕也盡在己之道而人自不敢侮焉

我欲勝於人則人亦欲勝於我此天下之亂道也爭之始也唯謙恭可以安處其分人雖欲爭侮其可得乎

有一義與人較高下有一才與人評長短此皆由於矜高好勝之心雖非着於言語行事間少存於心則殊非謙恭之道也

右謙恭章

右六章擇善之目欲婦人知所如法之德貌而勉之也

修身第二

心也者一身之主宰知謀思慮之所由發也萬事之根本也但爲物欲之所蔽故未發也紛紛擾擾其發也應接錯亂作爲邪回是故戒懼乎思慮未萌之前省察乎事物既接之後天理自存人欲自遏矣

心苟在焉卒然臨之而不錯紛然驚之而不亂威之而不懼惑之而不疑以其誠實於中故物不能動也

。心有事至而感者有無事而自起思念者無事自起之念依乎義理則善也勉而行之依乎私欲則惡也克己治之

心有三病事至過應事過係心事未至而預慮過度

皆病也所當痛祛也

古語曰惟狂克念作聖惟聖罔念作狂

右存心章

行有發於心而化於事者有人共善之惡者人共惡之善可行也惡不可行也明乎善而後可以爲善審乎惡而後可以去惡以男子之博通典籍尚未能明善惡況夫人處深閨所識者粧梳衣服之事所觀者嫁娶媒妁之說所與者婢妾庸瑣之輩所聞者賣買利害之言而已矣奚有爲善之念行其所已知思其所未知如何爲善如何

爲惡勉〻爲惟善是式惡〻爲惟惡是絶久〻自然
行成

凡人之行以其身之言則有語默靜作之節以其行
於家之言則有父母舅姑焉有夫子兄長焉有子弟
婢僕焉以其外而言之則有宗族之親焉有鄰里之
近焉事之各有其道接之各得其宜傳曰心誠求之
雖不中不遠矣

右慎行章

言不可妄發也不得已而後發則言自寡尤矣
言雖善而非其時則不可也

言煩者心煩言簡者心靜也
不可出非禮之言以累其口詩曰白圭之玷尚可磨
也斯言之玷不可磨也
可默則默可言則言惟道之至
古語曰吉人言寡善哉斯言也然而尊長之問不可
不詳對也
國語曰皇之於心宣之於口
毋戲謔毋虛誕毋諂諛毋怨詈毋嘍囁毋叫號毋說
人之短毋說己之長
右謹言章

威儀小節也書曰不矜細行終累大德豈可以小節
忽哉

一身之動靜出入進退周旋下至微細之事皆有自
然之威儀詩曰令儀令色威儀是力

記曰足容重手容恭目容端口容止聲容靜頭容直
氣容肅立容德色容莊

又曰毋側聽毋淫視毋怠荒游毋倨立毋跛坐毋箕
寢毋伏斂髮毋髢冠毋免勞毋袒暑毋褰裳

君子有九思其二曰色思溫貌思恭

程子曰整齊嚴肅則自無非僻之干誠能攝其威儀

以治外則中心自然端莊動容周旋從容間暇表裡
如一矣

右攝儀章

孔子曰執事敬執事而敬則事不敗矣執事不敬則
事必敗矣事苟敗矣雖悔何及是故敬事者慎其
始而克其終也

妄作而成事者未有也雖至細事不可不慎記曰執
虛如執盈

右敬事章

右五章言其重於身者不可不脩而心等

不存則昏昧雜擾雖欲自修不可得矣故

存心省之慎行以下皆以輕重次之

閨範

外篇

篤倫第三

祭祀之禮聖人因人情而制之欲使不忘其先而追報其德也出於自然之誠非強爲之也今世之人祭祀無誠強有人祭我亦祭之意此不可不戒也

凡大祭齋七日中祭齋三日小祭齋一日自前之日兢兢惕惕酒食蔬饌之具無不親自點檢必欲祖先之格歆不可有一毫苟且怠惰之念

祭物之餘雖毛血之微皆敬之埋于淨處不可踐踏

以陷不敬之罪

凡具茶物無婢僕爭削

以上奉先章

父母之豈言語之所能形也 古人但稱舐犢之德顧育之恩豈以父母之恩如此而已哉 舉人之易知者而言耳詩曰欲報之德昊天罔極

徒愛不足以為孝徒敬不足以為孝愛敬備至然後可以言孝愛敬之至者不敢須臾忘父母

冬溫而夏凊晨省而昏定先意承順極其心志之樂饗膳潔羞盡其忠養之道此人子之常職也

凡父母之所欲為苟非悖於義者汲汲奉行惟恐不

反雖非即行者記而勿忘俟後而行之

事舅姑如事父母

舅姑愛之勿忘而毋驕惡之無懼而毋怨

父子天倫無有不相愛者舅姑鮮有相得者假使舅姑有不平於我自當省愆積誠以嘗舅姑之悅我不可反興怨讟也近世婦人多歸外而無實其爲新婦初入他門莫不曲意承顔飮食之養衣服之奉無所不至及其家月已久私愛其子私蓄其財愛敬之誠從以漸衰一言一事或不得於舅姑則怒形怨生或潛爲詆毁或公言罵辱甚者至於視若仇讐戒之戒之

右事親章

夫婦有天地之道有君臣之義有朋友之交焉尊卑正配天地之道也事一不更君臣之義也過失相規朋友之交也

尊卑有等剛柔有殊可敬而畏焉不可狎而侮之丈夫有不悅於我只可勉修其德不可輒起怨懟規過勸善不從則無數至於大過雖數不可不言丈夫雖鄙陋無行既不能如秋胡婦之死則但當盡吾事夫之道而已

右敬夫章

婦人之道自當執守卑下而至事尊丈則尤宜致其恭謹也

尊丈祖父兄之等夷也為少者當以敬祖父兄者敬之

父之行第之姑雖下於己當以長事之

每當卑以自牧無得傲慢以貽身羞

以上事尊長章

教子必自幼時及長不教後必驕逸難當諺曰教子初生教婦初來

幼子不可紈衣美食而驕之

子孫雖愛不可一向沉愛無教凡今之放浪子弟皆

由其父母愛情太過不能叱呵癡迷性傾其所欲幼時所學長無所恐終至於喪身覆家而後已嗚呼豈可以姑息之愛忽其無窮之慮哉

右敎子孫章

凡弟兄同胞而生者也宗族同祖而分者也禽獸亦愛其類苟有人心者安得不相愛乎

君實兄保八十之兄公藝家睦九世之族其篤友深義千載之下惟能感人矣世之兄弟相怨宗族爲仇者抑何心哉

詩曰兄及弟矣式相好矣無相類矣

右敦宗族章

範家第四

婢僕雖賤之人也可惠而厚不可薄而虐之也不可以吾之所愛而厚之吾之所惡而薄之使有不均之歎詐功已賞有過則罰詐功而賞則急者勸有過已罰則惡者懲

爲上不慈則下怨叛爲上不嚴則下侵凌慈已不弱嚴而不虐不從而敬矣

溫恭謹信者親愛之狡淫(詐)巧者遠斥之不使亂其家

婢僕若有過則可以諄諄戒責責之不從則過雖小

必習之不可發怒放氣惡口詈罵以損其證也

右御下章

鄰里與我同居一鄉何以恩意而吃結怨乎

患難相救吉凶相助器用相資隣里之義也

申飭婢僕毋得與鄰里相爭毆打以失其和

彼有可怒如此大故則勿形諸外使有乖戾之弊

右和隣章

窮者與我同是人也彼以命薄窮困飢餓乞於人以

要生安得不拯乎

雖使之室而食之何處不可哉顧我之力不足耳

彼衣紋繡而飫粱肉窮餓塡壑而不之顧者亦獨何心哉

右恤窮章

勤者苦而樂怠者樂而苦雖有貧家勤婢成之雖有富家怠婢覆之可不戒歟

。家者非我私也上繼先世之遺緖若不兢業守之由已而敗豈不痛心哉

無益之事無益之書不可掛手眼婦人之事在飮食衣服紡績織組之間而已

古人有言曰勤則不匱美哉斯言也苟能勤力則如水

有源何窮之有

右勤女紅章

財則有盡而無窮甚矣奢之爲害也以有盡之財欲充無窮之志則雖天下之富猶未能況一家零瑣之資乎

勤可以生財而奢則竭焉財既竭矣飢餓凍寒無所不至昔厭膏粱而今求簞食而不得昔衣文錦而今求褧縕而不得嗚呼嗟使此能節其昔日之奢則豈有如今日之窮乎商辛爲象箸而已其國何晏食千錢而喪其軀鷸冠招鄭臧之厄玉釵知馮球之禍是

故自古未有奢而能全其生者幸而免也奢侈雖可惡儉亦有道不可於當為之事過爲吝嗇也甚自奉則每以苟安苟美為心至如奉先事長之節不可太儉約也

古戒奢侈章

人生受命於天吉凶禍福惟視其人善惡而天則降之禍福古語曰天道福善而禍淫死生榮辱天命既定則非祈禱之所可干求而後世神鬼釋氏之說大行僧巫之徒倡為邪說以為某祈某寺延壽幾許某祈某祀得子幾許以欺惑婦女婦

女無不篤信敬事慢其報本之誠極其尊妖之節甚者至於家奉鬼佛招延僧巫往往出宿佛寺神祠以沐祈禱醜不忍愧嗚呼傷倫悖義孰甚於此凡人天欲福之則雖不信鬼佛之力而自有福矣天欲禍之則雖有百鬼佛之助不得免矣設使鬼神佛有靈將安能違天而私為禍福哉詩曰皇矣上帝臨下有赫孔子曰獲罪於天無所禱也

右遠鬼佛章

歲庚午余在東部從閒隙為此書未能而棄棄之今夏病後偶閱諸綫得此於篋中惜其

前功遂續可成之總若干言句意淺須文辭拂詳無從備觀而內篇之修於身者外篇之之行於家者略有條目次第不無有補於婦人而且間有聖賢之訓覽者勿以書之成出於婦人之手而棄之也

壬申仲夏書贈諸妹

뉵번

빈뎐 지내여 졔 이실

부인의 넉이 ᄀᆞᆺᄀᆞᆫ 홀 갈 곳ᄃᆞᆯ이 크이 되니 지실ᄂᆞᆫ

ᄀᆞᆺᄀᆞᆫ 홀 갈 곳 지 못ᄒᆞᆫ 쳔비 ᄌᆞ식 ᄇᆞ오ᄂᆞᆫ와 ᄡᅡᆫ 가지 어

질ᄂᆞᆫ 불ᄉᆞᆺ ᄎᆞᆯᄂᆞᆫ 불ᄒᆞᆫ 뵘 가지 ᄃᆞᆼ시ᄒᆞ올ᄂᆞᆫ ᄒᆞᆯ 디다

도ᄌᆞᆨ 히니 ᄌᆞᆷ 거시 어ᄇᆞᄂᆞ니다

바론 거ᄉᆞᆯ 닥희여 새ᄌᆞᆨ ᄒᆞᆯ이 어렵ᄉᆞ니 이니 ᄎᆞᆫᄂᆞᆫ

드시오 ᄌᆞᆨ기와 나ᄎᆞᆯ 뎌ᄂᆞᆫ ᄌᆞ 가지ᄂᆞᆫ 못ᄒᆞ니 두시이다

ᄎᆞᆫ 홀 갈 곳ᄃᆞᆯ이니다

ᄃᆞᆼ홀 ᄂᆞᆫ 신ᄒᆡ와 ᄌᆞ식의 큰 ᄒᆡᆼ시ᄅᆞ이오 ᄀᆞᆺᄀᆞᆫ 홀 갈

ᄌᆞᆺ 본 부인의 웃ᄃᆞᆯ 넉이 이니다

ᄌᆞᆨ기 ᄌᆞᆸ뵈 그ᄃᆞᆺᄀᆞᆫ 홀 갈 곳ᄃᆞᆯ 불 ᄇᆞ쳔 ᄒᆞᆫᄉᆞ

재이시니 드른 ᄒᆞᆯ 갈ᄃᆞᆺ ᄒᆞ시매 어ᄃᆡ셔 구챠히
사ᄅᆞᆯ 거시 쥭어셔 쥴 어볼 려얀 ᄒᆞ올 일외
ᄒᆞᆯ이니라
ᄃᆞᆺ오ᄉᆞᆯ 어볼 ᄒᆞᆯ 갈ᄃᆞᆺ ᄒᆞ니ᄅᆞᆯ 어보ᄉᆞᆫ 곰ᄉᆞᆨ의
ᄇᆞ니나라

졔ᄉᆡᆼ이ᄅᆞᆯ 쟝

봉ᄒᆞ이셔 오시ᄅᆞᆯ ᄒᆞᆯ 거시니 올흔 ᄃᆞᆨ오신 이니 구어ᄀᆞ
의 간 쟝은 ᄃᆞᆨ담 ᄲᆞᆯ 넉이니 넉엘 셔야 담어 ᄇᆞᆫ 어니 덕도 ᄃᆞᆼ신
며ᄂᆞ 셔얍 이ᄅᆞᆯ 오니 단잔을 너ᄀᆞᆺ ᄃᆞᆫ ᄃᆞᆯ 갈어다 ᄒᆞ니라 인져

어ᄃᆡᄅᆞᆯ 블ᄒᆞ시ᄃᆞᆼ 다시ᄂᆞᆫ이 아니면 ᄂᆞᆫ히 못ᄒᆞᆯ사
오나 오블 버니시ᄃᆞᆼ 다시ᄂᆞᆫ이 아니셜 ᄂᆞᆫ히 못ᄒᆞᆫ
ᄂᆞ니 주 챠 ᄒᆞᆯ 거ᄉᆞᆺ 것 ᄒᆞᆯ 거ᄉᆞᆯ ᄃᆞᄒᆞ신 외 직ᄋᆞ 일

회ᄌᆞ와ᄌᆞ쳑 ᄌᆞ다ᄯᆞᆯ에ᄯᆞᆺ 이오 샹ᄂᆞᆫ 나ᄂᆞᆫ의 근본이니 진실로 근본
을 ᄇᆞ리지 아니ᄒᆞ면 샹로 나ᄂᆞ이 ᄯᅩ 길거시니 어질
미 ᄯᆞᆯ미 아냐 오ᄂᆡ로 이런 ᄂᆞ줄 ᄃᆞᄅᆞᆼᄒᆞᆯ 션ᄒᆞ젼
어딜 ᄭᅮᆯ 가히 복 복졍어진뎌 회복ᄒᆞᆯ다ᄯᆞᆯ ᄒᆞᆯ 거시오 가히 샹ᄒᆞ
오ᄭᅮᆯ ᄭᅮᆯ니치 되다
근뎌 송쳑착ᄒᆞᆯ 션뵈니 셩은 즉오셩 은회오벼ᄅᆞᆯ ᄒᆞᆯ 회악이다 ᄀᆞᄅᆞᆫ 샤ᄅᆞᆷ 샹ᄂᆞᆫ 이
ᄃᆞᄅᆞᆼ 다시 치못 ᄒᆞ젼이 ᄃᆞ시 실이 어ᄇᆡ ᄂᆞᆫ 샹로
나ᄂᆞᆫ ᄭᅳᆫ 엇버ᄅᆞᆫ 어진 어ᄅᆞᆫ ᄒᆞ여 어ᄯᅥ 오니다 ᄒᆞ시
니라
어진 이ᄅᆞᆯ 알고 ᄒᆞ나 ᄲᅥ 힝오치 아니ᄒᆞ여 샹ᄂᆞ
오이ᄅᆞᆯ 인ᄒᆞᆯ 알고 ᄲᅥ고 ᄂᆞ버 되지 아니ᄒᆞ면 ᄃᆞᄅᆞᆼ다
신이 아니오 어지ᄅᆞᆯ ᄭᅮᆯ 힝ᄒᆞᆯ 어딜 ᄭᅮᆯ 힝ᄒᆞᆯ 그

샹나오믈 버셔리샹ᄒᆡ와 알드쳐 ᄒᆞ시션줄

들ᄋᆞ신이 아니ᄂᆞ라

샹가이 단샹ᄂᆞᆫ 듕 ᄃᆞ신이 어엿ᄉᆞ션 비ᄅᆞᆺ ᄒᆞ여

ᄒᆞᆫ 아ᄒᆡ라ᄋᆞᆫ 빗이셔 아ᄒᆡ라ᄋᆞᆫ 힝실이 이ᄂᆞ다

ᄒᆞ여 ᄀᆞ다ᄒᆞ엿ᄉᆞ되 ᄂᆞ 괴ᄀᆞᆺ 거시오실 ᄒᆞ엿이 아니다

동신장

복ᄃᆞ (복박ᄒᆞᄂᆞᆫ ᄃᆞᄃᆞᆸ ᄒᆞ라ᄂᆞᆫ 말이니) ᄒᆞᄂᆞᆫ 졍도 ᄒᆞᆯ 샹ᄒᆡ이 어이 잇

ᄂᆞᆯ재뎍으니 어기올 기ᄅᆞᆯ ᄂᆞᆫ재 반ᄃᆞ시 ᄃᆞ온 ᄒᆞ오

로 버려 ᄒᆞᆼ올 샹ᄂᆞ니 지벙올 짓ᄂᆞ쳐 허최 어벌쳔

곳 지ᄉᆞᄂᆞ니 허희ᄃᆞᆫ ᄒᆞ시이 곳ᄒᆞᄂᆞ니다 허ᄒᆞᆫ올 샹

진ᄂᆞᆫ ᄒᆞᆼ ᄒᆞᆫ복로 ᄆᆡ여 존본 올샴ᄂᆞ니 ᄃᆞ온 되 아니 ᄒᆞᆯ

지ᄂᆞᆫ ᄒᆞᆼ 치 못 ᄒᆞᆫ 쳔허기ᄅᆞᆯ 거시 업ᄂᆞ니라

옥시ᄉᆡᆼ 업는 ᄌᆡ능ᄒᆡ 도ᄂᆞᆫ ᄒᆞᆯ 지ᄀᆞ 죄(작ᄒᆞ엿온 직ᄀᆞ죄란 말을) 미잇

노ᄉᆡ 안ᄒᆞ히 지ᄂᆞᆫ ᄒᆞᆼ ᄒᆞ니 보ᄂᆞᆫ 옥시ᄉᆡᆼ이 나지 아니ᄒᆞ

여이 보ᄂᆞᆫ이 다ᄉᆞ연(무ᄅᆞ단 말) ᄒᆞᄂᆞᆫ 적ᄀᆞ연(ᄃᆞᆯ 단 말) ᄒᆞ야 ᄒᆞᆯ

허엿이 나는디(거ᄋᆞᆺ기ᄋᆡ 업단 말) 되이 어ᄇᆡ 벌 ᄌᆞᆫ 거오ᄅᆞᆯ 다ᄉᆞᆺ

진ᄒᆞ엿이지 아니ᄂᆞᆫ(ᄀᆞᆯ 홀 불ᄒᆞ이다) 불ᄉᆞᆺ ᄒᆞ오ᄂᆞᆫ ᄒᆞᆯ ᄒᆞᆫ불 나ᄒᆞᆯ 미오만

드러 다ᄉᆞ 미 ᄃᆞᄂᆞᆫ 허(옥이 다 말) 시ᄅᆞᆯ ᄒᆞ야 이 보ᄂᆞᆫ 이 우연

ᄒᆞᆯ 타연 ᄒᆞ여 ᄌᆞᆯ ᄃᆞᆺᄂᆞᆫ 마ᄋᆡᆼ ᄒᆞᆨ 이 온ᄂᆞᆫ ᄌᆞᆨ 이지

아니 이산 아ᄀᆞ 다ᄀᆞ 청(ᄒᆞᆼ고시 ᄆᆞᆯ 돈ᄎᆞᆺ 지다) 도 ᄒᆞ온 다노ᄒᆞᆼ도

불나ᄒᆞᆯ 미나라

정ᄋᆞᄒᆞᆼ ᄎᆞᆼ

부ᄌᆞᆺ 다ᄉᆞ ᄒᆞᄂᆞᆫ ᄌᆞᆨ 허ᄇᆞᆫ 화ᄉᆞᆫ ᄒᆞ엿 ᄋᆞᆯ ᄌᆞᆨ 션

가히 ᄉᆞ러 보ᄆᆞ 봐ᄆᆞ ᄃᆞ옴 깃길 거시오 가히 ᄉᆞ러 보ᄂᆞᆫ

와평탕(어평탕이라 어혼다)의 세의(셤어다 빨이이다) ᄒᆞᆯ 거시오 가히 써 어더
너흘 상황 ᄒᆞᄂᆞᆫ 아희 상흘의 세 움췌흘 울 거시오
가히 써 절게 의 세 즉 허블 나ᄂᆞ니 희복ᄒᆞᆯ 거시니
밧이고 이에 샹반ᄒᆞ션 측ᄒᆞᄂᆞᆫ 박ᄒᆞᄂᆞᆫ 박질ᄂᆞᆫ 거ᄉᆞ
러셔(쌀평흘치 쌀다딜) 가히 써 복ᄒᆞᆫ 와 주ᄃᆞᆯ 거ᄉᆞ 기치 못ᄒᆞᆯ 거실
가히 써 복ᄉᆞ와 현상의 세의 치 못ᄒᆞᆯ 거시오 상황에
어린 되 잇지 못ᄒᆞ셔 움췌와 허익이 아희 잇지 못ᄒᆞᆫ
ᄃᆞ졀에 노ᄒᆞᆷ와 ᄒᆞ셔 난 ᄌᆞ이 된 병을 ᄒᆞᄂᆞ니 이ᄂᆞᆫ
현ᄒᆞ와 ᄒᆞᆼ ᄒᆞᆯ 거시라 가히 삼가지 아니ᄒᆞᆫ다.
다ᄉᆞ ᄒᆞᄂᆞᆫ 굿 허별 화술 복인의 의약의 보론 거시니
진시ᄂᆞᆫ 능히 즉션(의약 다 쌀것) 상흘이 늬 그혁을 쇽보치
아니ᄒᆞ나 오시의 그룹의ᄂᆞᆫ 흉리 온화ᄒᆞᄂᆞᆫ ᄯᅳᆯ 뎨 ᄐᆞᆷ술 ᄃᆞ
여주ᄂᆞᆫ ᄉᆞᆯ 어치 ᄀᆞ이 상ᄒᆞ다 ᄒᆞᄂᆞ니라

오회장

사ᄅᆞᆷ의 몸곳츤 ᄡᅥ 내 몸곳 ᄀᆞᆺ흔지라 내 ᄉᆡᆼ안ᄒᆞ셔든
ᄂᆞᆫ니 남ᄋᆞᆯ 위ᄒᆞᆫ 도물 말ᄒᆞ셔 ᄒᆞᆫᄂᆞ니 오ᄅᆞᆨ ᄒᆞᆫ번 되
ᄒᆞ셔 내 몸곳의 ᄒᆞᄂᆞ셔 ᄒᆞᄂᆞᆫ ᄡᅥ ᄂᆞᆷᄋᆞᆫ ᄒᆞᄂᆞ셔 ᄒᆞᄂᆞᆫ 죄ᄋᆡ셔 ᄂᆞᆷᄋᆞᆯ ᄒᆞ지 ᄒᆞᄂᆞ니 못ᄒᆞᆯ 것은 ᄂᆞᆷ도 못ᄒᆞ게 ᄒᆞ시ᄂᆞᆫ 이니슬 ᄲᅮᆫ이라
ᄒᆞ셔 이에 ᄉᆞᆯ ᄒᆡ 나지라 이런 ᄃᆞᆯ 전 자는 어 의 ᄀᆞᆺ흐리니
ᄒᆞᄂᆞ셔 ᄒᆞᄂᆞᆫ 발ᄅᆞᆯ ᄂᆞᆷ의 세 베프지 말나 ᄒᆞ니라
지실ᄒᆞᆫ ᄒᆞᆫ번 되셔와 셔 치 못ᄒᆞ 천 비록 극분ᄒᆞ이
잘ᄒᆞᆯ 원ᄉᆞᆼ ᄒᆞᆫ 빈반 ᄒᆞ리라 극ᄂᆞᆫ 도 원ᄉᆞᆼ ᄒᆞ셔든 천되 ᄒᆞᆯ나ᄒᆞᆯ ᄉᆞ시 업ᄉᆞ니라
ᄒᆞᆫ번 되ᄂᆞᆫ 어벗ᄃᆞᆫ 셔로 어버ᄋᆞᆫ 자ᄂᆞᆫ ᄉᆞᆯ 옥시ᄂᆞᆫ 굴 ᄋᆡ니슬
옥시의 말ᄉᆞᆷ은 가히 라 나홀 지 못ᄒᆞ리 부ᄅᆞᆺ 내쉬니ᄅᆞᆫ
ᄂᆞᆷ의 세 나ᄂᆞ셔 ᄒᆞᆫ 것 ᄂᆞᆷ 엇ᄌᆡᄂᆞᆫ 옥시 어이라
ᄒᆞᆫ번 되ᄂᆞ셔 ᄒᆞ ᄌᆡᄂᆞᆫ 사ᄅᆞᆷ 무ᄅᆞᆯ 어부러 나ᄅᆞᆯ 도ᄅᆞ라

지ᄒᆞᆫ 물 깃ᄭᅳᆺᄒᆞᆺᄭᅳᆺ 받ᄅᆞᆯ어니 노어 보어 드려 보ᄂᆞᆫ ᄒᆞᆫ가지ᄅᆞᆯ ᄒᆞᆫ드

진실ᄂᆞᆫ 이ᄂᆞᆫ 몸을 주쳔 ᄀᆞᄌᆞᆫ 온뢰ᄂᆞᆫ 보ᄂᆞᆫ 이 어ᄆᆡ

가히 ᄒᆞᆯᄀᆞ라 ᄯᆞᆯ을 ᄀᆞ초 여보 어르신 ᄂᆞᆷ이 ᄀᆞᆺ ᄑᆞᆯ니다

원ᄒᆞᆫ이 ᄀᆞᆺ 뢰 주다 ᄎᆞ니ᄒᆞᄂᆞᆫ시 분호승 벌다 ᄆᆡ잘ᄒᆞᆫ 지앙ᄒᆞᆫ 꽃 외다

볼ᄒᆞᆯ 모ᄋᆞ 아ᄒᆞᆯ 옥 셕옥 물 횡ᄒᆞ치 못 ᄒᆞ나 ᄒᆞ니 어ᄉᆞ지 ᄒᆞᆫ 것

횡ᄒᆞ치 아닐 셔ᄅᆞᆯ 이되오 ᄇᆞᆫ이ᄅᆞᆯ 줄 허 셔이 이나 보ᄂᆞᆫ

의ᄒᆞᆫ 화주 션비ᄅᆞᆯ ᄒᆞᆫ번 되ᄂᆞ려 ᄒᆞ나 ᄀᆞ르쳐어

ᄃᆞᆯ하 시ᄇᆞ나

살ᄉᆡᆼ의 샹ᄒᆞ나 보물 보션ᄒᆞᆫ 양 드러셔 다ᄉᆞᆯ ᄒᆞ셔 살ᄉᆡᆼ되어

지극ᄒᆞᆫ 물 ᄃᆞᆯ션리 회러니 회방 ᄒᆞᆫ 내 북의 이셔ᄂᆞᆫ ᄒᆞᄂᆞᆫ 산

난ᄂᆞᆫ물 횡ᄒᆞ셔 살ᄉᆡᆼ의 셕대ᄃᆞᆷ 이시ᄂᆞᆫ 두셔 ᄒᆞᄂᆞᆫ 줄

어지ᄂᆞᆫ 본 횡ᄒᆞ셔 살ᄉᆡᆼ이 아지 못ᄒᆞᆯ가 두셔 뢰ᄒᆞᄂᆞ니

심ᄒᆞ다 ᄒᆞ샬의 희여 사ᄅᆞᆷ의 악을 보게 보샹이여열
사ᄅᆞᆷ의 어지ᄅᆞᆷ을 ᄃᆞᄅᆞᆷ게 ᄒᆞ졍ᄒᆞᄂᆞᆫ 악연이 옥을 먹은 ᄃᆞᆯ 오ᄅᆞᆯ 기ᄌᆞ지 아니ᄒᆞ
ᄉᆞᄅᆞᆷ 숙에셔 ᄃᆞᆨᄂᆞᆫ 사ᄅᆞᆷ의 악을 보라지 아니ᄒᆞ면 ᄌᆞ연
죄 주연ᄒᆞ여 ᄒᆞᆯ 거ᄉᆞᆯ 죄ᄇᆞᆨ여 그 사ᄅᆞᆷ이 오ᄅᆞᆯ ᄃᆞᆺ치ᄂᆞᆫ 사ᄅᆞᆷ의 죄지ᄅᆞᆯ
ᄭᆡ다거지 아니ᄒᆞ 옥직ᄒᆞᆫ번 되ᄆᆡ셔 ᄒᆞ여 ᄒᆞᄂᆞ니라
진실노 ᄂᆡ세니 ᄒᆞᄂᆞᆫ 녹의 세희롱세 ᄒᆞᆯ 날ᄒᆞᆯ이
보쳔 비록 사ᄅᆞᆷ을 죽여니 죽은 이ᄅᆞᆯ 이ᄂᆞᆫ 시다 ᄒᆞ면
ᄒᆞ니다
이쇠 살ᄅᆞᆷ이다 져ᄋᆞ 악ᄒᆞᆫ 죄ᄒᆞᄂᆞᆫ 사ᄅᆞᆷ은 뵈되 ᄒᆞ되
쳐쉬ᄒᆞ셔 그ᄅᆞᆯ 거오ᄂᆞᆫ ᄉᆞᄅᆞᆷ 쳐ᄒᆞᄂᆞᆫ 사ᄅᆞᆷ은 ᄃᆡᄅᆞᆷ
되쳐ᄒᆞ ᄒᆞᄂᆞ니 ᄌᆞᄅᆞᆫ번 ᄃᆡ치 아니ᄒᆞᆯ 셔치 아니시샹
ᄒᆞᄂᆞ다

당시 그릇의 총석현 수니 장횡 거니라 빗츤 백셩 내 줄 모른 편지 줄 분 냇시롱이 평패

불은 반물이니 내 흘 뉘다 흐니라 녹노 흘롱 흑 그라서

공셔쟝

져은 흘 쟝노 슈흘 빈그시 흐느 지혜와 덕 잇는 죄흘 앗노다 쓸어 노

가히 슈흘 그릇 흐릇 쇄흘 야니 흐서 흐슨 흐삯

노슈흘 노흔 그시 흐는 가히 슈흘 흡흔 죄흘 야

나흐느니라

덕이 잇는 져는 흐흥션 덕이 어온흘 되 흐는 되흥

노흥ᄒᆞ다 뎌뎌 쎠실 위이그는 읫노치 읫 흐솔 흐션 녹욜 녹복 누나 져슨

고르는 흘 쟈슬 덕이니 야자지 야니 흐는 슈흘 넙

공흥쇄 흐슨 쟈슬 읫오타치 야니 흐느니 흘붓쳐 덕

극어벋는 읫슬 예뷔 시그위 그릇 흐셔 슈흘 넙흔

쳐를 ᄒᆞ샤

져ᄂᆞᆫ ᄒᆞᆯ 근심 ᄒᆞ션 사ᄅᆞᆷ이 ᄒᆞ셩ᄒᆞᆯ 손도ᄒᆞ

그ᄒᆞ산 ᄒᆞᆯ ᄀᆞᆫ 근 ᄒᆞ션 사ᄅᆞᆷ이 어디셔 ᄡᅳᆫ 뵈와 ᄒᆞᆯ

어엿ᄇᆞ이 ᄆᆞᆨ 에ᄉᆞ ᄡᅳᆯ ᄒᆞᆫ ᄂᆞᆫ 희 져ᄂᆞᆫ ᄒᆞ셔 근 ᄒᆞᆯ ᄒᆞ산

치 아니 ᄒᆞᄂᆞᆫ 근친 아니ᄆᆞᆫ 사ᄅᆞᆷ의 어디ᄂᆞᆫ ᄡᅳᆫ

ᄒᆞ믈 드디ᄂᆞᆫ 사ᄅᆞᆷ의 ᄒᆞ셩 ᄒᆞᆯ ᄉᆞᄂᆞᆫ ᄒᆞ블 ᄒᆞᄂᆞᆫ

자ᄎᆞᆫ이 아니ᄒᆞ나 세 잇ᄂᆞᆫ 무디ᄅᆞᆯ 다ᄒᆞ셔 사ᄅᆞᆷ이

ᄉᆞᄅᆞᆷ 쁘ᄂᆞᆫ 지 못ᄒᆞᄂᆞ니다

내 ᄂᆞ믈 나의 ᄃᆞ쳐 ᄒᆞ셔 녀도 ᄂᆞᆯ ᄂᆞᆫ 나의 ᄃᆞ쳐 ᄒᆞᄂᆞ

이 날 편 ᄒᆞᆫ 외 어ᄃᆞ 엇ᄆᆞᆫ 되다 닷ᄃᆞᆯ 비ᄎᆞ ᄉᆞ이 나 오직

져ᄂᆞᆫ ᄒᆞᆯ 뎡안 ᄒᆞ이 가히 ᄊᆡ 그ᄅᆞᆫ외 뎡안이 쳐

ᄒᆞ시나 사ᄅᆞᆷ이 비로 ᄡᅳᆫ ᄒᆞᆯ 닷ᄂᆞᆫ ᄃᆞ쳐 ᄒᆞ무 그

가히 어들사 시복사

ᄒᆞᆯ 어지게 이시션 사ᄅᆞᆷ을 더브러 ᄂᆞ녀ᄒᆞ시셔

조블 졀오ᄂᆞᆫ 줄 뒤희 이시셔 사ᄅᆞᆷ을 더브러

져ᄒᆞ셔 ᄀᆡᄒᆞ블 드ᄒᆞ션 이다 ᄂᆞ녀ᄒᆞᆫ 블히ᄂᆞᆫ

나의 블 조하 ᄒᆞᆯ ᄆᆞᄋᆞᆷ올 ᄲᅮ리 아닐 지라비롯

언어와 되오ᄂᆞᆫ 숫이의 낫타나지 아니ᄒᆞᄂᆞ니다

ᄆᆞᄋᆞᆷ을 ᄯᅡᆯ 미아 ᄲᅡ주션 ᄒᆞᆫ 졍ᄒᆞᆫ ᄒᆞᆯ ᄉᆞᆯ오

되아 니다

졍ᄒᆞᆫ 장

옥(온ᄒᆞᆫ 뎐 이나 ᄯᅡᆯ) 녹ᄎᆞᆯ은 어진 ᄒᆞᆫ복을 ᄒᆞᆫ희 ᄯᅥ ᄃᆞᆯ어

복인 이ᄂᆞ 러 ᄒᆞᆺ ᄒᆞᆯ여수 이시블 얼ᄀᆞᆫ 자녀 아희ᄂᆞᆫ

ᄀᆞ쳐 ᄒᆞᆯ ᄲᅵ니다

슉신졔이 봉을 닷가 벼보흘흘 호단 말이니라

봉은 이오신 죽리라 죽홍야 웃 쓰흥이라 말 술과와 셔와 싱

작라 여의 딸이 아나날배니 딸하지일

의 근본이라 단군 불혹의 나뫼은 빈 된는 술

구발치 아니셔 봉황이 나며 오지 아니실셔다 봉혹셔 울흔 어다

구이온 거동 구발 혹께 봉황이나 터 날서 운천日 얼이 닷지셜 님응 혹은 거시라 이 작난운

근 착오른 뒤 트다 말 작된 각근 지어 줄 다 말 회국호니 이셔 드흘 수이

비롯지 아닌 전의 경계흘 두셔 흘 힘쓰며 붑흘 옷나가 두다

슉흘흘 일러라 말흘 이의 운천日 흘호의 슉최ㄹ 슉최

면혀니 어진 혀으로하 봉이라는 놈 주연 이이ㅅ근 이흔혹 슬 옷슷 극 연여여

히 뇌라

봉이 지신 실근 이시셔 봉혀나 뎌 여라 말 죽년 이니ㄴ운

ᄒᆞ여곰 허트지 아니ᄒᆞ셔 어즈러이 ᄯᅳᆺ 줄 니ᄅᆞ혀
로 어즈럽지 아니ᄒᆞ셔 ᄭᅬ 어ᄀᆞᆯ 주려 아니ᄒᆞ셔 의혹
게 ᄒᆞ여곰 의식지 아니ᄒᆞᄂᆞ니 그ᄅᆞᆯ ᄒᆞᆯ 거시로되
실ᄒᆞ여 시부ᄅᆞᆯ 외 ᄇᆞᆯ이 우ᄂᆞᆨ이 치 못ᄒᆞᄂᆞ니라
부ᄆᆞ의 어ᄅᆞᆯ 이켜 ᄀᆞᆫ 죵ᄒᆞᄂᆞᆯ 이ᄅᆞᆯ 일이 어버시 ᄉᆞᄅᆞᆯ
ᄉᆞ여ᄀᆞᆯ 이ᄅᆞ 원혀ᄆᆞᆯ 이시니 일ᄅᆞᆯ 어버시 ᄉᆞᄅᆞᆯ 나노
넌여노의 니외외지 ᄒᆞ야 시쳔 어진 이ᄉᆡᆯ 이라
히ᄇᆡ 횡ᄒᆞᆯ ᄉᆞᆯ 옥시ᄂᆡ의 지ᄒᆞ션 살 나옴이
라 나 외여 감 ᄌᆞᆯ 지니라
부ᄆᆞ의 세병이 ᄀᆞ시니 일ᄀᆞ이 나ᄒᆞ시 다히 웅ᄒᆞ셔
이ᄅᆞᆯ 이 다ᄂᆞᆫ ᄒᆞ옥 부ᄆᆞ의 거ᄃᆡ 며ᄂᆞ리셔 일ᄅᆞᆯ 니ᄎᆞ치 아
니ᄒᆞ야 ᄢᅵ니 녀ᄀᆞ여 ᄌᆞᆯ라 ᄀᆞ히 ᄒᆞᆫ여 다병 어ᄀᆞ

ᄡᆞᆼ히 동셔ᄒᆞᆯ 번니라 동셔는 다히보 되단 말이라

이ᄅᆞᆯ 외다 ᄒᆞᄂᆞᆫ 혼ᄒᆞ라 깃븐 다히 엇거ᄒᆞ라 긋ᄒᆞ여 온 다랑ᄒᆞ시믈 ᄂᆞᆫᄒᆞ
옥여은 ᄂᆞᄅᆞᆯ와 벗ᄒᆞ는 것 봄여 깃거ᄒᆞ니 ᄒᆞᆫ 것 ᄒᆞᆯ은 ᄆᆞᄋᆞᆷ에셔
다ᄒᆞᆫ 벗다ᄒᆞᆫ 도 본즉 ᄒᆞᆫ 것 ᄃᆞᄒᆞᄂᆞ니라

녜ᄯᆞᆯ의 ᄀᆞᆯ 뎡ᄋᆞ니 당이ᄂᆞᆫ 녀ᄒᆞ션 어지러ᄋᆞᆫ ᄒᆞᆫ 오ᄂᆞᆫ 것 보나 내ᄂᆞᆺ
셩인이 되고 오히려 셩인을 념녀치 아니ᄒᆞ션 당인
되ᄂᆞ니라

ᄌᆞ시쟝

뎐ᄋᆞ ᄉᆞᆯ온 ᄇᆞᆯ오ᄒᆡ의 발ᄒᆞ야 나여나ᄂᆞᆫ ᄯᅥ여다 이ᄅᆞᆺ에 지ᄂᆞᆫ 질라
어질문 ᄉᆞᄅᆞᆷ이 ᄒᆞᆫ가지 조효하 ᄒᆞ고 ᄉᆞ오나 오면
ᄉᆞᄅᆞᆷ이 ᄒᆞᆫ가지 조믜 외ᄒᆞᄂᆞ니 어질문 가리
뎡ᄒᆞ려 나라 ᄉᆞ오ᄂᆞᆫ 문 가히 뎡치 아니ᄒᆞᆯ거
시니라

어질일의 볼은 ᄒᆞᆨ의 가히 ᄡᅥ 어질ᄒᆞᆷ ᄒᆞ리며 사오나온 일의 살핀 ᄒᆞᆨ의 가히 ᄡᅥ 사오나옴을 버리리니 나ᄆᆞᆫ의 너비 젼젹(경셔와 ᄉᆞ긔 ᄀᆞᄐᆞᆫ 글이라)을 통ᄒᆞᆷ으로도 ᄋᆞ히려 능히 어질 ᄢᅦ 볼고 사ᄅᆞ나ᄅᆞᆯ 살피지 못ᄒᆞ거든 ᄒᆞ믈며 부인은 깁흔 국즁의 쳐ᄒᆞ야 아는 배 장소와(단장ᄒᆞ고 ᄭᅮ미며 리빗는 말) 외븍의 일이오 보는 배 ᄒᆞᆫ인다 즁리의 말이오 더 본 ᄯᅢ 비쳡의 옹열ᄒᆞ고 셰쇄ᄒᆞᆫ ᄂᆞ구리오 듯는 배 사ᄯᅢ 팔ᄯᅢ 니롭고 ᄒᆡ로온 말ᄒᆞᆯ ᄯᆞᄅᆞᆷ이니 만일 어진 일을 ᄒᆞᆯ 싱각이 이잇거든 글이 되어든 거ᄉᆞᆯ 힝ᄒᆞ고 그ᄆᆞᄅᆞᆫ 거ᄉᆞᆯ 싱각ᄒᆞ야 엇더ᄒᆞ미 어진 일이며 엇더ᄒᆞᆫ

이ᄅᆞ이 살ᄂᆞ 옥이ᄅᆞ 일ᄅᆞᆯ ᄒᆞ야 히ᄂᆞᆫ 볼ᄅᆞᆯ 히ᄉᆞ 벌어 오쟉
어진 이ᄅᆞᆯ 버히ᄆᆡ 밧ᄂᆞ ᄌᆞ니ᄂᆞ ᄌᆞ디외 ᄒᆞ야 사ᄅᆞᆫ
욕ᄋᆞᆯ 엇ᄂᆞ ᄒᆞ션 모시ᄂᆞ 오시션 ᄌᆞ연 혈ᄂᆞ 시ᄅᆞᆯ이
이ᄅᆞᄉᆞ리다.
부ᄎᆞᆺ 살ᄅᆞᆫ 가의 퇴ᄂᆞ 시ᄅᆞᆯ이 ᄌᆞ부ᄂᆞᆯ ᄉᆞᆯ ᄲᅢ니ᄒᆞ션 ᄇᆞᆯ도
며ᄌᆞᄂᆞ ᄒᆞ셔 ᄌᆞ본 ᄒᆞ셔 온ᄂᆞ ᄌᆞ이셔 즛지ᄂᆞᆫ 절뎌
이시셔 지며외 혈ᄋᆞ ᄌᆞ부ᄅᆞᆯ ᄲᅢ니ᄅᆞᆯ 변 복ᄋᆞ와 ᄌᆞ디
ᄀᆡ시셔 복ᄌᆞ와 ᄒᆞᆨ당이 ᄀᆞ시셔 ᄌᆞ셰와 비복에
이시셔 ᄌᆞ밧ᄌᆞᆯ ᄲᅢ니ᄅᆞ 변 ᄒᆞᆼ ᄌᆞ의 ᄌᆞ진 ᄒᆞ이에
시셔 이ᄂᆞ니의 갓갑이 이시니 셔ᄂᆞ기ᄉᆡ 복ᄂᆞᄌᆞᄂᆞ복 ᄌᆞᄂᆞᆨ세
ᄀᆞᆯᄂᆞ ᄀᆞᆺ당 ᄌᆞ시이ᄅᆞᆯ 시니 뎌ᄂᆞ에 ᄀᆞ로ᄅᆞᆯ되 ᄃᆡ ᄌᆞᆨ 모ᄅᆞ의
진실ᄂᆞ ᄌᆞᄒᆞ션 비록 ᄌᆞᄒᆞᆼ 드 ᄃᆞᆼᄌᆞ의 ᄒᆞᆼ자ᄉᆡ ᄃᆞ옷 ᄒᆞ나 내치심

나더라 (죽의내지 아니타는말)

신희장 (희실 살사다는말)

말은 가히 쌍셩 죽이 내치 못홀 거시니 맛지

못홀 흉의 나셔 말이 주변 혀 말이 적은

리라

말이 비록 홍회롤 그치 아니션 가치 아니리

말이 지번 홀잡을 보옥이 쉬쉬 홀는 말흘어

말씀 홀잔던 보옥이 도로 홀니라

미 아닌 말을 그 이브롤 더러이 이가치 아니ᄂᆞ니

시에 (셩시) ᄀᆞ로ᄃᆡ 빅규의 (흰 구술 빅옥이라) 졈은 (졈은 티나) 가히

갈려니와 말의 졈은 가히 ᄒᆞ지 못ᄒᆞ리라 ᄒᆞ

니라

각희 졸ᄒᆞ야신 ᄌᆞ ᄒᆞ션 ᄌᆞᆯ ᄒᆞᆯ 각희 말ᄂᆞᆫ
연ᄌᆞᆨ ᄒᆞ션 말 ᄒᆞ야 ᄌᆞ리의 오직 맛당이 ᄒᆞᆯ
지니라
여ᄉᆞᆺ재의 ᄀᆞᆯ오되 젼ᄌᆞ칙 ᄀᆞᆯ어다 길ᄒᆞᆫ 사ᄅᆞᆷ은 말ᄉᆞᆷ이 젹
다 ᄒᆞ니 션ᄒᆞ다 이 말ᄉᆞᆷ이여 주어나 어ᄅᆞᆫ이 부
ᄅᆞ시ᄂᆞᆫ 각희 ᄂᆞ셔희 아니 되답지 못ᄒᆞ리라
주어의 ᄀᆞᆯ희 젼ᄌᆞ칙 ᄀᆞᆯ어다 부ᄋᆞᆫ의 넘나 너여 ᄒᆞ야 울ᄂᆞᆫ 글은 ᄂᆞᆫ ᄂᆞᆷ ᄂᆞᆷ
이버의 베ᄌᆞ다 ᄒᆞ니라
희롱 말 말셔 희란 ᄒᆞᆫ 말 말셔 본 너여
ᄉᆡ지ᄉᆞ지 말셔 ᄉᆞᆨ은 ᄒᆞ치 말셔 복 ᄀᆞᆯ 지셔
리지 말셔 ᄂᆞᆷ의 단점을 니ᄅᆞ지 말셔 ᄂᆞ쳐
ᄒᆞᆯ니ᄒᆞᆯ지 말지니라

주연장 만상주다말

원의는 책은 마되나 서의 법서 굴되 책은 회실
울 가치 안나선 안 주리 큰여 울 누ᄒᆞ다 ᄒᆞᆺ
(방희 이희 홍납단말) 어치가히 책은 부 줄 빼나 줄 것가
훈남의 ᄒᆞ올 ᄒᆞ서우니 주어서 ᄒᆞ울이ㅂ 진퇴
주선 (주선 주어는 나라말 주려 나ᄒᆞ단 말) 의 책은 이곧의 나중려ᄒᆞ다
주연 ᄒᆞ원의 이시니 시에 ᄒᆞ울퇴 거동안 식불
울 잘ᄒᆞ여 원의 ᄒᆞᆯ이 에ᄒᆞᄂᆞᆫ 삭다ᄒᆞ니라
베히 베ᄀᆞ울뢰 (폐리는 옛 경제나라) 발거동은 무거이 ᄒᆞ며 손
거동은 공손이 ᄒᆞ며 눈거동은 단정이 ᄒᆞ며
입거동은 그치때 (입 줏 말 난 말이라) 소리 거동은 고요

이ᄒᆞ며 머리 거동은 곳게 ᄒᆞ며 (자ᄌᆞ면 교만ᄒᆞ고 구부면 붓그림 ᄀᆞᆺ고 기우리면 간샤ᄒᆞᄂᆞ니라) 리온 거동은 엄슉히 ᄒᆞ며 셔 거동은 덕되이 ᄒᆞ곽ᄒᆞ니라

ᄯᅩ 귈 오릐 기우려 듯지 말며 음난이 보지 말며 ᄯᅱ 황ᄒᆞ지 (황은 게어ᄅᆞᆫ 말) 말며 쉬ᄂᆞ되 거만치 말며 셔며 기울게 말며 안즈되 키 ᄀᆞᆺ치 말며 자며 업드리지 말며 머리털 거두어 드리우지 말며 관을 벗지 말며 수고로와도 메앗지 말며 더워도 치마ᄅᆞᆯ 벗지 말나 ᄒᆞ니라

군ᄌᆞ 아홉 가지 ᄉᆡᆼ각ᄒᆞᆷ이 이시니 그 조목은 ᄂᆞᆺ빗출 화히 ᄒᆞᆷ을 ᄉᆡᆼ각ᄒᆞ며 얼굴 공슌ᄒᆞᆷ을 ᄉᆡᆼ각ᄒᆞᆷ이니라

졍쇠 ᄀᆞᆯ온 샹쇠 졍쇠ᄒᆞ고 엄슉ᄒᆞ면 ᄌᆞ연이 비벽(그르고 샤벽ᄒᆞᆫ 말) 간예ᄒᆞᆷ이 업ᄉᆞ리라 ᄒᆞ시니 진실노 능히 구ᄒᆡ의 겸셥ᄒᆞ야 써 ᄇᆡᆺ골ᄂᆞᆫ ᄉᆞ리면 흉심이 ᄌᆞ연 단졍ᄒᆞ리니 움즉이ᄂᆞᆫ 서롱라 축션이 공손ᄒᆞ며 ᄒᆞᆫ가ᄒᆞ야 ᄇᆡᆺ라 안이ᄒᆞᆯ 것 드리라

서ᄇᆡ의 장 (위의 ᄀᆞᆯ 졈셥ᄒᆞᆫ 말이라)

공젼 ᄀᆞᆯ온 샹쇠 일 잡기 ᄀᆞᆯ 공졍ᄒᆞ야 ᄒᆞ시니 일 잡이 ᄀᆞᆯ 공졍ᄒᆞ면 일이 패치 안니ᄒᆞ고 일 잡기 ᄀᆞᆯ 공졍치 안니면 일이 반ᄃᆞ시 패ᄒᆞᄂᆞ니 일이 진실노 패ᄒᆞ면 비록 뉘웃츤들 엇지 밋츠리오 이런 고로 일을 ᄀᆞᆯ 공졍ᄒᆞ야 ᄒᆞᄂᆞᆫ 쟈ᄂᆞᆫ 그 비로소 ᄆᆞᆷ을 삼가 그 ᄯᆡᆺ ᄎᆞᆫ ᄆᆞᆯ ᄂᆞᆫ 히 ᄒᆞᄂᆞ니라

일ᄅᆞᆯ 망녕되이 지은 자는 일우지 못ᄒᆞᄂᆞ니 비록
져근 일의 이ᄅᆞ러도 가히 살가지 아니치 못ᄒᆞᆯ 거
시니 예긔예 ᄀᆞᆯᄋᆞ되 ᄇᆡᆫ 그ᄅᆞᆺᄉᆞᆯ 잡ᄋᆞ되 가ᄃᆞᆨᄒᆞᆫ
것 잡듯ᄒᆞ라 ᄒᆞ니라

경ᄉᆞ쟝 일ᄅᆞᆯ 공경ᄒᆞᆫ 말이라

우라ᄉᆞᆺ샹은 구름의 ᄋᆞᆫ죽이연 거ᄉᆞᆯ 가히 잠
가지 아니치 못ᄒᆞᄆᆞᆯ 날으미니 ᄇᆞ은이 만일
잇지 아니ᄒᆞ면 어둡고 잡되야 비록 스스로 겸
셥고쳐ᄒᆞ야도 엇지 못ᄒᆞ리라 그런 고로
존심을 읏듬으로 ᄒᆞ고 실힝ᄊᆡ 아리ᄂᆞᆫ다
경즁으로ᄊᆡ ᄎᆞᆺ례ᄒᆞ노라

ᄌᆞ훈

외편 돈륜 뎨삼 인륜을 도타이 ᄒᆞᆫ단 말

제ᄉᆞ의 례는 셩인이 인졍을 인연ᄒᆞ야 지으샤 ᄒᆞ여곰 그 션세ᄅᆞᆯ 잇지 아니ᄒᆞ고 그 덕을 츄보고져 ᄒᆞ시미니 ᄌᆞ연ᄒᆞᆫ 졍셩으로 나미오 강잉ᄒᆞ야 ᄒᆞ미 아니라 금셰인이 제ᄉᆞᄒᆞ미 셩의 업서 날이 졔ᄒᆞ나 나로ᄒᆞ자ᄒᆞᄂᆞ니 이시니 이 아히 경계치 아니치 못ᄒᆞᆯ 거시니라

무릇 대제는 (체시) 칠 일 젼계ᄒᆞ고 즁제는 (긔제 묘제) 삼 일 젼계ᄒᆞ고 쇼제 (차례) 는 일일 젼계ᄒᆞᄂᆞ니 젼계ᄒᆞᄂᆞᆫ 날부터 응응ᄒᆞ며 쳑쳑ᄒᆞ야 츄ᄉᆞ소찬의 ᄆᆞ초믈 ᄉᆞᄉᆞ로 졈겸치 아니미 업서 반ᄃᆞ시 조션이 흠향

ᄒᆞ고져ᄒᆞ고ᄒᆞᆫ터럭이나구챠ᄒᆞ고티타ᄒᆞᆫᄠᅳᆺ을
두미가치아니ᄒᆞ니라제믈의나믄거ᄉᆞᆯ비록
헐외라괴ᄀᆞᆺ든거시라도맛당이공경ᄒᆞ야조ᄒᆞᆫ
곳의무ᄃᆞᆯ거시오ᄌᆞᆺ바라ᄇᆡᆯ경도최예ᄲᅢ
지미가치아니ᄂᆞ라
무릇제믈ᄅᆞᆯᄀᆞ초미비복으로더부러다토
고ᄃᆞᆯ네지말거시니라

봉션장 션셰ᄅᆞᆯ밧드단말이라

부모의온혜엇지말의능히ᄒᆞᆯ배리오ᄆᆡᆺ사
곰이다ᄯᅡᄀᆞ죠ᄒᆞ신엿다ᄒᆞ올ᄒᆞ션오희
ᄌᆞᆯ이길ᄀᆞᄅᆞᆯ니엇지부모의은혜어ᄌᆞᆺᄉᆞᆸ
ᄌᆞᆯ이되오발거희온거ᄉᆞᆯ드러나ᄀᆞ시니시뢰
ᄀᆞᆨ뢰여ᄀᆞᆯ올ᄒᆞᆫ번젹ᄒᆞᆯ진뢰ᄒᆞ되ᄇᆞᆼ죡

다ᄒᆞ니다
졸ᄀᆞᆺ 사랑ᄒᆞ시 효측ᄒᆞ 효ᄃᆞᆺᄒᆞᆯ 거시오 ᄒᆞᆯ
갓ᄒᆞ셩ᄒᆞ시 효측ᄒᆞ 빼효 라ᄃᆞᆺ ᄒᆞᆯ 디다 사랑
다ᄒᆞ셰이ᄀᆞ자 ᄌᆞ진ᄒᆞ연 ᄃᆞ외야 가ᄒᆞ 뵈
효당니ᄒᆞᆯ 지니 사랑ᄒᆞ셔 ᄀᆞ셩ᄒᆞ셔ᄒᆞᆯ ᄌᆞ
진이ᄒᆞᆫᄂᆞᆫ 잔ᄂᆞᆫ 갓ᄒᆞ저 ᄋᆡ시ᄂᆞᆫ 복보ᄒᆞᆯ 나리ᄀᆞᆺ
ᄒᆞᄂᆞ니 져올 의다ᄉᆞ ᄒᆞ셰ᄒᆞ여 ᄃᆞ다셔 여숨
의셔ᄂᆞᆯ 케ᄒᆞ여 드리셔 ᄒᆞ셔ᄀᆞ 셔ᄋᆡ셩 ᄒᆞ여 긔
거ᄒᆞᆯ 밧드ᄂᆞᆫ 쓰ᄂᆞᆯ 솟ᄒᆞ ᄒᆞ여 모ᄒᆞ라 쓰ᄋᆞ외
ᄒᆞᆯ 거오 시블 ᄉᆞ 진이 ᄒᆞᄂᆞᆫ 옹시ᄀᆞ올 ᄒᆞᆯ 괴ᄒᆞ이
ᄒᆞ셔 잔ᄒᆞᆯ 올ᄌᆞ ᄒᆞ야ᄀᆞ 오외ᄉᆞ 치ᄂᆞᆫ ᄒᆞ니
ᄒᆞᆯ 다ᄒᆞ시 인ᄌᆞ 외여ᄀᆞ ᄒᆞᆯ 지ᄀᆞ ᄎᆞᆨ 이니라

부ᄆᆞᆺ 부모의 ᄒᆞᆫ 져ᄒᆞ시ᄂᆞᆫ 바ᄅᆞᆯ 진실ᄂᆞ의
ᄢᅵ어 그치지 아니ᄒᆞ셔든 ᄌᆞᆸ히 봉힝ᄒᆞ야오
직 빗ᄂᆡ 곳ᄒᆞᆯ ᄭᅡ 주셔ᄒᆞᄂᆞᆫ 비록 주시 힝
ᄒᆞᆯ 일이 아니라도 리록ᄒᆞ야 잇지 말라
다가 ᄒᆞᆨ에 기ᄃᆞ려 반ᄃᆞ시 힝ᄒᆞᆯ디니라

○구고ᄅᆞᆯ 셤기되 친부모 셤기ᄃᆞᆺ치 ᄒᆞ리라
구괴 ᄉᆞ랑ᄒᆞ시거든 잇지 말고 ᄀᆞᆷ만치 말
며 아쳐로와 ᄒᆞ시거든 심ᄒᆞ여 두려워ᄒᆞ
고 원망치 말디니라

부ᄌᆞᄂᆞᆫ 하ᄂᆞᆯ 인륜이라 셔로 ᄉᆞ랑치 아니리
업스되 구고ᄂᆞᆫ 샹족ᄒᆞᆫ재 젹우나가 셜구

고로ᄒᆞ여곰 내게 불평ᄒᆞᆷ이 잇다 ᄒᆞ야도 맛
당이 허믈을 살피ᄯᅴ 평셩을 싸하 ᄡᅥ 구
고의 날을 깃거ᄒᆞ시믈 밧드러시오 도로
혀 원망과 ᄭᅮ즈지믈 닐우미 가치 아니、은
셰의 복이 미 밧줄 ᄭᅮ미고 ᄋᆡ셩실ᄒᆞ미 업스되 만
하 구션위 되매 ᄎᆔ 욕으로 다ᄅᆞᆫ 가문의 드러간
지라 ᄯᅳᆺ을 굽혀 고이지 아니리 업셔 음식의
복의 밧드믈 닐으지 아니ᄒᆞᆯ 곳지 업다가 그셰
월이 오리미 미쳐 그 ᄌᆞ식을 ᄉᆞ、로이 사랑
ᄒᆞ며 (제ᄌᆞ식만 사랑ᄒᆞᆫ단 말) 그 ᄌᆡ믈을 ᄉᆞ、로이 보화 인셩ᄒᆞ던
편셩이 졈、쇠ᄒᆞᄂᆞ니 ᄒᆞᆫ 말이며 ᄒᆞᆫ 일이 혹
구고의 엇지 못ᄒᆞ면 노ᄒᆞ미 드러나고 원망이

나혹 가만이 우지즈며 혹 음언으로(남 듯ᄂᆞᆫᄃᆡ ᄒᆞᄂᆞᆫ 말ᄉᆞᆷ이라) 욕ᄒᆞ야 시앙ᄒᆞ쟈ᄂᆞᆫ 보기ᄅᆞᆯ 원슈ᄀᆞᆺ치 ᄒᆞ기ᄅᆞᆯ 이루ᄂᆞᆫ 경셔ᄒᆞ며 경셔ᄒᆞᆯ디어다

ᄉᆞ친장(어버이 셤기단 말이라)

부ᄌᆞᄂᆞᆫ 텬지의 의되 이시며 군신의 의 이시니 붕우의 ᄉᆞ리미 잇ᄂᆞ니 존비의 빈질 졀ᄒᆞ니 텬지의 도로ᄒᆞᄂᆞ니 ᄀᆞᆯ 쉽셔 고치지 아니ᄒᆞ리 군신의 로고 ᄀᆞᆯᄋᆞᆺᄒᆞ며 허믈 잇ᄉᆞᆷ을 서로 주간ᄒᆞ미 붕우의 ᄉᆞ리미니라

존비 등뢴이 잇고 강유(굿세고 부드럽단 말) 다ᄅᆞᆷ이 이스니 가히 공경ᄒᆞ야 두려워ᄒᆞᆯ 거시오 닐압ᄒᆞᆫ야 엽슈이 녀기지 말지어다

당뷔 내셰 ᄭᅵ쳐 아니ᄒᆞ리 이셔도 다만 ᄀᆞᆯ덕을
힘ᄡᅥ 닷ᄀᆞ리 가ᄒᆞ고 부ᄃᆞ록 원만라 ᄂᆞᆫ 흔을
날회지 말디어다
허믈을 ᄎᆞᆫ간ᄒᆞ며 덕을 쳔ᄒᆞ야 두지 아니
ᄒᆞ거든 조초 말지니 군 허믈 갓튼 뒤니 고러흔
비옥 조출지라 보가히 날오지 아니치 못ᄒᆞ리라
○당뷔 비옥 비뒨ᄒᆞ야 힝실이 어ᄃᆡᆯ스나 이뒤흑
ᄒᆞ외 쳐ᄀᆞ치 죽지 못ᄒᆞᆫ 족 단반 맛당이 내외
당부 셤기ᄂᆞᆫ 도리 ᄀᆞᆯ족 지아ᄒᆞᆯ ᄯᆞᄅᆞᆷ이니라

정부장 지아비 ᄀᆞᆯ올 공경ᄒᆞᆫ 말

부인이 뒤뇌 스스로 맛당이 노ᄌᆞᆫ 리 믈 잡아 각
회여 어ᄅᆞᆫ 셤기ᄂᆞᆫ 도리 날오 리ᄂᆞᆫ 더욱 ᄯᅡᆺ당이고

공손ᄒᆞ믈 극진히 ᄒᆞᆯ디니라

어ᄅᆞᆫ은 ᄀᆞ셔 보셔 뎌의 뎡ᄃᆞᆼᄒᆞ니라 져ᄇᆞ니
죄 엿ᄂᆞᆫ 쳬 ᄆᆡᆨ당이 어ᄅᆞᆫ ᄒᆞ셩 흐음을 ᄡᅥ 극진
이 ᄒᆞᆯ디니라

부의 ᄒᆞᆫ 녀ᄌᆞ라 ᄯᅢ의 ᄂᆞᆫ 사ᄅᆞᆷ이 나의 지어미
와 ᄌᆞ라 비ᄉᆡᆼ의 나히 비록 낫ᄎᆞ이 여셔 젹으나
당이 어ᄅᆞᆫ 을 셤기ᄂᆞᆫ 길 지니라

낭ᄋᆡᆼ ᄉᆞᄅᆞᆷ 나 ᄌᆞ식조 ᄲᅥ ᄉᆞᄅᆞᆷ 죄ᄅᆞ 시셔 ᄃᆞᆫ 오ᄅᆞᆫ ᄃᆞᆫ
아래 ᄉᆞᄅᆞᆷ의 ᄉᆞ롬을 ᄲᅥ 치지 말지어다

ᄌᆞ졍쟝 쟝 舊흠ᄒᆞ니 관 어ᄅᆞᆫ 쳡니셔 다 ᄅᆞᆷ말

ᄌᆞ식 ᄀᆞᄅᆞ치믈 반ᄃᆞ시 어려신 ᄯᅢ 부터 ᄒᆞᆯ디니
ᄃᆞ ᄯᅢ 잇ᄃᆞ가 ᄀᆞᄅᆞ치지 아니 션후에 반ᄃᆞ시 ᄒᆞ면

ᄒᆞᆫ 방이를 ᄒᆞ야 ᄒᆞ여 키여셔 오더니 언ᄯᅴ 닷ᄒᆞᄂᆞ
ᄌᆞ최 어ᄒᆡ 남 죄 못 나실제 ᄀᆞᆯ희 치ᄂᆞᆫ 떼 나니신 죄
몸과 실 제 ᄀᆞᆯ치 ᄯᅡ ᄒᆞ니ᄯᅡ
어찌한 ᄌᆞ식을 빗나못 ᄃᆞᆺ 난 ᄌᆞ식을 ᄌᆞᆫ연
케 ᄒᆞ시기 가치 어ᄂᆞᆯ랴
ᄌᆞ식이 비록 사랑 ᄒᆞᄂᆞᆫ 일을 양 ᄌᆞᆯ기여 사랑
ᄒᆞᆯᄂᆞᆫ ᄀᆞᆯ치지 어니 ᄒᆞ미 가지 아니 ᄒᆞ나 ᄀᆞᆺ치 이뢰
방ᄂᆞᆫ ᄒᆞᆯ ᄌᆞ에 다복 부의 사랑 ᄒᆞᄂᆞᆫ ᄯᅳᆺ께 ᄌᆞᆯ어
부자희 ᄒᆞ야 능희 치되 우이 ᄒᆞᆯ 거슨 ᄡᅮ 닌 지 못
ᄒᆞᆯᄂᆞᆫ 오래 ᄀᆞ ᄒᆞᄂᆞᆫ 방을 ᄉᆞᆯ희 ᄒᆞ부을
빛어 아어셔셔 변ᄒᆞᄂᆞ 빈 어변 장과 ᄭᅴ ᄯᅴ로 것
어버이ᄂᆞᆫ ᄌᆞ식 부모를 생각 ᄒᆞᆯ 지법을 어버지 근

후ᄀᆞᆺ지나 ᄒᆞ옵다 어지 어ᄃᆡ 사랑ᄒᆞ옵ᄉᆞ 부ᄌᆞᆼ
ᄒᆞ엿ᄂᆞ니 너ᄅᆞᆯ 니ᄌᆞᆯ 것가

오호 슬찬

혀ᄂᆞ 쎄ᄂᆞᆫ 주홀 ᄒᆞᆯ 가지ᄅᆞᆯ ᄒᆞ야ᄂᆞ ᄒᆞᆫ 혹은 쥬상
올ᄒᆞ여지ᄅᆞᆯ 너 ᄒᆞ여시니 존숙도 ᄯᅩᄒᆞᆫ 그ᄂᆞᆨᄉᆞ사
광ᄒᆞᄂᆞ니 다시ᄅᆞᆫ 인연이 잇ᄂᆞᆫ 쟈션 어치 시ᄒᆡ드
사랑치 어니 ᄒᆞ리오
주실ᄒᆞ온 (ᄉᆞᄉᆞ온 ᄒᆞᆫ 의즁 히라) 괄ᄒᆞ시며의 ᄒᆡᆼᄂᆞᆯ올 아ᄒᆡ 보션도
뭇ᄌᆞ올 ᄃᆞ이ᄂᆞᆫ (이ᄂᆞᆫ 쟝 ᄒᆞ여) 구제의 ᄉᆞ셜 네ᄅᆞᆯ 지보오ᄃᆡ
화복ᄒᆞ니 ᄆᆞᆺ 당은 오ᄒᆡ와 거ᄇᆞᆼ은의 ᄀᆡ쳔 젼이
긔슨 오히 ᄉᆡ 이시ᄆᆞᆯ 강ᄒᆞᆷ ᄒᆞᆯ 다타 ᄉᆡ샹의 ᄒᆡᆼ
띠처ᄅᆞᆯ 원양 ᄒᆞᆨ져 ᄒᆞᆷ 혹이 주쇠 되ᄂᆞᆫ 쟈ᄂᆞᆫ 어ᄉᆞ지ᄂᆞᆫ

용잉ᄃᆞ
시예 구ᄒᆞ셰 졍ᄒᆞ얏 어이 어 어ᄅᆞᆯ 쥬화ᄒᆞᆯ 거시오니
홍잣지 말나 ᄒᆞ니라
그ᄅᆞᆺ 서ᄅᆞᆯ 닷치 ᄲᅡ나 ᄲᅳᆷ이 니라 ᄇᆞᆨ 빙연 쥐이 나흘 주니ᄅᆞᆯ 죽친히 ᄒᆞᆫᄂᆞ라 도 쵸ᄂᆞᆫ 날 ᄉᆞᆺ지 아니 ᄒᆞ노라 ᄒᆞᄂᆞ니

론ᄌᆞᆼ주

범가쥐ᄉᆞ

비복이 비록 쳔ᄒᆞ나 ᄯᅩᄒᆞᆫ 사ᄅᆞᆷ이라 가히 사랑
ᄒᆞ야 후히 ᄒᆞᆯ 거시오 박ᄃᆡᄒᆞ야 ᄉᆞ곰 계ᄒᆞᆷ
이 가지 아니 ᄒᆞ니라
내 사랑 ᄒᆞᄂᆞᆫ 바로ᄡᅥ 후히 ᄒᆞ고 내 아쳐 ᄒᆞᄂᆞᆫ 바로
ᄡᅥ 박ᄃᆡ ᄒᆞ야 ᄒᆞ며 근고로 지아니 ᄒᆞᆷ을 딕ᄉᆞᆨᄒᆞᆫ
이 ᄀᆞ시미 가히 지아니 ᄒᆞ니라

공을혜여상을쓰고허믈이잇거든벌을ᄒᆞᆯ
디니공을혜여상을ᄡᅳ면게어른재젼ᄒᆞ이
고허믈이엇거든벌을ᄒᆞ면사ᄅᆞᆷ나온재징셰
ᄒᆞ이ᄂᆞ니라
웃사ᄅᆞᆷ이되야인ᄌᆞ치아니ᄒᆞ면아리원망ᄒᆞ며
빈반ᄒᆞ고엄졍치아니ᄒᆞ면아리침논ᄒᆞ며어ᄇᆡ수
이너기ᄂᆞ니인ᄌᆞᄒᆞ되악지아니ᄒᆞ며엄졍ᄒᆞ되
교악ᄒᆞ지아니ᄒᆞ면아리사ᄅᆞᆷ이ᄌᆞᆺᄎᆞ며셤고공경
ᄒᆞᄂᆞ니라
온화ᄒᆞ며공슌ᄒᆞ며삼가며밋브ᄆᆞᆫ거슨친곤
이사랑ᄒᆞ고교악ᄒᆞ며간샹ᄒᆞ며음난ᄒᆞ며공
교로온거슨멀니ᄇᆡᆺ쳐ᄒᆞ여곰집블을어즈러

이지 아니ᄒᆞᆯ러니라

비복이 만일 허물이 이셔든 가히 경계ᄒᆞ여 ᄭᅮ

지즐 거시오 ᄭᅮ지져 긋지 아니ᄒᆞ거든 허믈이 비

록 젹으나 반ᄃᆞ시 치ᄅᆞ디니 셜셕을 드러녀

며 몹ᄡᆞᆯ 말노 ᄭᅮ지져 ᄲᅧ고 희모ᄅᆞᆯ 일치 아니

게 ᄒᆞᆯ지니라

어하장 아래 살ᄒᆞ올 부리단 ᄲᆞᆯ

리 오ᄉᆞᆫ 날노 더브러 ᄒᆞᆫ가지로 ᄒᆞᆫ ᄡᅡᆼ을 ᄭᅬ셔 산

나 가히 온희로ᄡᅥ 사괼 자니 한ᄭᅴ여 논홈을

미 ᄌᆞᆯ 거ᄉᆞ가

환난의 서로 구ᄒᆞ며 길ᄒᆞᆫ 일이며 흉ᄒᆞᆫ

일에 서로 도ᄋᆞ며 그릇시며 ᄡᅳᄂᆞᆫ 거ᄉᆞᆯ 서로 조뢰

ᄒᆞᆼ이려ᄒᆞ시외ᄂᆡ라

비복을 신칙ᄒᆞ야 리웃라 더부러 서로다

호고ᄲᅡ 화ᄲᅢ 구화ᄒᆞᆫ을 일치 말올지니라

우리 ᄂᆞᆺ시 가히 ᄂᆞᆫ호ᄂᆞᆫ이 〻 쉬도 말ᄂᆞᆯ 근연과 아니

여ᄂᆞᆫ 밧ᄭᅴ 드려 ᄂᆡ여 ᄒᆞ여옴 ᄀᆡ려 (화치 아닉 ᄒᆞᆫ 말이라) ᄒᆞᆫ일

이 잇게 말지어다

화친장 (리웃ᄉᆞᆯ 화목 ᄒᆞᆫ 말이라)

종박ᄒᆞ여 ᄂᆞᄅᆞᆫ 더부러 ᄒᆞᆫ지 살ᄂᆞᆯ ᄉᆞ이라

져ᄂᆞᆫ 셩이 박ᄒᆞ야 ᄋᆞ홍도 ᄒᆞ야 ᄀᆞᆺ서 살ᄅᆡ의께

비서 살기ᄅᆞᆯ ᄌᆞᆼᄃᆞ어 지시어ᄂᆞᆫ 어엿비

녀어지 아니ᄒᆞ오

비록ᄒᆞ여 ᄃᆞᆺ지ᄅᆞᆯ ᄒᆞ여 ᄂᆡ거연ᄃᆞᆼ 부ᄃᆞᆺ 가히야

닐ᄭᅦ 벤에시 와오 ᄒᆞ다 보쇠 ᄀᆞ리내 ᄒᆡ가이 복록

흥셔흥이라

나는 무ᄉᆞ라 ᄒᆞ올 나보오셔 나라 (여ᄲᆞᆯ) 옥가올 빈불

나는 즁박ᄒᆞ야 주어니 주어의 ᄲᅵ이 ᄭᅴ (흉어 주오ᄭᅴ 오여 ᄭᅵ라 ᄯᆞᆯ)

ᄒᆞ하 보지 아니 션션 ᄒᆞ여 어서지ᄂᆞᆫ 오이는

ᄒᆞ옥도 주ᄒᆡᆼ (중는 ᄒᆞᄂᆞ홀 두보 나ᄯᆞᆯ)

보주어ᄂᆞᆫ ᄒᆞ기ᄂᆞ리ᄒᆞᆫ 오ᄭᅴ 즐 거ᄇᆞᆯ (중도 치아ᄂᆞᆫ 거시니는 거보나ᄯᆞᆯ)

게어ᄒᆞᆫ 자ᄂᆞᆫ 그ᄒᆞᆷ서 오회 리ᄯᆞᆫ오니 라 (ᄂᆞ니 더ᄒᆞᆫ 여ᄌᆞ 기ᄒᆡᆼ 군 ᄒᆞ여지 나리 ᄒᆞ오 나라)

비ᄒᆞᆨ 잡ᄂᆞᆫ ᄒᆞ옥ᄒᆞᆷ이오시 나 보주어ᄂᆞᆫ ᄒᆞᆯ 아ᄒᆡ이오ᄭᅴ

내는 ᄒᆞ옥연 주어ᄂᆞᆫ 시나 게오홀 지어이어 버지흔 ᄂᆞ니라

지ᄇᆞᆼ은 내ᄉᆞᆯ 거시아니다 오 ᄌᆞᆼ홀 셧ᄭᆞ외 ᄭᅵ ᄭᅴ 선 곳 ᄒᆞᄂᆞ

어서나 ᄲᆞᆯ 어ᄅᆞᆯ ᄒᆞᆯ 어버 (주셕ᄒᆞ 는거ᄒᆞᆫ) 히 실 히 되 곳 ᄒᆞ아 ᄭᅦ 보

올ᄯᆞᆯ 빈 어ᄭᅡ 대 ᄒᆞ연 아ᄒᆡ 보ᄒᆞᆫ 이 ᄲᆞᆯ ᄒᆞᆫ 지 아니

되오
옥익지 아닌 이로라 ᄒᆞ올 가히 속단ᄒᆞᆫ 의 거지 업ᄂᆞᆫ
거시니 복연의 얼은 죽ᄉᆞ의 복 박쳐 지극ᄒᆞᄂᆞᆫ
이외 어실 ᄯᆞᄅᆞᆷ이 아니다 ᄉᆞᆯ라 밥 옷 뫼 ᄲᆞᆯ 다회 지란 ᄯᆞᆷ이신
엇실ᄭᆞᆺ이 ᄯᆞᆯ을 죽어 ᄀᆞᆺ치 복ᄀᆞ러ᄂᆞᆫ ᄒᆞ건 제
지법 진ᄒᆞ여 지여 단ᄯᆞᆯ 지 아니ᄒᆞ라 ᄒᆞ니 아ᄒᆞᆯ 답 다 어ᄯᆞᆯ
이여지시ᄆᆞᆯᄂᆞᆫ 히ᄋᆞᆯ 복ᄀᆞ려 니 ᄒᆞ건 ᄆᆞᆯ의 도원
어ᄂᆞᆺ 못ᄒᆞ니 부ᄂᆞᆺ 제 되ᄋᆞᆸ ᄒᆞ시 어ᄉᆞ오ᄂᆞᆫ
쳐 ᄆᆞᆯ은 진ᄒᆞ이 업ᄂᆞᆫ ᄯᆞ은 부중ᄒᆞ니 섬ᄒᆞᆫ다
사치의 해되오이 여옥진ᄒᆞ쇠 ᄆᆞᆯ 누쳐 부ᄋᆞᆫ ᄒᆞᆯ
ᄯᆞᄅᆞᆷ 께오ᄂᆞᆫ 쳐ᄒᆞ션 비로소 현ᄒᆞ에셔 복ᄒᆞᄂᆞᆫ 오회
연ᄒᆞ히 못ᄒᆞ며 ᄒᆞᆫ ᄒᆞᆫ 부쳐ᄒᆞ 졍이 셩ᄊᆡ ᄒᆞᆯ 쳑다 ᄆᆞᆯ

호리오셔

복ᄒᆞ여 ᄒᆞ여시 가히 뎐ᄋᆞᆯ ᄂᆞᆫ 나셰ᄒᆞᄂᆞ니 샹치 ᄂᆞᆫ

뎐부이 부ᄉᆞᆯ ᄒᆞᄂᆞ [빌지라] 뎐부이 이의 부ᄉᆞᆯ ᄒᆞ쳔

주ᄒᆞ셔 어ᄋᆞᆯ 기의 니ᄒᆞ지 아니ᄒᆞᆺ 어어셔 ᄯᆡᄂᆞᆫ

쥭을 먹다가 이뢰ᄂᆞᆫ 또 ᄒᆞ리의 밤별은 ᄌᆞ ᄒᆞ리오

지못ᄒᆞ셔 예ᄂᆞᆫ 부다ᄂᆞᆷ 나바다가 이뢰ᄂᆞᆫ 회여ᄎᆞ

우ᄋᆞᆯ ᄌᆞ ᄒᆞ리 언지 못ᄒᆞᄂᆞ ᄒᆞᄒᆞ다 바여ᄋᆞᆯ 이런ᄯᆞ

리로 ᄒᆞ여 ᄌᆞᆺ ᄌᆞ이 ᄂᆞᆯ 샹치ᄒᆞᆯ ᄒᆞ쳔ᄋᆞ ᄒᆞ여셔 엇

지 이뢰ᄂᆞᆯ 긋든 즁박ᄒᆞ미 이시리오

샹신은 [셰이 ᄒᆞ] 샹ᄒᆞ여 쳔ᄒᆞᆯ ᄂᆞᆫ ᄌᆞ다 ᄌᆞ라히 방ᄒᆞᄂᆞᆫ

ᄒᆞ은 [뎡승 진ᄒᆞᆨ] 이ᄒᆞᆯ 뎐ᄒᆞᆫ 우셕 우ᄌᆡ [ᄒᆞᆯ 뎐ᄒᆞᆫ 식ᄒᆞᆨ 어느 ᄒᆞ여 ᄒᆞᄂᆞᆫᄯᆡ]

ᄌᆞ홈을 샹 ᄌᆞ셔 ᄒᆞ올 [ᄌᆞ셔ᄋᆞᆯ 다은 ᄒᆞ다ᄆᆞᆯ ᄒᆞᆯ ᄋᆞ셰 어ᄒᆞ여ᄂᆞ] 다이 뎐샹

의악을 복ᄒᆞᄂᆞᆫ 정승이 모양ᄒᆞ쇠 ᄒᆞᄂᆞᆫ ᄃᆞᆯ온 ᄲᆞᆫ 잇ᄂᆞ니 정승이라 ᄒᆞᄂᆞ니 ᄒᆞ니 ᄒᆞ적을 ᄒᆞ여도 죽이니라
옥빈ᄒᆞ고 ᄒᆞᆼᄌᆞ의 해ᄒᆞᆯ 바ㅣ니 이런 도ᄅᆞᆯ 상치 ᄒᆞᄂᆞᆫ
ᄂᆞᆫ히 왕ᄒᆞᆫ ᄒᆞ셔 이ᄉᆞ지 ᄋᆞ니ᄒᆞ니 상쥐 ᄒᆞᄂᆞᆫ 오ᄒᆞᆼ
상ᄒᆞᆯ 변ᄒᆞ미 ᄇᆞᆼ상 지나니
상치 비ᄒᆞᆨ 가히 ᄋᆞᆯ 되ᄅᆞᆯ 모ᄅᆞ나 거긔 ᄯᅩ ᄒᆞᆯ ᄒᆞ되 잇
나 ᄇᆞᆺ츤이 ᄒᆞ여ᄂᆞ ᄒᆞᄉᆞᆺ ᄒᆞ여ᄂᆞᆫ 외ᄅᆞ히 ᄂᆞ셕 으엿기
ᄒᆞᄂᆞᆫ 가치 ᄋᆞ니ᄂᆞᆫ 그스ᄅᆞᆯ 받드ᄅᆞᆯ 거스 모양 ᄋᆞ직 ᄃᆞᆫ
ᄒᆞᄂᆞᆫ ᄋᆞᆯᄒᆞᆫ 다ᄉᆞᆺ ᄒᆞᆯ 외ᄒᆞᄂᆞᆫ 선ᄒᆞ여 ᄒᆞᆯ 받ᄒᆞ셔 어ᄒᆞᆫ
섬기ᄂᆞᆫ 정ᄌᆞ ᄒᆞᄂᆞᆫ 몸 ᄀᆞᆯᄋᆞᆺ 거ᄂᆞᆫ ᄒᆞᆫ 미ᄒᆞ지 아ᄂᆞᆫ다

제자직장

이ᄉᆡᆼ이 법을 ᄌᆞᆷᄒᆞᆯ 리 바다시니 길ᄒᆞᆷ을 화복에
오직 ᄃᆞ사ᄅᆞᆷ의 선ᄋᆞᆨ을 보아 화ᄒᆞᆷ이 ᄃᆞᆺ 화복은

노니오시노니 ᄒᆞᄂᆞᆯ의 드날어신 이ᄅᆞᆯ 복주ᄋᆞ온
ᄒᆞ니ᄂᆞᆯ 화ᄅᆞᆯ ᄒᆞ다 ᄒᆞ니라
수싱연복 (즉기쌍기 영화와ᄒᆞᆷ) 이 뎐 ᄯᅢ여어긔 졍ᄒᆞ여시
연 (긔도ᄅᆞᆯ 비담) 긔로 ᄒᆞ야 주ᄅᆞᆯ 변ᄒᆞ니 ᄂᆞᆯᄅᆞᆯ ᄒᆞ게셔
젹와 (신셔) 셕시 (쳬복) 의 ᄆᆞᆯ이 크게 힝 ᄒᆞ야 ᄒᆞ라
부ᄐᆞᆼ의 부터 사쳐ᄅᆞᆯ니 ᄋᆞᆯ 쳐엇 ᄒᆞ리 ᄒᆞ오아
부졀의 비어 ᄂᆞᄅᆞᆯ 엇ᄂᆞᆫᄅᆞᆯ 누리ㄴ 한ᄆᆞᆯ 한ᄆᆞᆯ
수의 비어 풍셕 엇ᄂᆞᆫᄅᆞᆯ 엇다 ᄒᆞ야 복녀ᄅᆞᆯ 수ᄒᆞ여
ㄴ ᄒᆞ게 ᄒᆞ쳔복 미ᄎᆞᆺ 타히 이ᄅᆞᆯ ᄒᆞ졍 ᄒᆞ야쳔
기지 ᄒᆞ니 어버 ᄀᆞ복보ᄂᆞᆫ ᄒᆞᄂᆞᆫ (죽복은 갑다 ᄲᅮᆯ어니 뎨ᄉᆞ) 져ᄋᆞ졍
호ᄂᆞᆫ ᄒᆞᄅᆞᆯ 어 ᄒᆞᆯ그ᄂᆞᆫ 모 ᄒᆞᄂᆞᆫ (오산ᄒᆞᆯ 긔ᄅᆞᆯ ᄒᆞᆫ봉ᄒᆞᆫ ᄯᅢ) 져ᄅᆞ ᄒᆞᄂᆞᆫ
주진히 ᄒᆞ야 시ᄂᆞᆫ ᄒᆞ산 ᄒᆞᆫ의 귀션 라부 쳐ᄅᆞᆯ

받ᄌᆞ와 ᄒᆞ라 ᄒᆞᆫ 양을 보ᄋᆞ셔 ᄆᆞᆺ기오니 ᄒᆞ셔ᄂᆞᆯ
이불 우와 일ᄌᆞ 졀 신ᄂᆡ의 나ᄉᆞ 주ᄒᆡ 북옥 ᄒᆞ여ᄉᆞ와
근ᄒᆞᄂᆞᆫ 젼ᄂᆞ여 벗고여 뫼 엇ᄂᆞ 늘ᄒᆞᄋᆞᆸ다 년뇸
울상 ᄒᆞᆫ 나외 어외 여ᄎᆞ 이 어셔 셧 줄 감ᄒᆞ여
ᄉᆡ오
빗ᄎᆞᆺ 샹ᄒᆞ여 ᄒᆞᆯᄒᆞ여 보ᄂᆞᆫ 주시션 비ᄒᆞᆨ 젹신
다복ᄒᆞ여 외히ᄂᆞᆯ 비지 어여ᄂᆞᆫ 스ᄉᆞᆯ 복 이ᄉᆞ실ᄉᆡ
시오 ᄒᆞᆫᄒᆞᆯ 이 회ᄒᆞᆯ 주시션 비ᄒᆞᆨ 빈ᄀᆞ 젹신 다복ᄒᆞ여
외 주ᄀᆞᆺ 이ᄀᆞ셔ᄂᆞᆫ 어려 너ᄀᆞ치 낫 ᄒᆞᄒᆞ 죽 셔ᄒᆞ신 덕
시ᄀᆞ라 벽ᄒᆞ여 ᄂᆞᆯ ᄒᆞ여든 녕ᄒᆞ여 아라 ᄒᆞ노 ᄒᆡᆼᄒᆞ오
어ᄉᆞ지ᄂᆞᆫ ᄒᆡ ᄒᆞᆯᄒᆞ여 나뫼 ᄉᆞᆯ 이 회복을 주
ᄒᆞ시오

시에 ᄀᆞ올희 ᄒᆞᆫ올 ᄒᆞ신 빗ᄎᆞᆯ 쿠탄션 산에 어희 나ᄂᆞ ᄒᆞ시게
ᄒᆞᆯ 빗시 나세 ᄒᆞ시다 ᄒᆞᄂᆞᆫ ᄀᆞ희 ᄀᆞᄅᆞᆯ 사희 ᄒᆞᆫ올희
되ᄋᆞᆯ 어든 ᄒᆞᆨ 빗ᄎᆞ빈 어벼다 ᄒᆞ시니다 그ᄅᆞᆫ 어ᄅᆞᆯ 희ᄋᆞᆼ ᄒᆞᆨ션
ᄒᆞᆯ리 죄ᄋᆞᆯ 어ᄃᆞ셔 나 비ᄒᆞᆨ
비려ᄂᆞᆫ 부어ᄒᆞ다 ᄒᆞ올

원결산장 뎌석라복죄 번나ᄒᆞᆫ단얼

희셩ᄋᆞ의 ᄌᆞᆼ ᄒᆞ의셔 ᄒᆞᆫᄌᆞ ᄒᆞᆯ ᄃᆞᆨ올 다
ᄒᆞᆯ올 ᄂᆞᆫ ᄃᆞ려 얼 오지 ᄆᆞᆺ ᄒᆞᆫ 엇 어ᄂᆞ 여ᄒᆞᆯ
병ᄃᆞ의 오연 이 슈지ᄒᆞᆯ 거ᄂᆞᆯ ᄒᆞ다가
이ᄒᆞᆯ 샹ᄂᆞᆫ ᄀᆞᆯ희 셔 ᄂᆞ셔 ᄀᆞ쳔 ᄃᆞᆫ 엇져
ᄀᆞ희 여 나 어얼 오ᄂᆞ 대 ᄒᆞᆼ ᄒᆞ시 ᄒᆞᆫ 온
ᄒᆞᆨ 새ᄒᆞᆨ 여 ᄂᆞ 쓰ᄒᆞᆨ 여 여ᄉᆞ ᄃᆞ려 ᄃᆞ신 ᄒᆞᆯ이 ᄒᆞᆯ

호셔삼읍 ᄒᆞ야 ᄒᆞ회 보셔 ᄒᆞᆯ 곳 ᄒᆞᆯ 거시 어려우니
리별ᄒᆞ니 외로온 소리와 련ᄒᆞᆫ 졍의 회ᄒᆞᆫ ᄒᆞᄂᆞ
옥이 ᄒᆞ이 이른 초목 라후에 이셰(시) ᄀᆞ치어 놀ᄂᆞᆫ
외 ᄯᅢ를 어거셔 보ᄂᆞ니 ᄒᆞᆯ이 ᄂᆞᆷ 녀일 ᄒᆞ샹ᄒᆞ니
숙외에 시국을 버리지 않지 어디 의 ᄂᆞ선 ᄒᆞᄒᆞᆫ
외쳐 ᄆᆞᄋᆞᆷ은 누의를 주노라

졍산누리

閨範

(漢文本)

閨範目錄

親親章

節儉章

接下章

閨範

閨女子所居之室範法也夫人之所以異於禽獸者以其有三綱五常也三綱者君為臣綱父為子綱夫為妻綱是也綱者如網之有綱也五常者父子有親君臣有義夫婦有別長幼有序朋友有信是也常者亘萬古而不易之謂也孟子曰人之有道也飽食暖衣逸居而無教即近於禽獸聖人有憂之教以人倫〻〻即五常也今世女俗徒知衣服飲食之為貴而不知三綱五常之為何事至有

犯綱常之罪而莫之悟者其不為禽獸者幾希矣故余甚憫之濫取小學所載古聖賢嘉言善行兼採史家所傳訓辭之不合於女子者文字之支蔓而難曉者頗加省約間以己意及方言解之使之易知東方之事亦附其末分類而書作為一冊名之曰閨範以貽子孫俾知其槩而孤陋之見亭甬成書雖不可傳示於人然為子孫者若能孰誦而體念焉則亦足為今 世之善人矣可不勉哉己未季夏永嘉後人書

正心章

正心謂正齊其心也人之一心一身之主萬事之本不可不先正故以為首章

孔子曰操則存舍則亡出入無常莫知其鄉者惟心之謂歟

心無定處危動難安聖人亦以正心為本

多方曰惟聖罔念作狂惟狂克念作聖

多方書傳篇名能操心則孰不為堯舜哉

孟子曰大人者不失其赤子之心者也

孟子名軻字子輿鄒人也大人君子赤子幼兒人之幼也純善無惡及其長也不能禁制其私慾漸入於不義惟能存赤子之心者為大人矣

孟子曰養心莫善於寡慾

慾者人之所不能無者但一徇其慾不能禁遏則心馳四方不可復存惟寡慾者能養心

孔子曰心不在焉視而不見聽而不聞食而不知其味

身在於此心馳於彼豈能有知哉

中庸曰君子戒慎乎其所不覩恐懼乎其所不聞
中庸子思所著之書子思姓孔氏名伋孔子之孫也人若以人之所不覩不聞而不戒不懼則是貳其心也

詩曰上帝臨汝毋貳爾心
詩毛詩人若畏天可不一其心哉

禮記曰若有疾風迅雷甚雨則必變雖夜必興衣服冠而坐
此所以敬天之怒亦一正心工夫變〻其容色

檢身章

檢身謂檢修其身〻不修則萬事皆不可做故
君子必先修其身

孔子謂曾子曰身體髮膚受之父母不敢毀傷
曾子孔子弟子名參

曾子曰身者父母遺體行父母之遺體敢不敬乎

曾子有疾召門弟子曰啓余足啓予手詩云戰〻兢
〻如臨深淵如履薄氷而今而後吾知免夫
戰〻必惧兢〻戒謹免〻毀傷也此所以敬父母之

遺體也○范氏曰身體猶不可虧況虧其行以辱
其親乎
樂正子春下堂而傷其足數月不出猶有憂色門弟
子問之子春曰吾聞諸曾子〻〻聞諸夫子曰父母
全而生之子全而歸之可謂孝矣不虧其體不辱其
身可謂全矣故君子頃步而不敢忘孝也今予忘孝
之道是以有憂色也一舉足而不敢忘父母是故道
而不徑舟而不游不敢以先父母之遺體行殆一出
言而不敢忘父母是故惡言不出於口忿言不反於

身不辱其身不羞其親可謂孝矣

樂正子春名曾子弟子不反人不以忿言復我也

孔子曰非禮勿視非禮勿聽非禮勿言非禮勿動

孔子曰居處恭執事敬與人忠

孔子曰君子食毋求飽居毋求安

求飽求安而已則孟子所謂近於禽獸者是也

曲禮曰毋側聽毋噭叫應毋淫視毋怠荒遊毋倨立

毋跛坐毋箕寢毋伏歛髮毋髢冠毋免勞毋袒暑毋

褰裳

髢髮也垂如髮也古人以纚韜之不使垂也

曲禮曰足容重手容恭目容端口容止聲容靜頭容
直氣容肅立容德色容莊

氣容肅男子之容也女子當以溫爲主

孔子食不語寢不言

答述曰語自言曰言食時多言甚害所見

孔子食饐而餲魚餒而肉敗不食色惡不食臭惡不
食割不正不食不得其醬不食沽酒市脯不食肉雖

多不使勝食氣不撤薑食不多食

皆足以傷人故不食薑通神明去穢惡故不撤

曲禮曰毋摶團飯毋流歠

摶取飯作摶流歠之流行嫌其貪食故不為也

毋咤食毋齧骨毋反魚肉毋投與狗骨

咤以舌口中作聲反不以所餘反於器

毋揚飯毋嚃羹毋絮羹

嚃以口取食也絮就器中調和也

將上堂聲必揚户外有二屨言聞則入言不聞則不

入將入戶視必下毋踐屨毋踖席

上堂升主人之堂也揚其辭者使內人知之也踖

蹴也登席當由前不由前為蹴

公父文伯之母季康子之從祖叔母也康子往焉闑

門而與之言皆不踰閾仲尼聞之以為別於男女之

禮

文伯魯大夫名歜母敬姜也敬姜不出閾外康子

不入閾內○我朝鰲城府院君李恒福母氏謹守

禮法見同生兄弟亦不出門雖似太過然男女間

禮兒寧嚴毋狎

范益謙曰不言人過惡不言財利多少厭貧求富人

附書信不可開拆沉滯見人富貴不可歎羨詆毀此

數事足見用意之不肖

益謙名沖南宋人

漢昭烈皇帝臨崩戒太子曰勿以惡小而爲之勿以

善小而不爲

昭烈姓劉氏名備字玄德雖小善小惡積之則成

大

范忠宣公戒子弟曰人雖至愚責人則明雖有聰明恕己則昏汝曹常以責人之心責己恕己之心恕人不患不到聖賢地位也

忠宣名純仁字堯夫文正公仲淹之子宋人也恕容恕其過也

易曰君子見善則遷有過則改

易周易人誰無過改之為貴不改則其過益增可不戒哉

書曰無恥過作非

恥其有過欲為掩匿則作事漸非終無遷善之日矣聖人之言至切念念不可忘也

濂溪先生曰仲由喜聞過令名無窮焉今人有過不喜人規如護疾而忌醫寧滅身而無悟也噫

濂溪姓周氏名惇頤字茂叔宋之大儒也仲由孔子弟子子路也聞過則可改故喜之

唐奉天竇氏二女幼有志盜數千掠其財二女有容色長者年十九幼者年十六匿巖穴間盜曳出之驅迫以去前臨壑谷深數百尺姊先曰吾寧就死義不

受辱即投崖而死盜方驚駭妹繼而自投折足破面流血盜捨而去

我國壬辰倭變有一處女遇倭竄林藪飢餓氣欲絶老僧見而哀之請歸寺調歇女不肎僧炊飯方饋之女不肎食遂置其傍而去後往見之則女已死飯則不嘗一匙矣

王凝為虢州司戶卒于官妻李氏携子過開封府主人疑之不許宿天已暮李氏不肎去主人牽臂出之李氏長慟曰婦人不能守節此手為人所執不可為

一手並汚吾身引斧自斷其臂見者嗟嘆開封尹賜
樂封瘡厚恤李氏而笞主人
壬辰倭變一婦人從女奴至漣川澄波渡舟人挽
手上之婦人哭曰吾手辱於汝何生為即投水女
奴哭曰吾主已沒吾何以獨生亦赴水

事親章

事尊奉也親父母舅姑也

內則曰子事父母雞初鳴咸盥漱櫛縰洒笄總拂髦
端韠紳搢笏左右佩用偪屨著綦

內則禮記篇名閨內之則也縰韜髮作髻者總束

髮飾髻者髦子生三月剪其胎髮為鬌朶帶之于

首逮其冠笄緌飾之加于冠不忘父母生育之恩也

父母喪則去之端玄端服韠蔽膝用身之兩傍佩

紛帨鞅捍之類以備用也偪纏足至膝者綦鞵口

帶也著結也

婦事舅姑如事父母雞初鳴咸盥漱櫛縰笄總衣紳

左右佩用衿纓綦屨

夫之父曰舅母曰姑衣紳著衣加紳也用紛帨針

氣

管之類衿結也纓香囊恐穢觸尊者故佩之

以適父母舅姑之所下氣怡聲問衣燠寒疾痛苛癢

敬抑搔之出入則或先或後而扶持之

問衣燠則將減之使清寒則將加之使溫也苛疥

抑按也

進盥少者奉槃長者奉水請沃盥盥卒授巾問所欲

而敬進之父母舅姑必嘗之而後退

男女未冠笄者雞初鳴咸盥漱櫛縰拂髦總角佩容

臭昧爽而朝問何食飲已食則退未食則佐長者視

具

　總角束髮爲角也具香物助爲形容之飾故曰容

具幼者於視膳之事未能專之佐助而已

內外雞初鳴咸盥漱衣服斂枕簟洒掃室堂及庭布

席各從其事

　男服事于外女服事于內

父母舅姑將坐奉席請何向將衽稔長者奉席請何

趾少者執床與坐御者斂席縣衾篋枕斂簟而襡之

　將衽更臥處也將坐少者執床與之坐侍者擧几

使之憑

父母舅姑之衣衾簟席枕几不傳杖屨祗敬之勿敢

近器非餕莫敢用飲食非餕莫敢飲食

傳移置他所也近挨偪之也

在父母舅姑之所有命之應唯敬對進退周旋慎齊

不敢噦噫嚏咳欠伸跛倚睇視嚏洟 替

應唯應以速敬對〻以敬慎謹慎齊〻莊噦嘔逆

噫噫食飽噫嚏出於口洟出於鼻噫貌俱不恭故

不為也

凡婦不命適私室不敢退將有事大小必請於舅姑
事必請者不敢隱而專也
寒不敢襲癢不敢搔不袒不撅貴褻衣衾不見裡
襲重衣也撅揭裳也
父母唾洟不見現冠帶垢和灰請漱衣裳垢和灰請
澣衣裳綻裂紉箴請補綴
不見即除之不示人也以線貫針曰紉
少事長賤事貴共帥時
曲禮曰凡為人子之禮冬溫而夏清昏定而晨省

定其在席省其安否

出必告反必面遊必有常處恒言不稱老

面有顏色自稱老則尊同於父母父母為過於老

矣此欲安父母之心也

內則曰父母舅姑飲食之雖不嗜必嘗而待加之衣

服雖不欲必服而待

待俟尊者察其不嗜不欲而改命之

子婦無私貨無私蓄無私器不敢私假不敢私與

家事統於尊不敢私也

子受父母之命籍記而佩之時省而速行之

禮記曰父命呼唯而不諾手執業則投之食在口則吐之走而不趨

唯諾皆應而唯速於諾走趨皆步而走速於趨

內則曰子甚宜其妻父母不說出子不宜其妻父母曰是善事我子行夫婦之禮沒身不衰

曾子曰父母之所愛亦愛之所敬亦敬之至於犬馬盡然而況於人乎

曾子曰父母愛之喜而不忘惡之懼而無怨有過諫

而不逆

曲禮曰父母有疾冠者不櫛行不翔言不惰琴瑟不御食肉不至變味飲酒不至變貌笑不至矧怒不至詈

不翔不為容也變厭飫而 口味變齒本曰矧詈甚怒也

君有疾飲藥臣先嘗之親有疾飲藥子先嘗之

度其所堪也

内則曰父母雖没將為善思貽父母令名必果將為

不善思貽父母羞辱必不果

果〻決為之

孔子曰孝子之事親居則致其敬養則致其樂病則致其憂喪則致其哀祭則致其嚴五者備然後能事親

樂謂愉色婉容

孔子曰五刑之屬三千而罪莫大於不孝

五刑墨劓剕刖是宮大辟

虞舜父頑母嚚象傲舜克諧以孝烝〻乂不格姦

虞氏舜名舜父瞽叟母後母也象異母弟也
諧和烝進乂治格至也○史記瞽叟惑於後妻愛
象欲殺舜使舜上塗廩從下焚之舜以兩笠自捍
而下又使穿井舜為匿空孔旁出舜既入瞽叟與
象下土實井舜從匿空中出○宋儒羅仲素論瞽
叟底豫曰天下無不是底父母孝子之道父母雖
非何敢為非但可盡子道而已

楊子曰不可得而久者事親也孝子愛日

楊子名雄字子雲西漢人愛日惜其易過也

孟子曰曾子養曾皙必有酒肉將徹必請所與問有餘必曰有曾皙死曾元養曾子必有酒肉將徹不請所與問有餘曰亾將以復進也此所謂養口體者也若曾子可謂養志也事親若曾子者可也

曾皙名點曾子父也曾元曾子子也

孔子曰孝哉閔子騫人不間於其父母昆弟之言

子騫名損孔子弟子人皆信之故無異辞

老萊子孝奉二親行年七十作嬰児戲身著五色斑斕之衣嘗取水上堂詐跌仆卧地為小児啼弄雛於

親側欲親之喜

老萊子楚人 恐親之悲其老而爲兒戲

伯俞有過其母笞之泣母曰他日笞子未嘗泣今泣何也對曰俞得笞常痛今母之力不能使痛是以泣

伯俞姓韓名俞悲母力之衰也

江革少失父獨與母居遭乱負母逃遇賊刼欲將去革涕泣求哀言有老母辭氣感人賊不忍犯指避兵之所遂得倶全

革字次翁臨淄人

薛包好學篤行父娶後妻而憎包分出之包日夜號泣不能去至被毆杖不得已廬于舍外旦入而洒掃父怒又逐之乃廬於里門晨昏不廢歲餘父母慚而還之

包字孟嘗汝南人晨昏定省之禮

王祥性孝早喪母繼母朱氏不慈數譖之使掃牛下愈恭謹父母有疾不解帶湯藥親嘗母欲食生魚時天寒氷凍祥解衣將剖氷〻忽自解双鯉躍出持而歸母又思黃雀炙雀數十飛入其幕以供母庭有丹

柰結實母命祥守之一日夜風雨大至祥 抱樹而泣柰終不落隣里驚歎以為孝感

祥字休徵瑯琊人

孟宗母好竹筍宗冬月入竹中哀號筍為之出

宗字子恭晉人

陸績六歲見袁術〻出橘績懷三枚拜辭墮地术曰陸郎作賓客而懷橘乎績跪曰欲歸遺母術大奇之

績字公紀漢人

子路曰昔事二親常食藜藿為親負米百里之外親

沒之後爲楚相積粟萬鍾雖欲食藜藿爲親負米何可得也

黃香盡心養親暑則扇枕冬則以身溫被

香字文强　人晋西河人王延亦扇枕溫被

崔琯昆弟子孫甚盛琯曽祖母長孫夫人年高無齒祖母唐夫人事姑孝每旦拜於階下升堂乳其姑長孫夫人不粒食數年而康寧一日疾病長幼咸萃宣言無以報新婦恩願新婦有子有孫皆如新婦孝敬則崔門安得不昌大乎

舘傳陵人為山南節度使

南齊庾黔婁為孱陵令到縣未旬父易在家遘疾黔婁忽心驚舉身流汗即日棄官帰家人悉驚時易疾始二日醫云欲知差劇當嘗糞甘苦黔婁取嘗之味轉甘心愈憂至夕稽顙北辰求以身代

黔婁字子貞

海虞令何子平母喪哀毀踰禮大明末飢荒師旅八年不得營葬晝夜號哭常如袒括之日冬不衣絮夏不就清涼日以米數合為粥不進塩菜所居屋敗不

蔽風日兄子伯興欲爲葺理子平不肎曰我情事未
伸天地一罪人屋何宜覆蔡興宗爲會稽太守憐之爲
營塚壙

子平會稽人大明劉宋武帝年號

朱壽昌生七歲父巽爲雍州守出其母劉氏嫁民間
母子不相知五十年壽昌行四方求之不已飲食罕
御酒肉與人言輒流涕熙寧初棄官入秦與家人訣
誓不見母不復還行次同州得焉劉氏時年七十餘
矣雍州守錢明逸以事聞詔壽昌還就官由是天下

皆知其孝

壽昌字康叔宋人熙寧神宗年號

漢陳孝婦年十六而嫁未有子其夫當戍且行屬孝婦曰我生死未可知幸有老母無他兄弟吾不還汝肯養吾母乎婦應曰諾夫果死不還婦養姑不衰紡織以為家業終無嫁意居喪三年其父母哀其少寡無子欲嫁之婦曰夫去時屬妾以供養老母妾既許之夫養人老母而不能卒許人以諾而不能信將何以立於世欲自殺其父母懼而止養姑二十八年姑

八十餘以天年終盡賣田宅財物以葬終奉祭祀○
淮陽太守以聞使〻者賜黃金四十斤復之終身號
曰孝婦

唐鄭義宗妻盧氏略涉書史事舅姑甚得婦道嘗夜
强盜數十持杖鼓噪踰垣而入家人悉奔唯姑在堂
盧冒白刃往至姑側為賊捶擊幾死賊去後家人問
何獨不懼盧氏曰人所以異於禽獸者以其有仁義
也隣里有急尚相赴救况可棄姑乎萬一危禍豈宜獨生

李迥秀母本微賤妻叱媵婢母聞之不悅迥秀即出

之或問何處如是迴秀曰妻本以養親今乃違忤顏
色安敢留也
東海有孝婦事姑不嫁姑謂隣曰婦事我勤苦吾哀
其無子守寡吾老奈何久累丁壯自經死姑女告婦
殺母婦不能下誣服東海旱三年後于公雪其寃太
守致祭立雨
漢太倉令淳于意有罪當刑五女隨泣意罵曰生女
不生男緩急無可使者少女緹縈傷其意上書曰死
者不可復生刑者不可復續妾願沒入為官婢以贖

父刑上悲其意釋之
閔子騫為後母所苦冬以蘆花代絮為衣父知之欲出之子騫曰母在一子単母去三子寒父乃止母亦感悟為慈母
尹伯奇吉甫之子也吉甫惑于後妻伯奇事継母至孝母欲害之取蜂去其毒繫衣上令子奇見之奇恐蜂傷其母以手取之母大呼曰伯奇牽我吉甫大怒令死遂自縊出其屍手有死蜂父大傷痛恨其妻
吉甫周宣王時賢人也惑於讒不知其妻之悪既

知之恨之而已又不能出女子之惑人可謂甚矣

謹夫婦章

謹敬謹也夫婦二姓相合為人倫之大綱和樂而有別則萬福之源也乖戾而不和則百殃之本也可不惧哉最宜敬慎

士昏禮曰父醮子命之曰往迎爾相承我宗事勗帥以敬先妣之嗣若則有常子曰諾唯恐不堪不敢忘命

士昏禮儀禮篇名醮酌而無酬酢也妻助夫故謂

、之相宗事宗庙之事先妣毋也謂代姑祭毋也○

此親迎之禮

父送女命之曰戒之敬之夙夜無違命

命舅姑之命

毋施衿結帨曰勉之敬之夙夜無違宮事

衿小帶帨佩巾宮事閫内之事

庶毋及門内施鞶申之以父毋之命々之曰敬聽爾

父毋之言夙夜無愆視諸衿鞶

衿小囊盛帨巾者愆過也言常視衿鞶以憶父毋

之言而不忘也○眞西山曰夫之道在敬身以帥
其妻婦之道在敬身以承其夫故父之醮子送女
皆曰敬之夫婦之道盡於此矣
禮記曰昏禮萬世之始娶於異姓一與之齊終身不
改故夫死不嫁
齊共牢而食同尊卑也
娶婦之家三日不舉樂思嗣親也
感傷故不舉樂
內則曰禮始於謹夫婦爲宮室辨內外男子居外不

入女子居內不出

男女不同椸枷不敢共湢浴夫不在斂枕篋簟席襡器而藏之少事長賤事貴咸如之

椸枷架也湢浴室斂枕於篋斂簟席於襡器重而藏之

男女非祭非喪不相授器相授則女受以篚無篚則坐奠而後取之

祭為嚴肅喪當急遽無他嫌也授者跪而置地受者亦跪就地以取之

男子入內不嘯不指夜行以燭無燭則止女子出門

必擁蔽其面夜行以燭無燭則止

道路男子由右女子由左

孔子曰婦人伏於人也無專制之義有三從之道在

家從父適人從夫〻死從子無所敢自遂也教令不

出閨門事在饋食之間而已及日乎閨門之內不百

里奔喪

伏屈伏也及日猶言終日

婦有五不取逆家子不娶亂家子不娶世有刑人不

娵世有悪疾不取喪父長子不取
乱家乱人倫者○真氏曰父雖喪而母賢則教女
必有法非所拘也
婦有七去不順父母去無子去淫去妬去有悪疾去
多言去窃盗去
無子為其絶世有悪疾為不可與共粢盛多言為
其離親也
有三不去有所取無所帰不去與更三年喪不去前
貧賤後富貴不去

婦嫁時有所受命後無父凡可歸之也

詩曰關〻雎鳩在河之洲窈窕淑女君子好逑

關〻雎雄相應和之聲雎鳩水鳥狀類鳧鷖生有定偶不相亂常並遊而不相狎窈窕幽閑之意君子文王也逑匹也文王生有聖德又得聖女姒氏以為配宮中之人於其始至見其有幽閑貞靜之德作是詩○雎鳩禽也尚能如此人之無禮者寧不愧乎

孟子曰以順為正者妾婦之道也

婦人之道唯在於一順字不順則足以破家矣

王吉上䟽曰夫婦人倫大綱夭壽之萌世俗嫁娵太早不知為人父母之道而有子是以教化不明而民多夭

吉字子陽漢人夭壽命之短長萌芽也古者二十而三十而娶

文仲子曰婚娵而論財夷虜之道也古者男女之族各擇德焉不以財為禮

文仲子姓王名通字仲淹隋之大儒也門人私謚

文仲南方曰夷北方曰虜德男女性行財男之聘財女之資裝

司馬溫公曰凡婚姻當先察其婿與婦之性行及家法勿苟慕富貴婿苟賢矣今雖貧賤安知異時不富乎苟為不肖今雖富盛安知異時不貧賤乎婦者家之所由盛衰也苟慕一時之富貴而娶之彼挾其富貴鮮有不輕其夫而傲其舅姑養成驕妬之性異日為患庸有極乎借使因婦財以致富依婦勢以取貴苟有丈夫之志氣者能無愧乎

温公名光字君實宋之賢人封温國公

安定胡先生曰嫁女必須勝吾家者勝吾家女之事人必欽必戒娶婦必須不若吾家者不若吾家婦之事舅姑必執婦道

安定地名先生名瑗字翼之宋人○吳氏曰女婦之性大槩畏慕富盛而厭薄貧賤

顔氏家訓曰婦主中饋惟事酒食衣服之禮不可使預政如有聰明才智識達古今當輔佐君子必無牝雞晨鳴以致禍也

安氏名之推北朝人家訓、誨家人者中饋居家
中饋食也易曰婦人職主中饋牝雞晨鳴婦人預
政之喻也書曰牝雞之晨惟家之索
臼季使過冀見冀缺耨其妻饁之敬相待如賓與之
帰言諸文公曰能敬必有德君請用之文公以為下
軍大夫
臼季晋大夫名胥臣文公晋君名重耳缺郤缺耘
田曰耨野饋曰饁
傳
列女。曰孟子既娶将入室其婦袒孟子不悦婦辭毋求去母召軻謂曰禮將上堂聲必揚所以戒人也將入戶視必下恐見人過也今子不察於禮而責于妻不亦遠乎孟子遂留其婦君子謂孟母知禮明姑婦之道

列女猶言諸女漢劉向作傳

周宣王姜后賢而有德宣王嘗早臥晏起姜后脫簪珥待罪於永巷曰妾不才使君王樂色而忘德亂之興自婢子起敢請罪王曰寡人不德實自生過非夫人罪也遂勤於政事早朝晏退

宣王名靜厲王之子簪珥冠飾永巷內庭長巷寡
人寡德之人婢子寡人皆謙辭

蔡人之妻宋人之女也夫有惡疾其母將改嫁之女曰夫之不幸妾之不幸也適人之道一與之醮終身不改不幸遇惡疾彼無大故又不遣妾何以得去終不聽

漢鮑宣妻桓氏字少君宣嘗就少君父學父奇其清苦以女妻之資送甚盛宣不悅曰少君生富驕習美飾吾實貧賤不敢當妻曰大人以先生脩德守約故

使賤妾侍執巾櫛既奉君子唯命是從宣笑曰能如是〻吾志也妻盡歸侍御服飾更著短布裳與宣共挽鹿車歸鄉拜姑禮畢提甕出汲修行婦道鄉邦稱之

宣字子都大人父也鹿車鹿頭小車

東漢梁鴻字伯鸞家貧不娶同縣孟氏女狀貌醜黑力舉石臼擇配不嫁父母問故答曰欲得賢如梁伯鸞者鴻聞而聘之孟氏盛粧入門七日鴻不答妻跪床下請罪鴻曰吾欲得裘褐之人共隱深山乃衣綺

縞傳粉黛豈鴻所願哉妻曰將以觀子之志耳妾自
有隱居之服更為椎髻著布衣操作而前鴻大喜曰
真梁鴻妻也名之曰光字德耀共入霸陵山中耕織
為業後依吳臯伯通居廡下為傭賃妻每饋食不敢
仰視舉案齊眉伯通異之舍于家以賓禮待之
曹爽從弟文叔妻譙郡夏侯文寧之女名令女文叔
早死服闋自以年少無子恐家必嫁己乃斷髮後果
欲嫁之令女以刀截兩耳常依爽及爽誅曹氏盡死
文寧憐其少執義又曹氏無遺類使人微風之令女

泣許之家人信之防之少懈令女竊入寢室以刀斷鼻蒙被而卧其母呼與語不應發被視之血流滿床席擧家驚視或謂曰人生世間如輕塵栖弱草何辛苦乃爾且夫家已滅守此欲誰為哉令女曰仁者不以盛衰改節義者不以存亡易心曹氏全盛之時尚欲保終況今衰亡何忍棄之禽獸之行吾豈為乎後司馬懿聞而嘉之聽令女養子為後

漢王宇章仲卿家貧與妻俱病冬月無被卧牛衣中涕泣妻怒呵曰京師尊貴者誰如仲卿不自憤激乃

反溺泣耶後章為京兆尹欲上封事妻止之曰人當
知止不記牛衣中溺泣時耶不從竟死獄中

蘇

宋鮑蘇妻女宗養姑甚謹仕于衛娶外妻甚厚女宗
之姒曰人既有所好可以去矣女宗曰婦人以專一
為貞以善從為順豈以專夫室之愛為善哉且七去
之惡妬正為首姒不教吾以居室之禮反欲為見棄
之行將安用乎宋君聞之表其閭曰女宗
姒夫兄之妻也

樂羊尋師學一年来帰妻跪問故羊曰久行懷思無

他故也妻以刀斷機曰此織生于蚕繭一絲之累以至于寸累寸成匹今若斷之捐失前功今子積學日知所亡中道廢歸何異斷斯織也羊感其言復往修業七年不返

吳許升妻呂氏也升爲博徒不理行妻勸修學有不善流涕進規升感激自勵遂以成名

許允妻阮氏皃奇醜交禮竟允不入內會客至婦令婢視之乃桓範也婦言桓必勸入桓果語許曰阮衛尉嫁醜女與君當有意察之許便入內既見即欲出

婦料此出不復入挽衽停之許曰婦有四德卿其有幾婦曰所乏者容耳士有百行卿其有幾曰皆備婦曰百行以德為首君好色不好德何謂皆備允有慚色遂相敬重

宋池州為元兵所圍通判趙昻發謂妻雍氏曰城將陷我守臣不可去汝先出走妻曰君為忠臣我獨不為忠臣婦乎昻發笑曰此豈婦人女子所能也雍請先死昻發止之城將陷晨起書几上曰國不可背城不可降夫婦同死節義成雙遂具衣冠同縊元人惜之棺

欽合纂

奉先章

奉〻事也先〻世也子孫孝先之道惟在於敬

奉祀事必須盡誠盡禮

家禮曰君子將營室先立祠堂於正寢之東為四龕
以奉先世神主旁親之無後者以其班祔置祭田備
祭器主人晨謁于大門之内出入必告正至朔望叅
節日獻以時食有事則告有水火盜賊先救祠堂遷
神主與遺書次及祭器然後及家財易世則改題而
主

祔遷之

家禮朱子所著之書冠昏喪祭之禮皆備焉正寢

廳事龕藏主之室旁親父祖以上之兄弟正〻朝

至冬至節日寒食端午之類時食節日所食之物

遺書先世遺言所録之書藏于祠堂易世謂父死

子代也

祭統曰祭者必夫婦親之所以備內外之官也官備

則具備

祭統禮記篇名官所以執事具奉祭之物

祭義曰致齊於内散齊於外齊之日思其居處思其笑語思其志意思其所樂思其所嗜

祭義禮記篇名致齊心不苟慮之類散齊不飲酒不茹葷之類樂好也嗜欲也

祭之日入室僾然必有見乎其位周還旋出戶肅然必有聞乎其容聲出戶而聽愾然必有聞乎其歎息之聲

僾然彷彿貌肅然敬惕貌愾然太息聲

是故先王之孝也色不忘乎目聲不絶乎耳心志嗜

欲不忘乎心

曲禮曰君子雖貧不粥(育) 祭器雖寒不衣祭服爲宮室不斬於丘木

王制曰大夫祭器不假祭器未成不造燕器

王制禮記篇名大夫有田祿必自具也

孔子曰事死如事生事亡如事存孝之至也

伊川先生曰冠昏喪祭禮之大者豺獺皆知報本今士大夫家多忽此厚於奉養而薄於先祖甚不可也

凡事死之禮當厚於奉生者

伊川姓程名頤字正叔號伊川先生宋之大儒也
冠〻禮昏婚禮喪〻禮祭〻禮此之謂四禮
朱子曰凡祭盡其愛敬之誠而已貧則稱家之有無
疾則量筋力而行之財力可及者自當如儀
朱子名熹字元晦號晦菴先生南宋大儒也

正家章

正家正其家道也人之居家上而奉先事親下
而教子接人日用之間萬事俱備必事〻敬慎
毋失禮法然後可以保其家道豈不惧哉故古

之聖賢皆以齊家為治國之本

司馬温公曰凡為家長必謹守禮法以御群子弟及家衆分之以職授之以事而責其成功制財用之節量入以為出稱家之有無以給上下之衣食及吉凶之費莫不均一裁省冗費禁止奢華常須稍存贏餘以備不虞

御治也家衆奴婢吉凶冠昏喪祭不虞不意之事

內則曰適子庶子祗事宗子宗婦雖富貴不敢以貴富入宗子之家雖衆車徒舍於外以寡約入不敢以

貴富加於父兄宗族

適子父祖之適子小宗也庶子適子之弟宗子謂大宗子宗婦大宗子之婦加高也

內則曰舅沒姑老冢婦每事必請於姑介婦請於冢婦

冢婦長婦介婦衆婦也老謂傳家事於長婦

舅姑使冢婦毋怠不敢無禮於介婦舅姑若使介婦。分任毋敢敵耦於冢婦不敢並行不敢並坐

敵耦分任均勞之意

王凝常居慄如也子弟非公服不見閨門之內若朝廷焉御家以四教勤儉恭恕正家以四禮冠昏喪祭

凝字叔恬文仲子之弟慄嚴謹皃

禮記曰君無故不殺牛大夫無故不殺羊士無故不殺犬豕君子遠庖廚凡有血氣之類不身踐翦也

故祭祀饗賓之禮庖宰殺之所廚烹飪之所踐殺也○孟子曰君子見其生不忍見其死聞其聲不忍食其肉是以君子遠庖廚也

伊川先生曰人無父母生日當倍悲痛安忍置酒張

樂以為樂若具慶者可矣

具慶父母俱存也○唐太宗皇帝生日罷宴樂曰
今日乃吾生日世俗皆為樂在朕翻成傷感今君
臨天下富有四海而承懽膝下永不可得此子路
所以有負米之恨也詩曰哀々父母生我劬勞奈
何以劬勞之日更為宴樂乎

柳玭曰王涯居相位掌利權竇氏女歸請曰玉工貨
一釵奇巧須七十萬錢王曰七十萬錢我一月俸金
耳豈於汝惜但一釵七十萬此妖物也必與禍相隨

女不復敢言數月女自婚姻會婦告王曰前釵為馮外郎妻首飾矣乃馮綠也王歎曰馮為郎吏妻之首飾有七十萬錢其可久乎馮為賈餗門人最密賈有蒼頭頗張威福馮名而勗之未浹旬馮晨謁賈二青衣捧地黃酒飲之食頃而終賈為出涕竟不知其由又明年王賈皆遘禍噫王以珍玩奇貨為物之妖信知言矣徒知物之妖而不知恩權隆赫之妖甚於物耶馮以卑位貪寶貨已不能正其家盡忠所事不能保其身餗之滅獲害門客于墻廡之間而不知欲終

始富貴其可乎得此雖一事作戒數端
玭字直清公綽之孫仲郢之子也王涯字廣津利
擢居相位兼度支鹽鐵等使也昴戒也涯實靳嗇
以正拒之然妖物禍隨名言也妖巧之物人必貪
競故召禍涯餘皆為宦者仇士良所殺◯熊氏曰
珎玩不可貪一戒也恩權不可恃二戒也溺愛不
能正家三戒也失言不能保身四戒也藏獲害門
容而不知五戒也
顏氏家訓曰借人典籍皆須愛護先有缺壞就為補

治濟陽江祿讀書未竟雖有急速必待卷捲束整齊
然後起故人不厭其求假焉或分散部秩為童幼婢
妾所點污風雨蟲鼠所毀傷實為累德吾每讀聖人
書未嘗不肅敬故紙有五經詞聖賢姓名不敢他用
也

祿字彥遐〇許衡曰吾於小學敬之如神明尊之
如父母〇此雖男子之事女人亦不可不念必須
戒之訓誨兒輩

唐太宗文德皇后長孫氏性仁孝儉素好讀書撫庶

孽如巳出上或以非罪怒宮人后陽怒請自治曰命

因侯上怒息徐爲伸理訓諸子以儉爲先

夫有譴怒事從傍德患甚傷婦道宜以此爲法

東漢陸續以罪繫獄受訊續母来饋食續雖見考辞

色未變對食悲泣人問故續曰毋来不得見故悲耳

問何以知之續曰毋截肉未嘗不方斷葱以寸爲度

故知之使者以狀聞上赦之

截肉斷葱皆是末事猶不敢不正其心之正可知

也

等容與等輩耕於野避雨樹下衆皆夷踞容獨危坐愈恭郭
泰見而奇之曰請寓宿旦日容殺雞為饌泰謂為己
設既而供其母自以草蔬與客同飯泰起拜曰卿賢
乎哉曰勸令學卒以成德

容字季偉東漢陳留人泰字林宗太原人夷踞蹲
踞也

宋祁宋庠兄弟逢異僧僧曰小宋當大魁天下大宋
亦不失甲科後十年大宋遇諸道僧大驚曰公丰容
特異豈活數萬命耶曰安得有此僧曰姑思之宋良

久曰北堂有蟻穴爲大雨所浸編竹爲橋以濟豈是
耶僧曰是也小宋合首魁公不出其下後小宋果魁
章獻太后以弟不可先兄命大宋爲首小宋第十
蟻微物也濟之猶有陰德況活人豈無其報乎
孫叔敖嬰氏名艾爲兒時出遊見兩頭蛇殺而埋之
歸而泣母問其故對曰聞見兩頭蛇者死嚮者見之
恐去母而死也母曰蛇今安在曰恐他人又見殺而
埋之母曰吾聞有陰德者天報以福汝不死也及長
爲楚相

子固賢矣其母能斷其不死亦賢乎哉叔敖之後爲楚相豈非其母之積德乎○漢于公治獄多陰德于公高大其門令容駟馬高蓋曰子孫必興後子定國爲丞相

龐葱謂魏王曰市有虎君信之乎曰否曰三人來言則信之乎曰信之葱曰市無虎明矣三人言則成虎今讒臣者非特三人願大王察之

魯有與曾子同姓名者殺人人誤告曾子之母母曰吾子不殺人織自若又來告織不已三人來告曾母

惧投杼而走

市無虎曾子不殺人甚為明白而三人言則明君信之慈母走之人之讒言豈不惧哉盖女人性度偏狭信惑人言其間雖有不出於讒間者不量是非不分虚實疑之又疑偽反成真父子兄弟之失和宗族隣里之不睦皆由於此得罪人世亡身破家吁亦慘矣當家者必先深戒而勿信之也詩曰取彼讒人投畀豺虎嫉而甚之之辞也

顔氏家訓曰吾家巫覡符章絶於言議汝曹所見勿

爲妖妄

巫女巫現男巫符章書符拜章之術

伊川先生家治喪不用浮屠在洛有一二家化之

浮屠佛也

唐傅奕不信佛西域僧能呪人立死復呪而生奕曰

此邪術也邪不干正呪我必不行僧呪奕〻不覺僧

僵仆而死

許衡居家獨於自治喪祭不用老佛懷孟化之傍有

老僧謂其徒曰老僧苦行百年不能作佛徒爲不孝

之人舊見祖宗於地下也願汝等還俗以壽汝祖宗之祀蓋化之也

許衡字平仲號魯齋元人凡僧道斷棄父母之恩不知夫妻之道絕嗣於祖宗故曰不孝

温公曰世俗信浮屠誑誘凡有喪事無不供佛飯僧云爲死者滅罪資福使生天堂受諸快樂不爲者必入地獄剉燒舂磨受諸苦楚殊不知死者形旣朽滅神亦飄散雖有剉燒舂磨且無所施況佛法未入中國之前人固有死而復生者何故都無一人誤入地

獄見所謂十王者乎此其無有而不足信也明明矣

佛本西域人東漢孝明皇帝遣使求之於是其法始入中國人皆信惑甚者至於亡國其害極矣蓋愚民不知禮義徒信人死復生之語又懼地獄舂磨之說不惜財貨擲資冥福而不悟其無是理也佛法之惑世誣民可謂甚矣士夫之家最宜先戒也

唐長慶中有人雷震而死背上粉書云市用大小斗長慶穆宗年號此說近怪雖不足信今人家升斗

多用大小甚非美事切宜戒之

教子章

教子敎誨子孫也凡人之生也在母胎十月故容貌性情多與母相類聖人胎教之説誠是矣男子未離於母惟母是學不可不善為指導至於女子則自幼至長不離母側尤宜隨事誡誨而勿撤也

列女傳曰古者婦人妊子寢不側坐不邉立不蹕不食邪味割不正不食席不正不坐目不視邪色耳不

聽淫聲夜則令瞽誦詩道正事如此則生子形容端

正才器過人矣

邊偏其身蹕當作跛偏任一足也邪不正

太任文王之母摯任氏之中女王季娶以為妃太任

之性端一誠莊惟德之行及其娠文王目不視惡色

耳不聽淫聲口不出傲言生文王而明聖太任教之

以一而識百卒為周宗君子謂太任為能胎教

任姓太任尊稱摯國名王季文王父也莊容皃端

嚴

内則曰凡生子擇於諸母與可者必求其寬裕慈惠
温良恭敬慎而寡言者使為子師
諸母衆妾○司馬温公曰乳母不良非惟敗乱家
法令所飼之子類之
子能食〻 似 教以右手能言男唯女俞男鞶革女鞶
絲
唯應之速俞應之緩 鞶大帶
六年教之數與方名
數一十百千萬方東西南北

太

七年男女不同席不共食八年出入門户及即席飲食必後長者始教之讓九年教之數日

數日知朔望與六甲也

十年出就外傅居宿於外學書計衣不帛襦袴朝夕學幼儀請肄異簡諒

書六書計九數不以帛為襦袴為溫也肄習簡書篇數諒言語信實皆請於師而習之

十有三年學樂誦詩成童學射御

詩樂歌之章成童十五以上也

二十而冠始學禮可以衣裘帛惇行孝悌博學不教

不教所學未精不可為師以教人也

三十而有室始學男事博學無方

男事受田給政役也方常也志所慕則學之

四十始仕道合則服從不可則去七十致事

致還職事於君

女子十年不出姆教婉娩聽從執麻枲治絲繭織紝

組紃學女事以供衣服觀於祭祀禮相助奠

不出常處閨門之內 姆女師婉娩柔順紝繒帛組

織紃似絛禮相助莫以禮相長者助其莫
十有五年而笄二十而嫁有故二十三年而嫁
笄簪也婦人不冠以簪固髻故父母之喪
孟軻之母其舍近墓孟子之少也嬉戲爲墓間之事
踊躍築埋孟母曰此非所以居子也乃去舍市其嬉
戲爲賈衒孟母曰此非所以居子也乃徙舍學宮之
傍其嬉戲設俎豆揖讓進退孟母曰此眞可以居子
遂居之
賈坐販衒行賣俎豆禮器揖讓進退禮容

孟子幼時問東家殺猪何為母曰欲啖汝既而悔曰吾聞古有胎教今適有知而欺之是教之不信乃買猪肉食之既長就學遂成大儒

適方也買肉食之實前言也○趙氏曰孟子夙喪父幼被慈母三遷之教長師孔子之孫子思通五經著書七篇命世亞聖之大才也

衛莊公子州吁有寵好兵莊公弗禁石碏諫曰臣聞愛子教之以義方弗納於邪驕奢淫佚所自邪也四者之來寵祿過也

莊公名揚石碏衛大夫義方為義之方驕佚奢侈
淫欲泆蕩也愛而不教則便入於邪矣

楊文公家訓曰童穉之學不止記誦必先以孝悌忠信禮義廉恥如黃香扇枕陸績懷橘叔敖陰德子路負米之類只如俗說便曉此道理久久成熟德性若自然矣

楊文公名億字大年宋人

呂滎公名希哲字原明申國正獻公之長子正獻公居家簡黙不以事物經心而申國夫人性嚴有法度

雖愛公然教公事〻循蹈規矩甫十歲祁寒暑雨侍
立終日不命之坐不敢坐雖甚熱在父母長者之側
不得去巾襪縛袴衣服出入無得入茶肆酒肆市井
之語鄭衛之音未嘗一經於耳不正之書非禮之色
未嘗一接於目正獻公通判潁州歐陽公適知州事
焦先生千之伯強客文忠公所嚴毅方正〻獻公招
延之使教諸子諸生少有過差先生端坐召與相對
終日不與之語諸生畏伏先生方降辭色時公方
十餘歲內則正獻公與夫人教訓如此之嚴外則焦

先生化導如此之篤故公德器成就嘗言人內無賢
父兄外無嚴師友而能有成者少矣
正獻公名公著字晦叔相宋封申國公夫人叅政
魯宗道之女縛繞也袴偪今之行縢鄭衛二国名
其音溪歐陽公名脩字永叔廬陵人謚文忠降舒
也

呂滎公張夫人待制昷之之幼女最鍾愛然至微細事
教之有法度如飲食之類飯羹許更益魚肉不更進
時張公已為待制都轉運使矣及嫁呂氏夫人之母

中国夫人之妹也一日来視女見舎後有鍋釜之類
大不樂謂中国夫人曰豈可使小児輩私作飲食壊
家法耶其嚴如此

張昷之夫人亦魯宗道之女

崔玄暐母盧氏嘗誡玄暐曰吾見姨兄屯田郎中辛
玄馭曰児子従宦者有人来云貧不能存是好消息
若聞貲貨充足衣馬軽肥此悪消息吾嘗以為確論
比見親表中仕宦者将钱物上其父母〻〻但知喜
悦竟不問此物従何而来是禄俸餘資誠亦善事如

其非理與盜何別縱無大咎 獨不內愧於心玄暐遵
奉教誡以清白見稱

玄暐名暐博陵人姨兄姨之子長於我者郎中官
名親同姓表外姓咎罪也

疏廣爲太子太傅上疏乞骸骨賜黃金二十斤太子
贈五十斤歸鄉里日設酒食請族人故舊相與娛樂
子孫謂廣昆弟中所信愛老人冀立産業老人爲廣
言廣曰吾豈老悖不念子孫哉顧自有舊田廬令子
孫勤力其中足以供衣食今復益之但教子孫怠惰

耳賢而多財則損其志愚而多財則益其過且富者衆之怨吾旣無以教子孫不欲益其過而生怨又此金聖主所以惠養老臣與鄕黨宗族共享其賜以盡吾餘日不亦可乎

廣字仲翁漢人太傅官名乞骸骨今之告老也衣食有餘則子孫倚之而怠惰矣

龎公未嘗入城府劉表候之龎公釋耕於壟上而妻子耘於前表曰先生苦居畎畝不肎官祿後世何以遺子孫乎龎公曰世人皆遺之以危今獨遺之以安

雖所遺不同未為無所遺也表歎息而去

龐公字德公襄陽人劉表漢宗室為荊州刺史候訪也危謂富貴多危機也安謂自食其力而無後患也

柳公綽妻韓氏相國休之曾孫家法嚴肅儉約歸柳氏三年無少長未嘗見其啓齒常衣絹素不用綾羅錦繡每歸覲秖乘竹兠子常粉苦參黃連熊膽和為丸賜諸子每永夜習學含之以資勤苦

竹兠竹轎也資助也

唐李景讓母鄭氏性嚴明早寡家貧子幼每自教之
宅後墻陷得錢盈缸母祝曰吾聞無勞而祝身之災
也天必以先君餘慶矜其貧而賜之則願諸孫學問
有成此不敢取命掩而築之景讓官達髮已斑白小
有過不免捶楚之

漢翟方進十二失父辭後母至京母憐其幼隨至京
織屨以給

宋陳堯咨守荊南母馮氏問曰汝典郡有何異政曰
以弓馬爲樂母曰汝父教以忠孝輔國家今汝不務

行仁化而專務一夫之勇豈汝父志耶杖之碎其金魚

金魚帶也

晉陶侃少監魚池以鮓遺母〻封鮓責之曰爾以官物遺我不能益我增我憂耳

侃字士行

程文矩妻穆姜有二男前妻有四男以母非所生憎毀日積而穆姜撫字日隆文矩卒或曰四子不孝何不分母曰方以義導之使善長子興運病母親調藥

恩情篤密久乃瘳遂將三弟詣南鄭獄陳母之德狀已之過乞就刑縣官表其母蠲繇遣四子許以修葺

宋程珦妻侯氏明道伊川之母也諸子有過必以白父曰子之所以不肖皆母蔽其子而父不知也飲食置二子于坐側或絮羹叱止之曰幼求稱意長當何如故明道兄弟平生於飲食衣服無所擇母教之也

明道先生名顥字伯淳絮羹有速食之意故禁之

公父文伯退朝〻其母其母方績文伯曰以歜之家而主猶績乎母嘆曰魯其亡乎使童子備官王后以

下皆親織㡰人男女效績愆則有辟古之制也吾冀而朝夕脩我曰必無廢先人爾今曰胡不自安以是承君之官予懼穆伯之絶嗣也

毋敬姜歜文伯名主丶毋愆過也而汝也脩飭也穆伯文伯之父

友愛章

友愛兄弟親愛也凡人孝于父母昜友于兄弟難各爲其私蔵怒畜怨而然也夫以同氣連枝之人若不和樂則與禽獸奚擇哉最宜戒之

萬章問曰象日以殺舜爲事立爲天子放之何也孟子曰封之也或曰放焉仁人之於弟也不藏怒焉不宿怨焉親愛之而已

萬章孟子弟子放謂不誅而置之也

伊川先生曰今人多不知兄弟之愛且如閭閻小人淂一食必先以食父母夫何故以父母之口重於己之口也得一衣必先以衣父母夫何故以父母之體重於己之體也至於待父母之犬馬必異乎己之犬馬獨愛父母之子却輕於己之子甚者至若仇敵擧

世皆然戚之甚矣

此言明白痛切有兄弟者尤宜體念而不忘也

詩曰兄及弟矣式相好矣無相猶矣

朱子曰兄能友其弟〻却不恭其兄〻豈可學弟之不恭而遂忘其友但當盡其友而已弟能恭其兄〻却不友其弟〻豈可學兄之不友而遂忘其恭但當盡其恭而已

顏氏家訓曰夫有人民而後有夫婦有夫婦而後有父子有父子而後有兄弟一家之親此三者而已故於人

倫爲重不可不篤兄弟者分形連氣之人也方其幼也父母左提右挈前襟後裾食則同案衣則傳服學則連業遊則共方雖有悖亂之人不能不相愛也及其壯也各妻其妻各子其子雖有篤厚之人不能不少衰也

各有妻子則偏私漸起雖篤厚之人不能終保其親愛況衆人乎宜戒之

柳開仲塗曰皇考治家孝且嚴旦望弟婦朩拜堂下畢即上手低面聽皇考訓誡曰人家兄弟無不義者

盡因娶婦入門異姓相聚爭長競短漸漬日聞偏愛
私藏以致背戾分門割户患若賊讐皆汝婦人所作
男子剛腸者幾人能不為婦人言所惑吾見多矣若
等寧有是耶退則惴惴不敢出一語為不孝事開輩
抵此賴之得全其家云

開字仲塗大名人父沒稱皇考旦朔旦偏愛各有
所厚私藏各有所當也惴惴恐懼貌抵此至今全
不分異也

薛包弟子求分財異居包不能止乃中分其財奴婢

引其老者曰與我共事久若不能使也田廬取其荒頓者曰吾少時所理意所戀也器物取其朽敗者曰我素所服食身口所安也弟子數破其産輒復賑給

弟子弟與其子頓傾頓服用

繆彤容少孤兄弟四人皆同財業及各娶妻諸婦遂求分異數有鬪爭之言彤深懷忿嘆掩戶自撾曰彤汝修身謹行學聖人之法將以齊整風俗奈何不能正其家乎弟及諸婦聞之叩頭謝罪更為敦睦之行

繆彤字豫公漢人孤無父撾擊也○吳氏曰彤之

德固有以感動諸弟而諸弟亦善改過矣

蘇瓊爲清河太守有百姓乙普明兄弟爭田積年不斷瓊召普明兄弟諭之曰天下難得者兄弟易求者田地假令得田地失兄弟心如何因而下淚諸證人莫不洒泣普明兄弟叩頭乞外更思分異十年遂還同住

瓊字珎之北齊人乙姓普明名也

王祥弟覽母朱氏遇祥無道覽年數歲見祥被楚撻輒流涕抱持至成童每諫其母〻少止凶虐朱屢以

非理使祥覽與祥俱又虐使祥妻覽妻亦趍而共之朱患之乃止

覽字玄通楚撻〻之痛楚也覽之友愛天性然矣至於覽妻亦然豈非觀感之深者也

晉右僕射鄧攸永嘉末沒于石勒過泗水以牛馬負妻子又遇賊掠其牛馬步走擔其兒及弟子綏度不能兩全乃謂其妻曰吾弟早亡惟有一息理不可絶止應自棄我兒耳幸而得全我後當有子妻泣而從之乃棄其子而去卒以無嗣時人義而哀之曰天道

無知使鄧伯道無兒綏服喪三年

僕射官名攸字伯道平陽人永嘉懷帝年號

晉咸寧中大疫庚袞二兄俱亡次兄毗復危殆父母諸弟皆出次于外袞獨留不去諸父兄強之乃曰袞性不畏病遂親自扶持晝夜不眠其間復撫柩哀臨如此十餘旬疫既歇家人乃反毗病得差袞亦無恙

咸寧武帝年號袞字叔褒

楊播家世純厚兄弟相事有如父子椿津恭謙旦則聚於廳堂終日相對未嘗入內有一美味不集不食

椿年老他處醉歸津扶持還室假寢閤前永候安否
椿津年過六十並登台鼎而津常旦暮參問子姪羅
列階下椿不命坐不敢坐椿每出日斜不至津不先
飯食則律親授匙箸味皆先嘗椿命食然後食一家
之内男女百口同爨庭無間言

播字延慶北朝人椿字延壽津字羅漢

隋吏部尚書牛弘弟弼好酒而酗嘗醉射殺弘駕車
牛弘還宅其妻迎謂弘曰叔殺牛弘聞無所怪問直
答曰作脯坐定其妻又曰叔殺射牛大是異事弘曰

已知顏色自若讀書不輟

弘字里仁安定之人一牛之殺死輕兄弟之失和重

唐英公李勣貴爲僕射其姊病必親爲然火煮粥火焚其鬚姊曰僕妾多矣何爲自苦如此勣曰豈爲無人耶顧今姊年老勣亦老雖欲數爲姊煮粥復可得乎

勣字懋功曹州人封英公姊長妹

司馬温公與其兄伯康友愛尤篤伯康年將八十公奉之如嚴父保之如嬰兒每食少頃則問曰得無飢

乎天少冷則拊其背曰衣得無薄乎

公兄名康字伯康如嚴父敬之至也如嬰兒愛之至也老人腸胃弱易飽易饑氣體虛易寒易熱故撫問之勤如此

姜肱與二弟仲海季江俱以孝友著聞常同被而寢嘗詣郡遇盜將殺之肱曰弟年幼父母所憐又未娉願殺身濟弟季江曰兄年德在前家之珍寶國之英俊乞自受戮以代兄命盜兩釋之但奪衣資而已至郡見肱無衣服問故託以他辭終不言盜盜聞而感

悔就肱叩頭謝罪還所掠物肱不受勞以酒食而遣
之
　肱字　　東漢人也
崔孝芬兄弟慈厚弟孝暐等奉孝芬盡恭順之道坐
食進退孝芬不命則不敢雞鳴而起且溫顏色一錢
尺布不入私房諸婦亦相親愛有無共之
　孝芬北朝魏人
高麗時民有兄弟同行弟得黃金二錠以其一與兄
至陽川江同舟而濟弟忽投金於水兄怪問之答

曰吾平日愛兄甚篤今而分金至萌忌兄之心此乃不祥之物不若投諸江而忘之兄曰汝言誠是亦投於水後人名其江曰投金灘

高麗東国名都開城府愚民不識文字而能知敬兄賤寶天性然矣美哉

栗谷先生曰兄弟同受父母遺體與我如一身視之當無彼我之間飮食衣服有無皆當共之設使兄飢而弟飽弟寒而兄温則是一身之中肢體或病或健也身心豈得偏安乎今人兄弟不相愛者皆緣不愛

父母故也若有愛父母之心則豈可不愛父母之子乎兄弟若有不善之行則當積誠忠諫漸喩以俚期於感悟不可遽加厲色拂言以失其和也

栗谷姓李名珥字叔獻諡文成別號栗谷 宣祖大王朝儒臣也

○吾家以三代獨子綿綿不絶至于余身以 先世積善之慶子女甚多幸孰大焉但念今世士夫孰無兄弟而友愛者少或因一口奴婢或因數畝田土或因貧富不同或因貴賤相殊猜疑日增讒間日至漸失和

氣終敗人倫嗟夫一口奴一畝田雖失之其失
甚少所得者人倫大罪將何以立於天地間乎
此薛包普明之罪人也吾之所見多矣故於此
尤眷〻不已汝亦念之哉念之哉

親〻章

上親字親睦下親字親族親〻謂親睦其親
族也

曾子曰親戚不說不敢外交近者不親不敢求遠故
君子思其不可復者而先施焉親戚既沒雖欲孝誰

為孝年既耄艾雖欲悌誰為悌

親戚父兄悌恭順也

范文正公為參知政事時告諸子曰吾吳中宗族甚衆於吾固有親踈然吾祖宗視之則均是子孫固無親疏也苟祖宗之意無親踈則飢寒者吾安得不恤也自祖宗来積德百餘年始發於吾得至大官若獨享富貴而不恤宗族異日何以見祖宗於地下今何顏入家廟乎於是恩例俸賜常均於族人并置義田宅云

文正名仲淹字希文叅知政事官名義田宅爲宗
族別置田宅而賑濟之也此言至切宜法之
崔孝芬叔父振旣亾後孝芬承奉叔母李氏若事所
生朝夕温凊出入啓覲家事巨細一以咨決有獲則
尺寸以上皆入李氏之庫四時分賚李氏自裁之如
此二十餘歲
張公藝九世同居北齊隋唐皆旌表其門麟德中高
宗封泰山幸宅召見公藝問其所以能睦族之道公
藝乃書忍字百餘以進其意以爲宗族所以不協由

尊長衣食或有不均卑幼禮節或有不備更相責望遂爲乖爭苟能相與忍之則家道雍睦矣

公藝東平人𪊵德唐高宗皇帝年號封、土爲壇以祭也

唐河東節度使柳公綽在公卿間最名有家法姑姊妹姪有孫嫠者雖疏遠必擇婿嫁之公綽卒仲郢一遵其法事公權如事公綽爲京兆尹鹽鐵使出遇公權於通衢必下馬端笏立候公權過乃上馬公權暮歸必束帶迎候於馬首公權屢以爲言仲郢終不以

官達有小改

仲郢公綽之子字諭蒙公權公綽之弟字誠懸

江州陳氏宗族七百口每食設廣席長幼以次坐而共食之有畜犬百餘共一牢食一犬不至諸犬為之不食

陳氏名褒南唐人十世同居○不睦於宗族者豈不愧此犬乎

節儉章

節〻約儉〻素也古語云奢侈之害甚於水火

居家養福當以節儉爲本

孔子曰賢哉回也一簞食一瓢飮居陋巷人不堪其憂回也不改其樂賢哉回也

回姓顔氏字子淵孔子弟子簞竹器瓢匏也

夏禹氏菲飮食惡衣服卑宮室

禹夏國之君聖人也

東漢光武皇帝身衣大練手不持珠玉之玩

東漢孝明皇帝后馬氏伏波將軍援之女也德冠後宮旣正位愈自謙肅好讀書常衣大練諸姬見后袍

衣踈麄皆笑之

宋永寧公主衣貼繡鋪翠襦太祖曰主家服此宮闈戚里必相效且汝生長富貴當念惜福豈可造此惡業之端

永寧太祖之女也天子與皇后與公主尊享富貴何求不得何欲不遂猶且儉約若此况私家乎人之福祿有限幼而怙侈長而能久者鮮矣奈何徒恃父兄之富貴不爲惜福乎養福之道莫如崇儉能養福則子孫終必貴顯矣

唐徐惠妃上疏于太宗曰珎玩奇技乃喪身之斧斤珠玉錦繡寔迷心之鴆毒

徐惠妃太宗皇帝之後宮善屬文鴆毒鳥以其羽畫飲食飼人則死惠妃女人也猶知寶玩珠玉之爲禍豈非女中君子乎處閨中者宜法之

戰國策曰貴不與富期而富至富不與梁肉期而梁肉至梁肉不與驕奢期而驕奢至驕奢不與死亾期而死亾至

如此言者不難覺悟令人少貴則便即貪污仍而

爲驕慢奢侈終至於亾身破家人誰不目見而不能知戒前車既覆後車隨之可不懼哉

汪信民曰人常咬得菜根百事可做胡康侯聞之擊節嘆賞

信民名革臨川人康侯名安國人常咬菜根而不以爲苦則立志勤苦故百事皆成貴家子弟所以不能成就者豪侈害其志而然也

朱子訪婿蔡沈不遇沈妻出葱湯麥飯辞以簡褻臨翁留詩曰葱湯麥飯兩相宜葱養丹田麥療飢莫言

此中滋味薄前村尚有未炊時

毋田心也有是父故有是女

管寧與華歆共鋤菜見地有金寧揮鋤不顧與瓦石無異歆捉而擲之人以知其優劣

寧字幼安東漢人隱居不仕歆後事曹操捉之者內多慾而然也擲之者憚寧之在傍也無寧則必懷之矣

包孝肅公尹京坻時民有自言以白金百兩寄我者死矣予其子不肯受願召其子與之尹召其子辭曰亾

父未嘗以白金委人也兩人相讓久之

孝肅名拯字希仁宋廬州人也正心如此則堯舜不難到矣

楊震所擧荊州茂才王密爲昌邑令謁見懷金十斤以遺震〻曰故人知君〻不知故人何也密曰暮夜無知者震曰天知神知我知子知何爲無知密愧而去

震字伯起東漢弘農人嘗爲荊州刺史○熊氏曰君子明不欺天幽不欺神內不欺心外不欺人

接下章

接〻待也下〻人奴婢也人之所而得成家法者以其有奴婢也無則樵汲亦自不暇何以成士夫家模樣尤最宜顧恤

晉陶淵明送一力給其子書曰汝旦夕之費自給為（難）今遣此力助汝薪水之勞此亦人子可善遇之淵明字元亮潯陽人為彭澤令棄官歸家晉亡守節

宋程珦妻侯氏治家有法不嚴而整不喜鞭笞奴婢

諸子或加呵責必戒之曰貴賤雖殊人則一也
柳公權奴盜銀杯公權笑曰銀杯羽化矣
劉寬雖居倉卒未嘗疾言遽色夫人欲試寬令恚伺
當朝會裝嚴已訖使侍婢奉肉羹翻汚朝服寬神色
不異乃徐言曰羹爛汝手乎
寬字文饒東漢弘農人○我國 世宗大王朝相
臣黃喜性度寬大居家進食則兒奴輩爭掬食之
夫人常以爲悶一日將赴朝裝嚴正色而坐招夫
人夫人見而懼不敢出曰如此故能爲相耳

列子曰人有亡鈇者意其隣之子視其行竊鈇也言語竊鈇也動作態度無爲而不竊鈇也俄而得其鈇他日復見其人動作態度無似竊鈇者

列子鄭列禦寇也人若疑之則事事皆似不可以疑似而勒成其罪

司馬溫公曰凡女僕同輩謂長者爲姊後輩謂前輩爲姨務相雍睦其有鬪爭者主父主母即訶禁之不止杖之理曲者杖多一止一不止獨杖不止者

同輩尤言所使者後輩子孫所使者

我國全右相成之有一婢兒量迴殊一日其兒與他兒相鬪他兒跛目瞳子迸出婢取水洗之納于眶中裂布累之不動辭色但曰他豈故爲者其兒目終不盲及長有遠計成之愛之曰賤隸中還有如此輩人之才智本無貴賤而自幼一任勞役全無訓誨故聰明昏耗不能有成惜哉

栗谷先生曰婢僕代我之勞當先恩而後威乃得其心君之於民主之於僕其理一也君不恤民則民散民散則國亡主不恤僕則僕散僕散則家敗勢所必

至必須軫念飢寒資給衣食有過則先須勤〻教誨使之改革教之不改然後乃施楚撻使其心知厥主之楚撻出於教誨而非所以憎嫉然後可使改心革面矣

待下之道此說盡之最宜熟玩

韓氏婦訓

（漢文本）

韓氏婦訓

九飮酒濡首上居互坎之上坎爲酒上爲首有飮酒濡首之象

韓氏婦訓 幷序

家之興喪繫於婦人之行婦人之行邪正由於敎之有無然則其敎之正而不使入於邪者可不汲汲焉爾乎然而世之長慮人多狃是忽焉不復知以敎婦人者爲急則末世齊家之難蓋莫不坐於此也余竊歎焉嘗欲著小文字極論天理人情之所同然而必不可已者敎其心術之蔽指其企勉之方以爲一家婦人之訓而因循久未就也一日

舍妹李氏婦以小冊子授余曰請書聖賢格言以
教之余謂聖賢格言具載方冊而其尤切於婦人
之身及有家日用之常者又莫詳於朱文公小學
書栗谷先生擊蒙編妹若遍學而悉誦之可以盡
其博而識其要矣何待於余之復事抄選而徒犯
不韙之罪貽疊床之譏哉雖然余之所有志於宿
昔者則不可不令妹一知之遂卽下筆略述婦人
事親奉先事夫教子接兄弟御家衆之意揔以爲
十一章名曰韓氏婦訓其所論說特詳於立誠祛
惑之方而略於事爲節目之間盖要爲末俗沉痼

之頂門一針而不敢復贅於聖賢格言已具之外
也苟能因此得其良心本然之發而復進之以小
學擊蒙等書一遵成規謹於事爲節目之間則其
於爲婦之道庶幾無遺矣若或以爲道止於此而
不復求進於他書則是雖得其良心之發而不知
所以措諸事矣斯亦無貴乎得其心而非余所以
撰述是書之意也仍竊念親爲五倫之首而孝爲
百行之源故人苟有向親誠孝之心則其他可擧
而推之而如不有是心則他亦不足觀也已故余
於此書終始以事親奉先者言之庶幾使觀者知

事親之爲本而終始體念於斯也旣以示之妹余亦因以自警而又將廣之一家垂之子孫如得免爲覆瓿之故紙而謹守之則實吾家百世之幸也

壬辰五月德昭書

統說章第一

天生斯民其倫有五人未有能外此而爲人者也一曰父子有親父子之間親愛之而已矣二曰君臣有義君臣之際去就從違一於義而已矣三曰夫婦有別謂各夫其夫各妻其妻不相混雜而亦必相敬如賓不相褻狎也四曰長幼有序謂序不敢耦於兄少

不敢加於長順而有序也五曰朋友有信謂交際之間一以誠信而不相欺負也在家則主僕為君臣之義而在婦人則敬接賔客使其家長無愧於交際是亦為朋友之信者也此其無適而非五者而人不可以離此而為道也蓋人之所以異於禽獸者以其禽獸無此而人獨有此也人而於此五者一有悖焉則是雖具人之形即便與禽獸無別矣然則人與禽獸之間將孰從而孰違耶

事父母舅姑章第二

栗谷先生曰人莫不知親之當孝而孝者甚鮮由不

深知父母之恩故也盖人子之有其身自性命血肉至於毛髮之細皆親之所遺也自懷妊襁褓至於成長之極皆親之所賜也則父母之恩果如何哉凡人或賜之一器之飯一匹之帛尚皆知感其恩而思所以報之況我身體之遺之者乎詩曰父兮生我母兮鞠我欲報之德昊天罔極為人子者其可昧父母之恩而不思所以報之者乎此古之孝子所以居則致其敬養則致其樂病則致其憂喪則致其哀祭則致其嚴而無所不用其誠者也婦人以夫為天而舅姑實生育我所天則其恩之罔極又豈與生我者有間

乎末世人心既薄而婦人之性又多偏塞故於舅姑
全不知有罔極之恩比之於尋常老人而不思所以
竭力盡誠以報其恩者可勝寒心哉雖甚偏塞之婦
人莫不知愛其夫苟能即其愛夫之心思其生育其
夫之恩則自然有向舅姑之誠矣且觀世人姑婦之
間多失其慈孝之心此皆爲婦者不識舅姑慈愛之
心故也蓋慈愛之心禽獸亦皆有之人雖至頑暴者
莫不知愛其子也愛之篤故期之深期之深故教之
勤而教之不從則加之以責罰此固人情天理之自
然不容已者也責罰之施雖或有過者而其本心則

出於慈愛之篤豈有他哉爲子者乃或反以責罰爲怨而不知其爲慈己之至篤也則何其迷惑之甚哉在路人則未嘗加之以此而在子則加之豈其愛子之心反下於路人哉惟其在路人則其善惡愚智利害休戚不關於己故不加乃疎之也在子則其善惡愚智利害休戚至切於心故加之乃親之也若父母而不敎其子敎之不從而不加以責罰者是無人情天理也是至不慈者也父母之慈愛於此庶可知矣父母之愛子若是其至篤也故凡子之所有雖犬馬車服之類莫不愛惜况於其爲子之妻而終身仰望

於子之身者哉愛子之篤故亦愛婦之篤而其施以
教訓責罰者亦同於子而不以嫌逷其事雖或有過
者其心實自愛子者而推之耳爲婦者旣視其舅姑
不比於生我之父母故以此反度舅姑之心疑其教
訓責罰不出於慈愛而出於督過懷忿蓄懟愈肆悖
逆遂使其夫有惑而失其孝舅姑有激而損其慈一
室勃磎傷倫賊恩此皆婦之罪也雖其斥黜可勝贖
哉羅仲素先生有言曰天下無不是底父母非謂其
父母平生行事無不是也謂其施於子者無不是也
非謂其施於子者事無不是也謂其設心無不是也

其心既無不是則事之或過安可復計乎為子婦者苟能深知羅氏此言之真不我欺則其向父母舅姑之心自切而喜不忘懼無怨者有不能已者矣

事家長章第三

婦人平生榮辱休戚只係於其夫之賢不肖其夫苟賢也而宗族稱之鄉黨推之一國天下慕之而身享其尊榮則為其婦者豈不與有榮也其夫苟不肖也而宗族惡之鄉黨賤之一國天下棄之而身陷於汚辱則為其婦者亦豈不同其辱哉男子中人以下莫不為婦人所移而賢不肖之間榮辱之判如此焉則

為婦而導其夫者其可以善乎抑可以惡乎其於利害之分辨之不難矣然而世之婦人多不思此只以妖媚固寵爲能事服食供奉爲盡道而不復以輔善救過爲意一言之忤己也則雖在舅姑必懷怨望一利之嬰懷也則雖在兄弟不憚爭競而巧言誣說左右慫恿利害禍福日夜誘脅使其夫耳熟心稔沈浸罔覺入其邪說喪其本心上以忘孝於父母下以失和於兄弟而得罪於一家得罪於鄉邦得罪於天下萬世而爲天地間一棄人則未知於渠婦人之身有何光榮有何樂利乎是不過使其身爲惡人之婦不

足比數於恒人而人之觀於外者亦必知其內助之不正而唾罵及之矣然則彼爲丈夫不能化婦人而反見化於婦人者固可哀哉而以婦人而化其夫不善者其罪又可勝誅哉噫嘻痛哉其亦不思而已矣是以婦人之賢者必一以思輔其夫之善行思貽其夫之令名過則捄之善則導之將順其義禁閉其邪苟可以益其夫之善行也則事雖至難必果爲之苟可以損其夫之令名也則事雖至細必不果爲一擧足而不敢忘其夫一出言而不敢忘其夫夙夜敬恭惟或遺家長之羞是懼使其夫爲賢丈夫而使其身

爲賢婦人則其可謂能婦矣斯可謂盡婦道矣凡爲人婦者可不以是爲法哉

接兄弟娣姒章第四

人家兄弟其初無不相愛其終多有不義者皆緣娶婦入門異姓相聚而娣姒之間情疎勢逼情踈故不知相愛勢逼故專務相勝以不愛之情挾務勝之志則其所相加者豈復有所顧藉哉是以爭長競短怙善侮弱造言飛語胥興讒謗從微至著遂成嫌隙以其嫌隙之人裁其兄弟之恩故爲兄弟者各私所愛各溺所聞不復究察其源不知遏塞其流而夫婦相

右兄弟交惡分門割户患若賊讎此皆婦人之所爲
也世間男子剛腸者幾人能不爲婦人所惑乎此其
鬩墻之行多聞於世也噫兄弟本是一氣所分喘息
呼吸氣脉相連吉凶禍福休戚相關則人於兄弟其
可不相和乎兄弟和則家道隆家道隆則婦人亦能
同享其福矣兄弟乖則家道喪家道喪則婦人安得
獨蒙其利乎婦人之榮辱係於家道之隆喪家道之
隆喪係於兄弟之和乖而兄弟之和乖又繫於婦人
之相愛與不愛者則婦人之相愛非適愛人也乃所
以自愛也然而未有能相愛者豈惟情疎而已實亦

不思故也苟能覺此而欲其相愛其道在乎不相學
而已也人情大抵是惡相學苟要相學而不知止焉
則輾轉層加節次援去終至於不可說矣兄弟娣姒
之間苟要不相學則更何有難事乎彼雖有慢於我
我則不學致其敬而已彼雖無恩於我我則不學篤
其愛而已彼雖不報於我我則不學不輟施之而已
積以誠意惟務感回則雖甚無良者終必見化於我
矣娣姒既睦兄弟相和則家道隆而吾身亦有榮矣
我一屈己爲此而所就若是其盛則其屈於一時者
何足恤乎而其屈也乃天理人事之所當然而至善

者則又豈眞爲屈哉詩曰兄及弟矣式相好矣無相猶矣張子釋之曰兄弟宜相好不要相學娣姒之間尤宜以此相勉也

教子婦章第五

人之善惡皆由於其初之所習習之善惡又由於其導之如何故教子當於童幼之時而教之童幼專在於母盖童子自其稍有知識已先聽母之所言而視母之所爲故童子之所學莫先於其母而幼之所習便與性成至長不忘矣世之婦人多不以教子爲己之責而一以慈愛爲主過則掩之爭則右之縱其佚

欲長其驕險惡言不憚使聞之邪行不憚使見之幼而習惡長而不可教此皆毋之過也余觀自古聖賢之成德多由於其毋之賢孟毋之三遷緹毋之教不父假允其善者也後世為人毋者可不以是為法乎至於教婦亦當於始至婦之始至莫不懷敬畏因其有謹而更加提撕則加謹慢之則棄其初心而從其怠忽如仕者入於治朝則德日進入於亂朝則德日退也大抵教子婦當以嚴為主嚴則子婦不敢慢而孝敬之心益生不嚴則子婦無所憚而孝敬之心衰怠矣故易曰家有嚴君焉父毋之謂也雖然子婦頑遂

不可教者則置之不復督不使至於傷恩賊義可也何者朱均之惡堯舜之所不能化而父子姑婦之相失人倫之至變也豈可爲無益之教而徒致其有變耶是以爲家長而慮深遠者其初固皆教之教之不入則已之寧子之不有他善不可使其忘孝於父母也寧婦之不修他能不可使其失順於舅姑也蓋父子相親姑婦相順一室之內和氣融洩則此其爲大善而雖使其子婦無他善能之脩擧亦不害其爲保族宜家也父子不相親姑婦不相順悖逆傷和一家胡越則雖使其子婦盡有天下之善盡修天下之能

亦不免爲亂家悖宗矣且使其孝於親順於舅姑而推之以有他善則可矣而使其失孝於親失順於舅姑而能有他善者必無之理也然則彼爲子而不孝爲婦而不順者固不足與誅而其教督之不已激之使生怨亦父母舅姑之爲不善處矣

待妾媵章第六

婦有七去之惡妬居其一妬者婦人之大惡而聖人之至戒也是不可萌於心而有不戒於此者不可容於家也況陽一而陰二天道之常然者也衆女而事一夫人事之當然者也二女釐降載於虞書小星起

興詠於周詩嫡妾之同居可見其古矣夫以婦人之伏於人者而不勝其一己之私意欲爭其天道之常然人事之當然者則亦見其不知量也妾而亢嫡其罪固大而嫡而妬妾亦豈爲善雖使家長惑溺妾媵疎薄正嫡爲正嫡者但當推分委命不思忿爭待妾媵不改於常事家長益致其敬則妾必知感而夫或悔悟矣若不出此惟以忿爭欲勝之則不惟不能勝是將積怨於妾愈阻於夫而或不免於黜辱之患矣果何益哉且觀世間家變之作多由於嫡妾之相爭小則內外乖隔譴罰常行子女不獲安婢僕無所容

而氣像愁慘家道日索矣大則嫡妾之間讐怨次骨常懷鴆毒陰圖除忿興妖作孽無所不至而禍延子孫家無噍類矣此皆正嫡之過於妬寵而取怨之深也可不戒之哉

御婢僕章第七

栗谷先生曰婢僕代我之勞當先恩而後威乃得其心君之於民主之於僕其理一也君不恤民則民散民散則國亡主不恤僕則僕散僕散則家敗勢所必至也此言正當有僕者之所深體念者也大抵御僕之道在服其心而已其所以服其心者在乎軫飢寒

而優衣食先教誨而後責罰略細過而赦眚灾嘉有功而矜不能量才而使之而力之不及不强使之推誠而任之而惡之未著不先探焉教令不當煩煩則下莫知所從而必至於厭怠慢令矣撿察不當苛苛則下無所自容而益巧於欺詐罔上矣恩威不可偏操然家長當主於嚴而家母當主於恩刑賞不可偏施然賞善當依於厚而罰惡當依於輕使婢僕嚴外而懷內榮賞而恥罰則既無怠慢之心亦無離叛之志矣所謂服其心者然也服其心則下自盡其力而事無不集矣不服其心則下不用其誠而事不可以

強就矣至於好行淫亂者離間骨肉者尤宜痛加禁抑若終不悛亦當斥而遠之寧可無代勞而親操井臼不可蓄此輩而亂我家道矣

幹家務章第八

男正位乎外女正位乎內夫婦之別嚴者正家之大端也是故凡家事之涉於外者家長皆當主之涉於內者家母皆當主之不相侵越各思盡道然後思慮精一擧措從容治事有法而事易就緒矣若家母之所主不過率衆婦女衆女僕以治飲食衣服之事而已其事甚簡其務易擧而其術不多惟在乎作之勤

而用之節耳苟作之勤而用之節則亦有白手而能成家者矣況藉先人之遺業承家長之外調者乎曾文伯之母曰王后親織玄紞公侯之夫人加以紘綖卿之內子為大帶命婦成祭服列士之妻加之以朝服自庶士以下皆衣其夫社而賦事烝而獻功男女效績愆則有辟古之制也觀於此言則紡績織紝婦人之功自天子之后親為之不憚矣況於庶人寒士之妻乎今世婦人或樂於安佚或恥於服勞袖手斂容不親家務作之既不勤而用之又不節富而難繼況於素貧家貲一蕩不可復生內無以庇其身外無

以奉家長上以墜先人之遺托下以蔭子孫之承藉
則一人之勤不勤而其所繫家道之興喪如此可不
懼哉凡厥婦人其規諸此乎

接賓客章第九

婦人居内教令不出於閨門問訊不通於外人則其
於交際之間似無所與而若其營辦酒食供奉賓客
以導接賓主之懽意者是在婦人則婦人之於交際
亦不爲無與矣古之婦人有截髮備食以供賓客者
盖爲此也貧家酒食雖有難辦者亦當稱其有無致
其精潔而又不使難辦之意示於外則物雖不豊情

則可見役賓客之来者尤豈不感其義乎世或有慳辦酒食厭薄賓客遂使佳賓絶跡厚爲家長之羞者此可戒而不可效也

奉祭祀章第十

祭祀之禮所以追遠報本伸孝而寓誠者則人家大節莫過於此營辦之責熟設之節皆在於主婦而貧窶之家又難取次備物則爲主婦者其可以慢心而奉之哉見新物則不敢先食有可用於薦者不敢妄費藏之堅而蓄之素熟飪極其潔而陳薦極其誠則物雖菲薄神必享之矣若不以奉先爲意而只以營

辨為難不以致誠為心而徒以塞責為主則雖舉大牢之享神亦不顧歆矣是將重主人之不孝而無以為顏於八先人之廟矣嗚呼可不戒哉

謹婦德章第十一

婦人之行於家者其說備於上矣然不先有以自治其身則又無以為本也此謹婦德所以為一生事而為衆事摠會之極也蓋婦人之德莫貴乎貞靜和順也貞者不更二夫不受汚辱莊敬自持不誨淫泆之類是也靜者言語簡重動止安徐笑不至矧怒不至詈之類是也和謂和於接人也順謂順於伏人也四

者備則衆善可有而一不謹則婦德虧矣可不敬哉余嘗竊恠人莫貴於其德莫愛於其身而乃有自暴其德自暴其身者何哉此蓋急於徇欲而不暇顧於爲善也須不知善之爲也其慶莫大而人之所當欲莫甚於此也欲之徇也其患莫大而人之所當惡亦莫甚於此也彼樂於背善之慶趍欲之患者特其不思而已矣請詳辨之衆試察焉夫人之爲善者不自暇逸勤修藝業而才日進矣順於父兄行必忠信而德日新矣幼而知慈長益加勉才日進而至於藝無不能德日新而至於行無不修則是謂天地之成人

也以是求福於天而天必祐之以是求助於人而人必與之擇婦婿者咸願得之揚側陋者爭先推之入則父母愛之兄弟重之而無所怍於一家矣出則鄉黨稱之舉世慕之而無所愧於一世矣言莫不信行莫不說常懷坦蕩快樂以終生而處於榮塗而衆善皆歸歿而書諸簡策而萬世為法此其為慶如何哉人之徇欲者惰其支體慢棄事功而才日虧矣欺其父兄肆行邪僻而惡日積矣幼而成習長不知改才日虧而至於無一有能惡日積而至於無所不為則是謂天地之棄人也以是求福於天而天曷祐焉以

是求助於人而人孰與焉擇婦婿者棄不取焉揚側
陋者鄙不顧焉入則父母惡之兄弟賤之而無所行
於一家矣出則鄉黨唾之擧世背之而無以容於一
世矣言無與答行無與酬常懷戚戚色羞以終生則
處於下流而衆惡皆歸死則化於檮杌而萬世爲戒
此其爲患又如何哉一善一惡榮辱判焉一榮一辱
利害較然此豈難辨也哉然而猶失於趍舍背榮而
向辱去利而取害則是有耳莫聞有目莫見而有心
莫知莫覺也嗚呼於汝何救哉

부의(國文本)

녀쇼졀

완산 니덕무 편집

부의편 부인의거동에라

양쥬 됴덕희 번역

쥬역의 건곤괘는 음양이 큰길ᄒᆞ고 셰뎐의 관져장은 인륜

륜의 비로쇼미라 청슉ᄒᆞᆫ 뎡열치아 니ᄒᆞ면 몸을 엇제

쟉히 ᄯᅥ 공순과 화완치아 이ᄒᆞ면 ᄉᆞ룸을 엇제

이 형여 ᄃᆡ 되리오

박셜평ᄒᆞ ᄒᆞᆼ앙연ᄒᆡ라
근ᄃᆡ 독이ᄂᆞᆫ ᄎᆡᆨ종선을
악위화 득리ᄒᆞᆫ 편ᄇᆞᆯ을
된결ᄒᆡ 익동 죠옥 쾌젼이라
일별 졍셜ᄒᆡ 엽회ᄒᆞᆫ 물을
독젼모 ᄆᆡᆺ저 ᄆᆡᆺ 실을
원셩쳐ᄒᆞ 구기ᄒᆞ엿치
불연 비라 술혀ᄂᆞᆫ 가이라

공부경안ᄒᆡ 더 ᄉᆡᆼ이라
그무ᄉᆞᆼᄒᆡ 도ᄒᆞᆫ 결과ᄒᆡ
지년ᄒᆞᆫ 진유 가약ᄒᆞ야
아ᄒᆞ ᄒᆞᄂᆞᆫ 말이 졀을

ᄉᆞ쇼졀 환산 나덕무 편집

⊙부의편 부인의거동이더라 양두 도덕회 번역

쥬역의 건곤괘는 음양이 균일ᄒᆞ고 시뎐의 관뎌쟝은 인
륜의 비로솜이라 쳥숙ᄒᆞ고 졍일치 아니ᄒᆞ면 몸을 보지
ᄌᆞᆨ히며 강슌ᄒᆞᆫ 화완치 아니ᄒᆞ면 슈족을 엇지 쓰기ᄊᆡ
졍결ᄒᆞᆫ 졍셩체 아니ᄒᆞ면 신명을 엇지 흠향ᄒᆞ리오 부
지런라 겸손ᄒᆞᆫ 몬길ᄒᆞᆫ 일이며 다 이로 놋나 부의 뒤편을 ᄎᆞᆺ노
라
셩힝셜 풍리 힝셜이라
유슌ᄒᆞ라 뎡일은 복인의 덕이오 곤가와 겨박은 복한 의 복미저

라

혼의 례가 로뒤 부인은 당ᄒᆞᆫᄒᆞᆫ 재라 구ᄌᆞ의게 ᄆᆞᆫᄒᆞᆫᄒᆞᄂᆞᆫ 실인

에게 화ᄒᆞᄂᆞᆫ 작 남편의게 탐닉ᄒᆞᄂᆞᆫ 내 벼실나 삼나베와 깁

에 일을 힘ᄡᅳ어 뼈살 피지가 하ᄂᆞ 모화ᄡᅳᄒᆞ 써 엽퍼 간슈ᄒᆞᄂᆞᆫ

제택하여 ᄒᆞᆷ그로 부터 배슌ᄒᆞᆫ다ᄉᆡ 구비ᄒᆞᆫ 후의 ᄇᆡ덩이 화

ᄒᆞᆫ게 다슌ᄒᆞᄂᆞᆫ 내면에 화ᄒᆞᆫ 후에야 친후의 집이 가히 쟝구

ᄒᆞᆫ례라 ᄒᆞᄂᆞ니 이폐슌 부인의 도리를 ᄒᆞᆫ가지 셩히 다ᄒᆞᄂᆞ 고쥬

요ᄒᆞᆫ 문 슌ᄒᆞᆫ 것 다 다른 화ᄒᆞᆫ 뎌 ᄉᆡ라 슌ᄒᆞᆫ 거슨 빅가지 덕의

모히ᄂᆞᆫ 바오 화ᄒᆞᆫ 거슨 백가지 샹셔의 ᄭᅡᄃᆞᆯ이니라

율곡션ᄉᆡᆼ이 가ᄅᆞᄉᆞ대 에제 학쟈 츙은 외면으로 비록 즁쟝하

끼몸을가지나안으로ᄂᆞᆫ독실ᄒᆞᆫ디젹어부ᄂᆞᆫ지간의요와
ᄌᆞ라우의경파좌셩을라ᄒᆞ노라그위의출멸ᄂᆞ니로ᄒᆞ부
밧쉬로셜엄아니ᄒᆞᄂᆞᆫ능히쇠ᄒᆞᆫ졍ᄋᆞᆫ면제셔ᄒᆞᆫ젹ᄋᆞᆫ이갓
ᄂᆞᆫ몸을닥ᄂᆞᆫ집을바르터나삼ᄒᆞᆫ어렵지아니ᄒᆞ야ᄲᅡ다셔
밝편은화ᄒᆞᄂᆞᆫ의리로재어ᄒᆞᆫ째ᄒᆞᆫ허ᄂᆞᆫ순ᄒᆞᄂᆞᆫ바른일노
ᄒᆞᄂᆞᆫ슈ᄒᆞᆫ대노우의집안일어가히다스리미라ᄆᆡ일쳐리갓치
쉬로친밀ᄒᆞᆫ일ᄌᆞᆺ의츰ᄒᆡ쉬ᄒᆞᄂᆞᆫ경고ᄒᆞᆫ다ᄒᆞ나그형세힝
키더러운지라모름작이안회을더욱더쉬로경계ᄒᆞ여ᄇᆞᆫ
다시젼의ᄒᆞ든버릇슬바리ᄂᆞᆫ젹ᄂᆞᆫ쉐법으로드러가게가
ᄒᆞ미하ᄂᆞᆫ반회가깃틸ᄇᆡ가맛을빌ᄒᆞ기라ᄆᆞᄋᆞᆷ을가지기을ᄒᆞᆫ

열가지바른것슬보면반드시결、셰조맛는슌해도즈리
라
부인리녀ᄌᆞ는온화ᄒᆞ고유슌ᄒᆞ난ᄉᆞᄅᆞᆷ의셩품이본ᄃᆡ어지나다만
디질의주리ᄒᆞᆫ무리ᄌᆞ미가란배되ᄆᆡᄉᆞᄉᆞ로허물난악ᄒᆞᆫ
재드러가난줄을아지못ᄒᆞ고줄을ᄆᆞᆯ미가ᄆᆡ결ᄌᆞ바로잡는
축닥거ᄅᆡ에그본셩을회복ᄒᆞ려가히ᄲᅧ혈슈ᄒᆞᆫ이되ᄂᆞ니
되지부녀의셩품이셩품이ᄎᆞᆷ혜ᄒᆞᆯᄯᅢ라도계ᄆᆞᆫᄒᆞ니그
르되가가셜ᄂᆞᆫ감중ᄒᆞᆫ가졀ᄒᆞᆫ기ᄂᆞᆫ도순ᄒᆞᆫ낫ᄌᆞ보다ᄀᆞᆷᄒᆞᆫ
가엇지ᄆᆡᆫ첩ᄒᆞᆫ옥ᄒᆞᆫ재아니ᄒᆞᆫ애번거이ᄲᆞᆯᄒᆞᆯ리시아니
다ᄉᆞᆫ회녀뷰그중오조은것만ᄆᆞᆯ케ᄒᆞᆯᄭᆡᄌᆞᄅᆞᆷ이ᄇᆡ라

녯젹부터ᄂᆞᆫ 낙편이 허물이 잇거든 ᄌᆞᆼ계ᄒᆞ더니 금 허물

업ᄂᆞᆫ 데 ᄌᆞ드러가 ᄒᆞ더니 이제 부인은 낙편이 허물이 업

셰조ᄒᆞ야 뢰ᄒᆞᆸ게ᄒᆞᆫ 제 ᄒᆞᆫ ᄐᆡ ᄒᆞᆫ 졔 ᄒᆞᆫ 동ᄒᆞᆫ 대ᄒᆞᆨ 변ᄒᆞᆫ게 ᄒᆞᆫ ᄯᆡ

희여 곱허물 잇ᄂᆞᆫ 데 ᄒᆞᆯ ᄯᅢ 지게 ᄒᆞᄂᆞ니라

부인니 음덕이 ᄉᆞᆷ깐 ᄌᆞ네 변셩이 ᄉᆡᆼᄒᆞᆫᄂᆞ니 시험ᄒᆞ더라

호ᄉᆞᄒᆞᆯ 차ᄉᆡᆼ 부ᄂᆞᆫ 디 ᄒᆞᆯ 디 진실노 찬ᄒᆞᆫ ᄒᆞᆯ 각박ᄒᆞᆫ 되 ᄯᅢᆯ

미얍ᄂᆞ니라

낙편이 별실 두기ᄂᆞᆫ 다의 근질 다 잇셰 자식 출친히 못ᄒᆞᆫ 죽

노리ᄒᆞ든 ᄒᆞ나 가히 ᄌᆡ물 맛지 못ᄒᆞᆫ 물 ᄯᅢ 미얍ᄒᆞ니 낙편

이 비ᄒᆞᆨ 두고 자이니 ᄒᆞ나 녜 편쳐ᄂᆞᆫ 바다셔 그 낙편을 젼ᄒᆞ

여양슌흘 칭슈ᄒᆞᆫ 예을 당주ᄒᆞ얏가 타쳐의 ᄂᆞ려 맛잇가
ᄒᆞ야 나의 혼ᄉᆞ올 ᄯᅢ셴ᄒᆞ보게 ᄒᆞ라 어느 직품의 드러ᄒᆞᆯ볼
츅ᄂᆡ가 병이 업믈 셔ᄅᆞ아 ᄒᆞᆯ잇ᄂᆞᆫ 낭편이 셕ᄉᆞ를 관ᄒᆞ얏ᄂᆞᆫ 녈이희
쳡을 두어 왕종을 밀고 힝실을 졀ᄒᆞᆫ ᄒᆞ니 그ᄒᆞᆫ ᄌᆞ 칭의ᄋᆞᆫ
야 부모ᄂᆞᆫ 도라보지 아니고 가산을 탕픽ᄒᆞ거ᄂᆞᆯ ᄆᆞᆺ단이 ᄒᆞᆫ
ᄡᅢ령 상우를 ᄯᅳᆺ즐 ᄉᆞ차 뎡뎡ᄒᆞ여 원ᄒᆞᆫ 졍제ᄒᆞᆯ 례숩ᄒᆞᆫ
기ᄅᆞᆯ 외어 발키ᄉᆞ 탕ᄒᆞᆯ 잇가ᄂᆞᆫ 더나고 흑쳐의 셰나 지야
나ᄒᆞᆫ 말 뢰며 면엇지 가ᄂᆞᆫ ᄒᆞᆫᄃᆡ ᄭᅢ다로ᄂᆞᆫ 조리 닙ᄉᆞ 랍오다
만셩ᄌᆞ의 편협ᄒᆞ의 고분라 독올 부ᄐᆡ시지어 부쳐가 효ᄒᆞᆨ
ᄒᆞᆫ다 ᄒᆡ죽ᄒᆞᆫ고 회흡ᄭᅡ ᄒᆞᆫ데 이ᄅᆞ지 아니ᄒᆞᆯ ᄲᅢ엽ᄂᆞ니 가히

슬푸지 아니ᄒᆞ야

쳑쳡지가라 흉녜ᄌᆞ음은 능히운의 울브쳔ᄒᆞ는 쳐젹ᄋᆞᄂᆞ 쇼

랑의안회되야 능히남편의 ᄌᆞ믜(누의) ᄋᆞᄉᆞ랑ᄒᆞᆫ 바 되 ᄃᆞ우니되

져부인의 열ᄒᆡᆼ에 ᄉᆞ겨ᄒᆞ기 쉽ᄂᆞᆫ 바른 ᄉᆞᆼ이 쇼조모ᄒᆞ야 ᄉᆡᆼ부

능히안의 법ᄒᆞ지 아니ᄒᆞ며 ᄲᅧ가 법이 어지럽거니ᄅᆞ니 젼

실노 그 현평셰라 이제 뎌 쳑현부인의 미셰가지 잘 쳐치

ᄒᆞᆫ 물 ᄎᆡᆨᄒᆞᄂᆞᆫ 이 아니 쳑노라

뎌 평말의 우리 현의 공쉥ᄉᆞᆫ 리의 쳐진 ᄊᆡ가 공슌으로 ᄲᅧ주ᄂᆞᆫ

울 쳥겨야 ᄃᆞᆯ이 업ᄉᆞ믜 온핑ᄒᆞ위ᄒᆞ야 하ᄇᆡ 울조녀 쳡ᄋᆞᆯ 삼

으니 하ᄲᆡ 셩ᄒᆞᆫ 화왈 ᄒᆞᆯ 공슌ᄒᆞ야 진ᄲᆡ로 ᄃᆡ부터 화ᄒᆞᆷᄂᆞᆫ

애쳐로 ᄉ랑ᄒ여 ᄌ미 갓치 ᄒ며 수잔ᄆ 하다 ᄒ은 ᄒ로 명당 ᄒ얏
ᄌ혼 편쵹ᄒ는 지다 이여하며 나히 섬청ᄒ니 젼ᄇᆡ를 생이
며져리 가가라 이르니 하ᄭᆡ를여 가블 허졀이며 ᄒ쳔 ᄒ도
엇지 감히 하나 ᄒ는 의리를 ᄇᆡ반ᄒ리오 ᄆ쳔권 ᄯᅢ 화 우리 ᄯᅴ
외ᄇᆡ ᄒᆞᆺ차블 ᄆ자 ᄒ로 ᄒ라 ᄒ은 ᄃᆡᆫ ᄒ야 갈를 가져ᄂ 재와 ᄀᆞᆫ
을 ᄭᅢ여 ᄲᅢ 깃부게 ᄒ근 자 ᄒ러 놀젼ᄇᆡ 겹피고 갈를 ᄇᆡᆺ스니
일노 부터 진ᄇᆡ와 하ᄇᆡ 쓰재 ᄒ고 길 갓ᄒ여 어린 거슬 더ᄒ고만
지은 ᄯᅢ ᄒ를 부지 ᄒ되 ᄒ야 쳑ᄒ여 방 잭ᄋ를 ᄒ야 ᄒ고 게를으 자 마
나ᄒ더 며 깃ᄂ 외 쳑 며 ᄌ랑 ᄒ며 ᄒ업을 쳔 ᄒ야 ᄒ의 ᄇᆡᆨᄉ 뎨
ᄌ를 하ᄃᆡᆫ 쥬부ᄃᆡᆫ 며 ᄒ를 ᄒ며 ᄆ 찰ᄉ 셥 며 셰 ᄒ다

송나라 샹ᄉᆞ의 ᄎᆡ용ᄲᅵ는 명강샤 ᄉᆞ람이라 고ᄆᆡᆼᄌᆞ 즁ᄉᆡᆨ 놀뎌 (죽ᄇᆡ)
복텬친ᄒᆡ ᄒᆞ기 몽ᄑᆞ 행대와 갓치ᄒᆞᆫ 대나 ᄇᆡᆼ납난 니의 ᄋᆞᆼᄲᅵ
ᄲᆞᆯ올 닐 리섭 섀다 조뎌부터 이셔 ᄂᆞᆼ히 피치 못ᄒᆞ 내 ᄂᆞᆨᄇᆡ 션
ᄒᆞᆫ허 희탄식ᄒᆞᆯ ᄯᅢ 참ᄭᅡ 가지 ᄆᆞᆺᄒᆞ더니 울ᄲᅢ 될 동ᄂᆡ는 병이
염ᄉᆞ나 ᄆᆡᆺ당에 즙피 폐ᄒᆞ나 ᄂᆞᆨᄇᆡ 될 ᄉᆡᆼ ᄀᆞᆺ(ᄒᆞᆯ)치 ᄒᆞᆯ지라 ᄇᆡᆺ재
피ᄒᆞ리오 리욱ᄂᆞ 도ᄎᆡᆨ이 드러도 ᄭᅥ닐 ᄂᆞᆨᄇᆡ ᄲᅡ운 ᄲᅵ올 부셜
ᄂᆞᆫ ᄎᆡᆨ조리부터 도ᄎᆡᆨ을 셔지ᄉᆞ 죽을 ᄆᆡᆺ재 ᄲᅢ나 ᄒᆞ나 아희 션
ᄒᆞᆫ울ᄯᅥ도 젼뎌뎌 열녀왈 차라리 날ᄒᆞ 죽이ᄂᆞᆫ 두어ᄭᅦ 올 죽
이지 ᄆᆞᆯ나 ᄒᆞ나 도ᄎᆡᆨ이 아울나 갈져ᄒᆞᆯ 니라

송나라 ᄒᆞᆫ 추산 ᄌᆡᆫ안 ᄎᆡᆯ의 ᄎᆡ황ᄲᅢ는 낭ᄯᅧᆫ이 죽으미 아ᄃᆞᆯ ᄂᆞᆯ 션

다ᄉᆞᆺ ᄌᆞ랑라 ᄆᆞᆯ은 가ᄅᆞ혀야 챡ᄒᆞᆫ 이름이 잇가 ᄒᆞ오ᄂᆞᆫ ᄉᆡ부의

울길너 ᄒᆞᆨ의 세집보내며 ᄌᆞ녀 누의 ᄌᆡ물이 고ᄂᆞᆫ편의 업

시ᄒᆞᆫ 번 되야 거ᄂᆞᆯ 때 시위ᄒᆞ야 산업을 ᄃᆞ로 버려 시지를 ᄂᆞᆨ

되ᄒᆞᆫ 개 ᄌᆞᆷ괘 ᄌᆞᆷ라 갓ᄃᆡ ᄒᆞᆯ 종족의 빈궁ᄒᆞᆫ ᄌᆞ로 ᄀᆞ로ᄒᆞ

여길너 시집보내ᄂᆞᆫ 쌍가ᄅᆞᆫ 민제 ᄇᆡᆨ으로 쎄 이릿드나 엿ᄉᆡᆼ

바갓 ᄲᅵ가 난ᄒᆞᆫ ᄯᅢ 쎨을 ᄂᆞᆯᄒᆞᆯ 졉의 면당ᄒᆞ며 ᄌᆡ눌 위ᄒᆞ야 금을 내

대속량ᄒᆞ여 주ᄉᆞᆫ 대 고유홍을 조차 다ᄉᆞᆺ 더새 제ᄉᆞ 거ᄒᆞ며

다

부인의 ᄒᆞᆫ 약ᄒᆞᆫ 독ᄒᆞᆫ ᄌᆞᄂᆞᆫ ᄒᆞᆫ 책은 분ᄒᆞᆫ 이ᄅᆞᆯ 면ᄒᆞ야 뭘만ᄒᆞᆫ

한ᄒᆞ라 목족ᄒᆞ며 혜읍ᄒᆞᆯ 혜ᄂᆞᆸᄒᆞ라 복족ᄒᆞ야 복ᄅᆞᆨ 질너

흉국ᄒᆞ야 셟지 어ᄌᆞ바 당을 ᄒᆞ다 되니 가슴을 ᄶᅢ게 ᄒᆞ야 놀의
ᄭᅢ하소연ᄒᆞ고 귀신의게 ᄶᅢ쥬ᄒᆞᆫ대 어ᄃᆞ지 이ᄅᆞᆯ 데 업ᄂᆞ니
내 보기 ᄌᆞᆯᄲᅮᆫ이 ᄒᆞᆫ 넛ᄂᆞ라 지싯ᄂᆞᆫ 그 가장 이 마약ᄒᆞ야 잘 가되
치고 단도ᄒᆞᆫ 제 못ᄒᆞᆫ 데 ᄯᅢᆯ ᄯᅢ 않아 그 ᄭᅩᆷᄒᆞ고 한 약ᄒᆞᆫ 물길
너 일ᄀᆞᆺ 어수ᄒᆞ며 되ᄒᆞᆫᄃᆞ ᄉᆞ소 ᄉᆞᆼ닭의 말ᄂᆞ되 ᄌᆞ식은 어ᄃᆡ셔
가ᄌᆞ치고 지어ᄭᅵᄂᆞᆫ 쳐음 보기의 가ᄌᆞ치ᄀᆞᆯ 제 나라
ᄒᆞᄀᆞ리 잘ᄒᆞᆫᄂᆞᆫ 부ᄃᆡᆫ은 집안의 일ᄂᆞᆫ 쳡ᄲᅮᆫ ᄒᆞᄀᆞ리 ᄒᆞᆯ 섄이니라 냥의
쳡ᄃᆞ 물ᄒᆞᆫᄃᆞ 그 지어ᄭᅴ 울ᄃᆡ신 ᄒᆞᆫ대 ᄒᆞᄀᆞ리 ᄒᆞ니 어제 ᄀᆞ리 셜
쓰ᄋᆞᆯ ᄯᅢ
다ᄅᆞᆫ ᄉᆞ람이 ᄭᅮᆺ갓지 아니ᄒᆞᄆᆞᆯ 원ᄒᆞᄂᆞᆫ 죄 업ᄂᆞᆫ 스님의 ᄭᅡ셩을

옹겨잡ᄂᆞᆫ 죽어박기ᄅᆞᆯ 분ᄒᆞᆫ 게ᄒᆞ야 과명을 더 젹ᄇᆡ구ᄉᆞ되
ᄂᆞᆫ 챙ᄒᆞᆷ을 최번득이며 그 독을 ᄇᆡᆨ나어 그지슨 악ᄒᆞᆫ지 어ᄂᆡ
아니면 무어시뇨

독ᄒᆞᆫ 생풍부면은 혹 ᄀᆞ로의께 ᄉᆞ랑을 보지 못ᄒᆞ거나 혹 그 ᄂᆡ
편의 ᄉᆞ득 재ᄒᆞ지 못ᄒᆞ면 분ᄒᆞᆫ 물ᄉᆡᆼ 허ᄆᆡ가 극진ᄒᆞ면 더지ᄉᆞ
ᄆᆡ 친례ᄒᆞ야 지선을 비러고 ᄀᆞᆫ 악ᄒᆞᆫ 물ᄉᆞ 죽죄ᄒᆞᄂᆞᆫ 실지어 무
자르ᄂᆞᆫ 례ᄒᆞᄂᆞᆫ 무미ᄂᆞᆫ 례ᄒᆞ대 ᄲᅧ제대 ᄂᆞ니 ᄂᆞ 전실고 당
편랑ᄒᆞᆫ ᄇᆡ 찰인도 ᄃᆡ 못ᄒᆞ게 ᄒᆞ라 그 부단되오ᄆᆡ 죄샹ᄒᆞᆫ 큰
지라 ᄆᆞᆫ일 쉬웃ᄇᆞᆯ 북그러ᄒᆞ게 미니ᄒᆞ면 사ᄅᆞᆷ ᄉᆞᆫ을 무러
ᄉᆞᆯᄒᆞ랴ᄒᆞ시 쳔의 일으되 ᄉᆞ 담되ᄂᆞᆫ 데가 업스면 어지 ᄭᅢ닷어

즐지아니ᄒᆞᄂᆞ냐 ᄒᆞ더라

남셰며 인ᄂᆡ의 리욕이 ᄆᆞᆫᄒᆞ면 흥낙ᄒᆞᆯ 흑 편ᄒᆞ며 ᄌᆞ초 ᄒᆞᄂᆞ
이 ᄆᆞᆨ고 ᄂᆡ리 남주의 리욕이 ᄆᆞᆺᄒᆞ면 흑한 ᄆᆞᆨᄒᆞᆯ 흑잔 ᄒᆞᆫ
니라 져ᄒᆞᄂᆞ니 ᄆᆞᄋᆞ나 굴복ᄒᆞ기 셰로 뒤집피ᄂᆞᆫ 평쉬 각ᄂᆞᆫ
어그러지ᄂᆞᆫ 으로 몃 ᄉᆡᆼ인이가 효 죄물 베퍼 회ᄂᆡ옴 그리온
을 발너 그 텬품을 회복ᄒᆞᄂᆞᆫ 자ᄒᆞ미니 혹 다ᄉᆞ의 리로디 상낭
ᄒᆞᆫ물 ᄒᆞᆫ랑이 갓트며 ᄉᆡᆨᄒᆞᆯ가 외히 ᄯᅢ 쳑졍ᄒᆞ며 셩너ᄒᆞ미 취
갓트ᄭᅧ ᄒᆞᆫ랑이 갓틀가 져허ᄒᆞ미라

복연다며 ᄂᆞᆫ 의복다 유식이 남ᄭᅳᆷ 못ᄒᆞ물 견ᄃᆡ지 못ᄒᆞᆫ 것이
도젹ᄒᆞᆯ 쟁분이나 혹 보리와 피와 잡밥을 ᄎᆞ바 ᄲᅳᆨ지 못ᄒᆞᄂᆞᆫ

나잇나 내 비록 ᄉᆡᆨ셩의 편벽ᄒᆞᆫ 기ᄅᆞᆯ 구ᄒᆞ여 가히 드려 곳

치지 못ᄒᆞᆯ ᄯᅢ에ᄂᆞᆫ 줄여 죽을 ᄯᅳᆫ이니

혹 독ᄒᆞᆫ ᄉᆡᆼ뎌 부녀는 계집 종의게 형벌을 베풀되 ᄀᆞ혹ᄒᆞᆫ 형벌을 츠화ᄒᆞ야 머리털을 뽑으며 ᄲᅡᆷ을 치며 바ᄂᆞᆯ노 지ᄅᆞ며 쇠을 달다 지ᄂᆞ ᄯᅥ 더러운 거ᄉᆞᆯ 입의 졋희 ᄯᅥ 몸을 맛겨 것고로되 ᄃᆞᆯ며 그 참혹다 악독을 극히 ᄒᆞ여 그 집대 반다시 녀질 너지리라

가장이 ᄂᆞᆷ히 빌기 살피지 못ᄒᆞᆫ 셩내거든 평안 ᄉᆞᆫ 말로 가히 경희 잇셔 그 죄를 도하 이 죽어 ᄂᆡ지 말ᄂᆞ 다만 너그럽게 골ᄆᆡ가 ᄒᆞ며 신ᄅᆞᆯ 이 ᄲᅢ무ᄉᆞᆫ데 다ᄂᆞ 로ᄂᆞᆫ (칠) 녀ᄒᆞᆫ 그 젼혀ᄂᆡ의 죠

언ᄒᆞ여 그 괴ᄋᆡᆸ스믈 ᄃᆞᆷ 부ᄅᆞᆫ ᄎᆞᆼ신비가 ᄭᆞ이 ᄀᆞᆺ버ᄒᆞ지ᄆᆞᆯ
지어다 혹 거짓 주ᄒᆞᆫ ᄂᆞᆫ 죄ᄒᆞᄂᆞᆫ 합 회ᄒᆞᄂᆞᆫ ᄌᆞᆺ 수어지고
리 득ᄒᆞ야

의 ᄋᆞᆫ다 젼좌의 일우ᄂᆞᆫ 혈ᄂᆞᆫ 버ᄉᆞᆫ 일을 ᄭᅴ스ᄉᆞ 조그ᄆᆡ 잇ᄂᆞ니
가히 즙히 쇼리와 ᄃᆞᆺ 미ᄉᆞᆺ 쳐ᄋᆞᆸ셔 ᄒᆞ여 주더 ᄲᅡᆯ 비븍은 주라ᄒᆞᆫ
ᄯᅢ 생(ᄲᆞᆯ지나)을 헐ᄂᆞᆫ 피ᄋᆞᆫ 츌ᄒᆞ여 도쳥이 모히려 ᄀᆞᆺ치제 아니ᄒᆞᄂᆞ니
믈 건ᄂᆞᆫ 셰지 미ᄲᅮᆯ은 ᄉᆞ랑ᄒᆞᆯ 쳔리ᄒᆞ시ᄆᆞ 흔히 덕셩이 아니라
흑 마셔ᄒᆞ기 ᄌᆞᆯ ᄭᅡ 제이어 ᄒᆞ야 곡읍ᄒᆞ기의 ᄆᆞᄋᆞ니 엇지 책
이 ᄉᆡᆼ ᄋᆡᆼ ᄎᆡ 아니ᄒᆞᄂᆞᆫ

흘 닭의 ᄲᆞᆯ을 듈로 ᄇᆡᄭᅡ 유의 거ᄉᆞᆯ 조견 시비 ᄎᆞᆯ 분변치 아니ᄒᆞᆫ

ㄷ 놈ㄷ 나진 이롤 혀야 되지 아니ᄒᆞᄂᆞᆫ ᄲᅧᆯᄃᆡ 업ᄂᆞᆫ 관ᄉᆞᆯ 지어
낫쳬 붉고 ᄯᅢ 묵디 불펴 ᄲᆞᆯ을 가르며 발치 아니ᄒᆞ면 나 이거
시다 길치 아니ᄒᆞᆫ ᄉᆡᆼ혀 흡치 아니ᄒᆞᆫ 괴ᄉᆡᆼ 과타 너ᄇᆞ기롤
ᄭᆡᆨ이ᄒᆞᆫ 며ᄉᆞ 노나 남편의ᄭᅴ ᄃᆡ접을 밧지 아니ᄒᆞ게 아니ᄒᆞ면
혹 욕ᄒᆞ거나 혹 호년 라거ᄒᆞ거나 혹 ᄌᆞᄃᆡ 홀기로 지ᄋᆞᆫ
ᄂᆞᆫ디라
험의 울멸이ᄂᆞᆫ ᄃ 상가ᄃ 줄 지ᄂᆞᆫ 물 짝ᄒᆞᄃ 뵈지 련ᄒᆞᆫ 거ᄉᆞᆯ
ᄒᆞ며 명일ᄒᆞᄃ 화순ᄒᆞᆫ ᄯᅢ 언ᄉᆞᆯ 간택ᄒᆞᄒᆞ며 이ᄉᆡᆨ을 화ᄒᆞ여
ᄒᆞᄂᆞᆫ 이ᄂᆞᆫ 집의 잇스며 ᄒᆞᄂᆡ 되ᄃ 사람의게 시집가며 순ᄒᆞ며
와 숙혀 되ᄃ 아ᄃᆞᆯ 나흐며 현모 되ᄂᆞᆫ 데 불힝이라 거ᄒᆞ며 혹

환란을 만나도 본ᄃᆡ 강ᄒᆞᆷ을 변치 아니ᄒᆞᆯ 뎡열ᄒᆞᆫ 부인이

되야 후세의 녀편네 즁 녀인의 법이 되리 ᄉᆞᆯᄂᆞᆫ 니 부인ᄂᆡ의 비로소 ᄆᆞᆯ잘

ᄒᆞᆫ 까ᄃᆞᆰ을 잘ᄒᆞ문 도적이 쟌이니라

쥐와 부를 엽젼ᄒᆞᆫ 끼 곳 세속의 상습이오 또 부녀의 송뎔ᄒᆞᆫ 힝

실이라 그 ᄯᅳᆺ을 ᄉᆡᆼ각ᄒᆞ면 겸련ᄒᆞᆫ 게 업ᄂᆞ야 ᄒᆞ거ᄒᆞᆫ 쟈는 도 또

ᄒᆞᆫ 츅ᄒᆞᆫ 힝실이니 뼈 그 혐의로 오물을 피지 못ᄒᆞᆫ 끼니라

상치 삼ᄉᆞ을 칠 저 ᄀᆡᆨ으 ᄭᅢ 간일ᄒᆞ야 세속와 ᄯᅥ러 빈재 아니ᄒᆞᆫ 개

비야 기척 업시 나 잣을 ᄆᆡᆺ 설어 져근 겨졉흉의 감ᄎᆞᆯ 도적

질ᄒᆞ물 살피ᄂᆞᆫ 셔ᄃᆞᆺ 지 못ᄒᆞ믄 겨흐은 지어 ᄭᅦ 나다

효 되가 여졔의 왈 공경은 다ᄒᆞᆷ아니라 오ᄌᆞ가 저물 일ᄋᆞᆯ 개는

공즁은다흠아니라 너ᄀᆞ넙은 넉ᄀᆞ ᄒᆞᆫ물맛ᄀᆞ티나 오리가
지믄곳치고 ᄌᆞᆨᄒᆞᆫ죵ᄌᆞᆯ아ᄅᆞ려너그럽고 넉ᄀᆞ ᄒᆞᆫ몬 공ᄌᆞᆫᄒᆞᄂᆞᆫ
몸을ᄂᆡ리기를 ᄌᆞᆯ강ᄒᆞᄂᆞᆫ 지시라 부ᄀᆞ의효ᄒᆞ기몸이ᄭᅡ도,
ᄌᆞᆨ여나지아니ᄒᆞᆫ 아ᄂᆡ 반실의ᄌᆞ션ᄒᆞᆫ미되ᄂᆞ 여셜압것미싱
기ᄅᆞ셜엽이어미의ᄉᆡᆼ기ᄭᆡ 말ᄉᆞᆷ이과됴흔말ᄉᆞᆷ이과됴흔반ᄃᆞᄂᆞ
ᄆᆡ반다시짓ᄂᆞᆫ방ᄌᆞᄒᆞᄂᆡ이ᄆᆡ지은ᄌᆞ약편을 ᄆᆡᆫ모ᄒᆞᆫᄂᆞᆫ미ᄋᆞᆷ
이ᄉᆡᆼ기ᄂᆞᆫ나비ᄂᆞᆫᄌᆞᆨᄒᆞᆫᄌᆞᆯ아쳐못ᄒᆞᆫ뎌ᄆᆡᆫ디ᄋᆞᆷ다ᄒᆞᆫ 목ᄌᆞᆺ말
이쇽작이업ᄂᆞᆫ말아울고 그흠이업ᄂᆞ니 그ᄅᆞᆫᄌᆞ모ᄂᆞᆫ하다
ᄒᆞ지아니치마ᄂᆞᆫᄒᆞᆫ며ᄌᆞ분ᄌᆞᄂᆞᆫ취말변ᄒᆞ지마니치아
니ᄒᆞᆫ다ᄒᆞ미니미의ᄇᆡ 큰ᄌᆞᆨ분ᄒᆞᆯ노 ᄒᆞᆫ여야 반ᄃᆞ니

디ᄂᆞᆫ 곤궁ᄒᆞᆫ 몸을 오히려 물ᄒᆞᆫ 생각ᄒᆞ야 니ᄆᆡ 말미암아 디냐
편ᄲᅮᆫ 못ᄒᆞ미 졀절ᄒᆞᆫ ᄯᅢ 이시나 ᄒᆞ여 ᄉᆡᆨ진ᄂᆞᆫ나 ᄉᆞ람이 ᄲᅡ르근 불
ᄒᆞᆫ노ᄂᆞᆫ 비졋 치지 아니ᄒᆞ여 예리ᄂᆞᆫ 치기를 ᄲᅡ르ᄂᆞᆫ 나무 ᄭᅩᆺ
부ᄇᆡᆨ 되얏ᄂᆞᆫ 고ᄅᆞᆫ 맥을 ᄢᅢ 화친ᄒᆞᆫ ᄭᅢ운데로 ᄢᅢ 졋히 합ᄒᆞ여
뎌 불씌리기와 ᄯᅴ기를 ᄒᆡᆼᄒᆞᆫ 례목ᄉᆞᆫ의[가] 잇다 ᄒᆞ며 ᄉᆡᆨ지 담에
ᄢᅦ 무미 무ᄉᆞᆫ 온톄 잇다 ᄒᆞ니 본은 톄와 의가 다 톄ᄒᆞᆫ면 무ᄃᆡ
ᄡᅥ나 횡ᄒᆞᄂᆞ니 부ᄒᆞᆫ 편은 다시 ᄌᆡᆨᄒᆞᆫᄂᆞᆫ 의 잇ᄉᆞᆫ니 지에 미ᄂᆞ 두
번가ᄂᆞᆫ 법이 업ᄂᆞᆫ지라 근ᄂᆞ가 조ᄎᆞ 박히졋ᄂᆞᆫ 하ᄂᆞᆯ이라 하ᄂᆞᆯ
온전실노 가히 어ᄀᆡ지 못ᄒᆞᄂᆞ니 박혀 졋ᄂᆞᆫ 어ᄃᆡᆫ 고ᄅᆞᆯ 가히 ᄡᅥ
다 지못ᄒᆞᆯ 거ᄉᆡ라 횡설이 귀신의게 어려면 하ᄂᆞᆯ이 ᄋᆞᆺ번ᄂᆞᆯ

홋시ᄅᆞᆯ 뗴의예 어거ᄢᅵ 잇ᄉᆞᆫ 변하 텬하ᄒᆞᆫ 손ᄲᅡᆨᄒᆞᆫ 뮝나 모ᄅᆞᆯ

더현 (네젼ᄂᆡ 별미) ᄂᆞᆫ의 왈한ᄉᆞ 라의 저쑥즐 더드면 아미룰바 기리

ᄭᅡ측ᄅᆞᆯ ᄒᆞᆫ손 닭의 ᄭᅳ생즐에 이르면 이이론바 기리진ᄒᆞᆫ다

ᄒᆞ니 닐느ᄲᅡᆯ미 암아ᄲᅡᆯᄒᆞ면 남편의 ᄭᅥ가히고 ᄭᅡᆼ흥ᄒᆞ구ᄒᆞᆫ

지하더치ᄒᆞᆫ 노ᄒᆞ여 ᄯᅥᆫ나 극ᄒᆞᆫ바ᄂᆞ 셩ᄒᆞᆫ 아닐ᄒᆞᆯ두

ᄒᆞᆫ대천ᄒᆞᆫ 물미르게 이어ᄢᅵ ᄒᆞᆫ진ᄇᆞᆯ노 ᄆᆡᆼ흥ᄂᆞᆯ 숀천대ᄒᆞᆯ

빗빛ᄎᆞᆯ 바로ᄒᆞᆯ 녜의ᄅᆞᆯ 쳥결ᄒᆞᆫ게 ᄒᆞᄒᆞᆫ다 지와 ᄉᆞᆨ되ᄭᅳ드

ᄎᆞ하에 업ᄂᆞᆫ 눈의ᄉᆞ극이 보미 업ᄂᆞᆫ바(가) 미ᄲᅧᆯ올 오ᄆᆡᄒᆞᆫ ᄭᅳᄒᆞᆫ

미렵ᄂᆞ ᄃᆞᆯ미다 갠ᄂᆞᆯ 폐ᄒᆞᄀᆡ 어보ᄂᆞᆫ 여더ᄒᆞ리ᄅᆞᆯ 잡ᄃᆡᄭᅥ 모히

미렵ᄂᆞᆫ 집앗문로ᄅᆞᆯ ᄒᆞ론 (유쟝)[illegible]미 업ᄂᆞᆫ국가해 ᄆᆡ흥ᄂᆞᆯ 혼젼어

ᄒᆞᆫ 닛빗ᄎᆞᆯ 바로 ᄒᆞ다 일ᄒᆞᆯ거시오 ᄯᅡᆯ 종졍이 기ᄇᆡ엽ᄂᆞᆫ 보ᄅᆞᆫ

듯ᄭᅴᄅᆞᆯ ᄉᆞ롤이 ᄒᆞ야 ᄃᆞᆯ면 ᄭᅥ되ᄅᆞᆯ 버ᄶᅵ ᄌᆡ이 ᄒᆞᆯ 형울 ᄯᅥᆯ

ᄶᅦ ᄒᆞᆫ니 ᄂᆞ가며 보ᄌᆞᆫᄒᆞ야 현동ᄒᆞᆫ 제어 ᄯᅡ당이 이ᄅᆞ지 아닐

거ᄉᆞᆯ ᄯᅩᆯᄒᆞᆫ ᄭᅥ ᄯᅡᆨ단이 보지 안닐거ᄉᆞᆯ 보면 ᄂᆞᆫ니 ᄆᆞᄋᆞᆷ이 ᄂᆞᆫ 젼

ᄒᆞᆫ 닛빗슬 바로 ᄒᆞᆫ 면 이ᄅᆞ지 못ᄒᆞᆯ 거시라

ᄒᆞᆯ ᄯᅩᄂᆞᆫ ᄒᆞᆨ슐의어 ᄭᅡ니ᄂᆞᆫ 기ᄅᆞᆯ 베이미 ᄇᆡᆫ듯 ᄒᆞᆯ 므ᄶᅵ기 아니

치 아니 ᄒᆞᆫ ᄭᅥ 파ᄅᆞᆯ 쓰ᄂᆞᆫ 으미 ᄒᆞᆫ치로 ᄶᅥ 법을 삼으니 디ᄒᆞᆫ 일ᄅᆞᆯ

ᄭᅵ 죽어도 그 형지와 뫼의에 졍ᄒᆞᆫ ᄒᆞᆫ 그 ᄆᆞᆺᄒᆞᆫ ᄭᅵ 업ᄂᆞᆫ 물가히

알리라,

○언어 ᄯᅡᆯᄉᆞ이라

목곳ᄯᆞᆯ ᄒᆞᆫ 예가 ᄒᆞᄃᆡ 좃잇다 좃ᄃᆡ 잇다 ᄒᆞ고 ᄂᆞᆫ 길ᄒᆞᆫ 싱셔
ᄒᆞᄂᆞᆫ 부인 ᄃᆡ이ᄋᆡ 효ᄋᆞᆯ 기ᄅᆞᆯ ᄯᆞᆯ ᄒᆞᄂᆞᆫ 못기로ᄂᆞᆫ 고로ᄒᆡ ᄒᆞᄂᆞᆫ
나ᄂᆞᆫ 졍평 무한ᄒᆞᆫ 부ᄃᆡ에 이ᄋᆡ니라
평거의 무ᄅᆞ비 허ᄋᆞᆯᄅᆞ 비고 칭ᄒᆞ ᄒᆞᆫ 면 (실심ᄒᆞᆫ 모양) 원만 ᄒᆞᄂᆞᆫ 데 갓갑ᄂᆞ니
ᄒᆞᆯ ᄃᆡ 마ᄅᆞᆯ ᄒᆞᆼ 빗ᄎᆞᆯ ᄒᆞ면 참 ᄉᆞᄋᆡ 갓갑ᄂᆞ 희ᄂᆞ ᄒᆞᆫ 기ᄀᆞᆺ 치지 아
니ᄒᆞᆫ 면 반 탕의 각 갑ᄋᆞᆯ 죠 (진ᄯᆞᆯ이라) ᄀᆞ ᄒᆞᆫ 기마 지ᄋᆡ니 ᄒᆞ면 ᄭᆡ다 ᄅᆞᆫ 듸
갓ᄭᆡ ᄋᆞ나니
낫져 무ᄅᆞᆯ 히 ᄌᆞᆫ 심 ᄒᆞᆯ 탄식 ᄒᆞᄂᆞᆫ 소리 밧ᄂᆞᆫ 부ᄃᆡ 무ᄅᆞᆫ 이 된
방 ᄒᆞᆯ 한 ᄒᆞᄂᆞᆫ ᄯᆞᆯ이 잇ᄉᆞ면 가히 가 드가 리란 ᄒᆞᆫ 무ᄅᆞᆯ 불 ᄉᆞᆷ
문ᄋᆞ의 쇠갓 ᄒᆞᆫ 물졍 치 니라

거뎌라 소리를 주쟝ᄒᆞ야 보야 근ᄇᆡᆫ의 졀리와 졍녁을 ᄉᆡᆼ각ᄒᆞ

ᄂᆞᆫ ᄉᆞ모ᄒᆞ며 불평이 환난ᄒᆞᆫ 뎨 ᄒᆞ며 ᄂᆞᆫ 톡기를 밍셰ᄒᆞᆫ 살

기를 바라며 이네 비ᄅᆞᆯ 졀ᄅᆞ ᄒᆞᆯ 재니 ᄌᆞ리ᄒᆞ야 평시의

삼가 슐를 두어 ᄲᅡᆯ ᄒᆞ야 가ᄅᆞ되 ᄆᆡᆺ당이 나ᄂᆞᆫ 뎐을 위ᄒᆞ야 몽을 질

기ᄅᆞᆺ다 ᄲᅡᆯ 지니라

언어와 셰찰의 문ᄌᆞ를 ᄌᆞ되 쓰믈 단아ᄒᆞᆯ 간졍ᄒᆞ게 ᄒᆞᄂᆞ니라

ᄲᅡᆯ ᄉᆞ이 범ᄂᆡ ᄒᆞ며 쟉간 ᄎᆞᆺ치지 아니ᄒᆞᆯ ᄉᆞᆼ을 ᄒᆞᆯ ᄯᅢ에 ᄒᆞᆯ

벽이 며 ᄉᆞᆷ ᄲᅡᆯ 노셕거ᄒᆞᆫ 믄 현쇽ᄒᆞᆫ 부인은 ᄲᅡ리 시이 갓지

아니ᄒᆞᄂᆞ니라

번거이 ᄉᆞ지 즈ᄯᅢ 조조 칙망ᄒᆞᆫ 잔 ᄲᅡᆯ 보면 거이ᄒᆞᆫ며 가리치

또녕이형체아니ᄒᆞᆫ대비복이셔ᄂᆞᆯ비만ᄒᆞᄂᆞ니라

아희ᄅᆞᆯ롱ᄋᆞᆯ셔진ᄂᆞᆫ폐리향ᄉᆡᆼ밧ᄭᅴ나오ᄇᆞᆫ고가조의셰

퇴ᄒᆞ믈가지라밧ᄉᆞ람이이부인의블슌ᄒᆞ믈나무랄ᄉᆡᆼ각여

나바다셔본쳐ᄀᆞ가정이능히집을겨쳘치못ᄒᆞ믈칙망ᄒᆞ

하니흉ᄭᆞᆯ라옥ᄉᆞᆫ에졀ᄎᆞᆫ뎝을비록ᄒᆞᆯ흑되믈쇄거ᄭᅵ니ᄋᆞᆺ

ᄉᆞ연이도라면가장이그도을넉지못ᄒᆞᄭᅦ니ᄌᆞ록의왈집

안ᄉᆞ랑의도리ᄂᆞᆫ이ᄒᆞᄭᅦ녀편네바르되잇다ᄒᆞ니녀편네

가바르면ᄉᆞ니희바르믄가히ᄭᆞᆯ이라

신부ᄂᆞᆫ가히헤산ᄒᆞᆯ아희기르ᄂᆞᆫ어ᄆᆞᆯ을ᄇᆡᆯᄒᆞᆫ지아니ᄒᆞᆯ지어

그빗조뎐몀믈쳐헤ᄒᆞᆯ시라

신혼ᄒᆞᆫ 부인은 가히 싀가 외쳑ᄒᆞᆫ 일흠 친졍의 가 쟈랑ᄒᆞ야 ᄯᆞᆯ
ᄒᆞ여시이나 다 도라가 누의 셔ᄇᆡ 되가 부인이 칭찬ᄒᆞᆯ 근
요ᄒᆞ야 ᄯᆞᆯ하 우ᄉᆞᆫ이 적어 가ᄇᆡ얍게 시ᄇᆞᆫ 아라 일흠이 집
의 도라와 ᄒᆞᆫ번도 싀가의 이ᄅᆞᆯ ᄯᆞᆯ ᄒᆞ지 아니 ᄒᆞ니 도회라 이
가히 녀인 ᄒᆡᆼ실의 사ᄂᆞ리라

신혼ᄒᆞᆫ 부인이 가히 소ᄅᆡ을 ᄒᆡᆼᄒᆞ야 남편의 지죠ᄂᆞᆫ 더 길다
쟈랑ᄒᆞᄂᆞᆫ 재ᄃᆡ ᄒᆞᄭᅦ 아니ᄒᆞᆯ지라

ᄆᆞ롯 ᄒᆞᆫ 딘울의 노ᄒᆞᆫ 빈 가히 ᄎᆡᆨ너로 ᄒᆞ여 너 금ᄌᆞᆺ게 아니 ᄒᆞᆯ지니
라

음셜ᄒᆞᆫ ᄯᆞᆯ을 입밧게 내지 아니 ᄒᆞᆯ션 아니라 ᄯᆞᆯ을 ᄯᆞᆨ 들녀도 귀

출가ᄒᆞ리ᄂᆞᆫ 즙피피ᄒᆞ리라

황부ᄅᆞᆫ 쇼리ᄂᆞ가 히 즙피ᄅᆞᆯ 놉피ᄲᆞᆯ재니 그 바ᄌᆞᆸ어나 갈

새재혀 ᄒᆞ니 하ᄲᆞᆯ매 ᄯᅡ 이옷 ᄉᆞ나ᄒᆡ을 희며 ᄋᆞᆺ 둔ᄭᅡ ᄒᆞᄃᆡ

라 부자 ᄎᆞᆷ녀ᄂᆞᆫ 며리ᄉᆞ ᄌᆞ른의 차ᄃᆡ ᄒᆞ여 안 쥐ᄲᆞᆯ을 그ᄂᆞᆫ 어ᄲᅮᄒᆞᆫ

을 놋쇠ᄲᆞᆯ 나 부인 쟝말 ᄒᆞᆯᄯᅢ 아니이라

면 쇼ᄒᆞᆫ 부단니 다 ᄌᆞᆯ 다ᄉᆞᆺ의 즈녀 ᄌᆞᆯ부른 디 아 조ᄒᆞ이다 니 쌀이

다 일ᄏᆞ르ᄭᅦ 가 지어니 ᄒᆞᄋᆞ나

하ᄂᆞᆯ ᄌᆞ부니 부녀ᄃᆞᆯ이라 쟝ᄒᆞᆫ 가지ᄉᆞᆯ ᄒᆞ기 ᄌᆞᆨ화ᄒᆞ오 ᄒᆞᆫ ᄯᆞᆯ을

ᄃᆞᆯ으면 이의 ᄆᆞᆺ즁 면 부대 ᄒᆞ여 ᄀᆞ셔ᄌᆞ여 친ᄃᆞᄒᆞᆫ 녀ᄌᆞᆯ 민당

ᄌᆞᆼᄃᆞ여 쳐ᄂᆞᆫ 며기ᄅᆞᆫ 실며 아 國ᄒᆞᆫ 후 나업 ᄂᆞ니 우ᄅᆞ고 부녀된

나ᄒᆞᆯ이 경계ᄒᆞᆯ 때시니라

복식 의복과 음식이라

시쳬의 옷ᄉᆞᆫ 웃옷ᄉᆞᆫ 너무 ᄶᆞᆯ고 아래치마ᄂᆞᆫ 너무 길고 너ᄅᆞ니 의복의 옷ᄉᆞᆫ 요끼라

깃삭은 쳑슈라 목면치마도 의복의 옷ᄉᆞᆫ ᄒᆞᆫ가지라

일ᄌᆞ 어른들의 ᄲᆞᆯ슨을 ᄃᆞᆺ주ᄂᆞ니 녯젹의ᄂᆞᆫ 너북이 되되 너그려 뫼그런 고로 시집갈 ᄯᅢ 옷슬 가히 쇼렴의 스끼되ᄂᆞ니 싱ᄉᆞᆫ 노쇼와 쳬의 ᄃᆡ쇼가 갓지 아니ᄒᆞᆫ즉 그 옷시 좁지 아니ᄒᆞᆫ을 가히 알리라 어제ᄂᆞᆫ 그러치 아니ᄒᆞ여 시험ᄒᆞ여셔 옷슬 이복미ᄒᆞ면 ᄯᅦ기 싀이 어려워 ᄒᆞᆫ번 팔을 ᄭᅥᆨ복리며 싥지어ᄒᆞᆯ

가가 더지ᄂᆞᆫ 신ᄒᆞᆫ 변이 잇고져 ᄒᆞᆫ 참되미 괄ᄒᆞ여 [illegible] 도지 못
ᄒᆞ여 갑ᄂᆞᆫ ᄌᆞᆯ 벗기어 려외ᄒᆞᆫ 되ᄅᆞᆯ 가ᄅᆞᆯ 벗ᄉᆞᄂᆞ 엇지 그
회올 슈ᄒᆞ야 려져의 복을 ᄎᆡᆼ식ᄒᆞᆯ 몰은 시체 모양이라 ᄒᆞᄂᆞᆫ지
ᄎᆞᆫ다 ᄎᆡᆼ기 의대호 갓치 야리ᄉᆞ엽기 ᄒᆞᆫ다 나미 ᄂᆡ셰ᄒᆞ닷든 본
친밀ᄒᆞ여 서로 지목ᄒᆞᆯ 그 ᄌᆡ쳡을 편ᄒᆞ야 ᄒᆡᆼᄒᆞ야ᄋᆞᆼ 모쓰고
샌ᄇᆡ다 구ᄒᆞᆯ너 셔로 쳔ᄒᆞ야 ᄃᆞᆨ히 ᄂᆞ 묘회라 시쳔다 예법이
ᄃᆡᆨ제라ᄂᆞ ᄒᆞᆫ다 국통의 ᄒᆞᆫ 온복 단리 기강의 관장ᄒᆞ여 법복
부인ᄂᆞᆯ은 그곱되고 지끼ᄭᆞᆺ 탄ᄒᆞ다
화ᄒᆞᆫ다 더ᄂᆞᆫ [illegible] 의 유물 대라 무릇 이제 부인은 ᄇᆡ초ᄒᆞ마
치못ᄒᆞ야 시속을 ᄯᆞ로ᄒᆞᄂᆞ 가히 희ᄒᆡ셔 슈치ᄒᆞᆯ 징계ᄒᆞᆯ 재ᄂᆞᆫ

아니ᄒᆞ려시니 귀ᄒᆞᆫ 부ᄌᆞ의 집ᄃᆞᆯ이 ᄃᆞᆫ히 비ᄒᆞᆯ 칠팔부의

비ᄅᆞ려 념ᄭᅳ셔 타ᄂᆞᆫ 염ᄒᆞᆯ ᄃᆞᆯ녀 셕웅황파다 보되 잔라 진

듕호심으로 ᄭᅥ며 ᄂᆞ무러보ᄆᆡ 그려의 지탕치 못ᄒᆞᆫ나 가장

비 는히려니 ᄒᆞ지 ᄋᆞᆫ니ᄒᆞᆫ 바 부녀ᄃᆞᆯ히 더옥 치ᄒᆞᆫ 비 녕 크지

못ᄒᆞᆯ ᄭᅢ 져혀 ᄒᆞᄂᆞᆫ 돈 ᄆᆞᆯ의 부ᄌᆞ 잡신 부가 나히 십셰의 다리

가옵ᄂᆞᆫ 무거워 그 ᄉᆡ아 비방의 두려오며 신비흡피 리허노.

아다니가 ᄂᆞᆯ며 못ᄲᅧ 가부려지니 ᄉᆞ치거ᄂᆞᆫ 리ᄉᆞ탄을 ᄒᆞ여

나 ᄒᆞ죄라 ᄉᆞᆯ퍼ᄒᆞ다

장부의 심의와 복젼다 부인의 국졔에셔 개리와 연이ᄒᆞᆯ 못ᄂᆞᆫ 죄ᄉᆞ와

란예 뵌 ᄒᆞᆫ의 이부ᄭᅴ 가ᄒᆞᆫ 나 부녀의 ᄉᆡᄒᆞᆫ 다 되라 ᄭᅡᆯ고로

분ᄒᆞᆫ 몸으로 세텬풍속에라 진실노 족히 ᄲᆞᆯ ᄒᆞᆯ 거시 업스
나 지어 쪽도리와 북계는 이 무ᄉᆞᆫ 쟝ᄉᆡᆨ인고
족계와 념의는 ᄉᆞ부가의 왕ᄂᆞᆫ 비현ᄒᆞ나 비루ᄒᆞᆫ 야ᄒᆞᆫ 풍속
이비ᄉᆞᆫ ᄒᆞᄂᆞᆫ 적ᄭᆡᆯ ᄒᆞ나 ᄒᆡ리는 풍속의 근절되야 예법의 ᄉᆞᆫ줄
아지 못ᄒᆞᆫᄭᅦ라 가는 ᄒᆞᆫ 집녀ᄌᆞ시 집간 지여러 퇴의 큰다니
출쟝만 ᄒᆡ픗ᄒᆞ녀 덴ᄭᅥ리 조히 잇는 저ᄭᆞᆯ ᄒᆞ니 민ᄭᅥ리 호여더
희밋는 것라 초타리 족시 족계로 면저 더ᄡᆞᆯ 맛지 못ᄒᆞ고 또
젼저로 깐 더 허백 ᄒᆞᆫ ᄒᆞᆫ 오랑키녀인의 ᄎᆡ석을 쟁ᄡᆞᆯ ᄒᆞ기와
편저로 척거드ᄂᆞᆫ 예밋 ᄂᆞᆫ 롤 힝ᄒᆞᄭᅦ 도라보건ᄃᆡ 그 즉
실이 업더 ᄒᆞ오 쟝부의 입ᄂᆞᆫ 갓ᄂᆞᆫ 또ᄒᆞᆫ 동이의 풍속이나 가

히일ᄉᆞᄅᆞᆷ의 ᄯᅳᆺ슬 ᄇᆞᆰ으 힝ᄒᆞᆫ 배ᄉᆞᄅᆞᆷ의 이목을 희변ᄒᆞᄂᆞᆫ 것
ᄒᆞᆯ거시나 지어부인은 별ᄲᅡ라 ᄒᆞᄂᆞᆫ 의 그 동ᄌᆞᆨ을 놀배ᄭᅵ
족히 ᄌᆞᆫ심ᄒᆞᆯ ᄯᅢ에 이라 ᄯᅩ 니라 의ᄉᆞ 다리 곰낭을 신호니라
네 손ᄌᆞ가 히 국ᄌᆞᆼ에 법을 범ᄒᆞ지 아니ᄒᆞ여시니 ᄒᆞᆫ번 예법의
도타오매 무어시 가치 이니ᄭᅵ 잇가 ᄒᆞ리오
상ᄉᆞ의 ᄭᅥ리 셩으며 늣게 ᄒᆞᆫ ᄂᆞᆫ 책ᄒᆞ며 ᄲᆞᆯ며 그ᄌᆞ의 ᄭᅥ리셔
으ᄯᅳᆷ 흥도ᄒᆞᆫ 거ᄉᆞᆯ ᄭᅦᄲᆞᆯ 지이라
셜압ᄒᆞᆫ 옷ᄉᆞᆯ ᄲᆞᆯ어 조ᄒᆞᆼᄒᆞᆫ데 버려 ᄲᆞᆯ닌지니 예리와 월 셜압ᄒᆞᆫ
의복과 이부ᄌᆞᆫ 그 ᄉᆞᆨ을 비이지 ᄲᆞᆯ두 ᄒᆞᄂᆞ라
이불라 벼기와 ᄂᆞᆺ과 요강으로 ᄆᆞᆫ ᄡᅥ험ᄒᆞ면 거이 ᄉᆞᄅᆞᆷ으로 보

지아니케 ᄒᆞᆯ 숫건다 빗졉아 俗云 ᄌᆞᄌᆞᆷ ᄒᆞᆫ 뒤 두ᄅᆞ 몸ᄉᆞᆯ라

흑작이 지우괴 등물로 낭며 흉 흉치 ᄇᆞᆯ지니라

남조의 옷시 ᄲᆞᆯ기ᄅᆞᆯ 나문 ᄯᅢ 닛고 ᄉᆞᆯ기의 셩괴 ᄭᅦ터 진 뒤 이ᄅᆞᆫ

풀덩이 뭉킈여 ᄃᆞᆯ니ᄂᆞᆫ 다 되 ᄆᆡ의 불섞 덩나ᄂᆞᆫ 주리ᄂᆞᆫ 어륵

롱젹넝ᄋᆞᆫ 흡기 법ᄅᆞ 러ᄋᆞ면 부ᄋᆞᆫ의 칙방이 다 이거ᄉᆡ 소치

ᄒᆞᆫ ᄌᆡᆼ ᄒᆞᆫ 이 아니라 그 흉보ᄃᆞ리 ᄒᆞᆫ ᄌᆡᆼ ᄒᆞᆫ 소단

비단ᄅᆞᆯ 다듬무 디 ᄃᆞᆯ의 얄 갓치ᄒᆞᆯ ᄡᅢ 다래 기ᄅᆞᆯ 미암이 날리

갓치 ᄒᆞᆯ 지니 소치ᄅᆞᆯ 위ᄒᆞᆫ 때 이오라 이에 고로 부리라

실ᄋᆞᆯ 로우 ᄯᅢ 소용ᄒᆞᆯ 대 며 옷ᄉᆞᆯ 다 디 ᄯᅢ 비단ᄋᆞᆯ 다 ᄐᆞᆷ 기ᄋᆞᆯ 비롯

흉다 뫼신이 이ᄉᆞ나 옷 ᄌᆞᆯ 스스로 익히라

젹은병에 이셔도 가히 내리빗ᄂᆞᆫ 낫시기를 폐치 말고 비록 가

난ᄒᆞᆫ나 옷손 발다서 ᄲᆞᆯ아 닙으며 부인은 간졍ᄒᆞᆷ을 졍결ᄒᆞᆫ

니블ᄀᆞᆷ을 보야 ᄒᆞ야 ᄒᆞ야 남편의게 깃비게 ᄒᆞᄂᆞᆫ 일노ᄡᅥ 미다

니라 ᄯᅡᆫ 장을 말니기ᄂᆞᆫ 의복을 곱게 ᄒᆞᄂᆞ니 ᄀᆞᆺᄂᆞᆫ 소리ᄒᆞᆫ 부인ᄂᆡ여

오ᄂᆡ니 현손을 어질헙게 ᄒᆞ고 ᄲᅢᆷ을 셰우게 ᄒᆞ오ᄂᆞᆫ 경우ᄂᆞᆫ

녀편되라 경강 현부인 죽나니 이 가로되 부인이 쟝ᄉᆡᆼ이여 ᄒᆞᆯ진

주고올 븨에 지쏫ᄒᆞᄂᆞ니라

옷ᄉᆞ 등다 헤ᄶᅡ 셩을 셩긔게 노화 ᄂᆞᆯ히긴 흰 무지 못ᄒᆞᆫ 물명ᄒᆞᆫ.

ᄯᅢ가 조터 챵피ᄒᆞ다 ᄒᆞ리라

곤일 복면에 담셕 치ᄁᆞ을 옮기를 조화ᄒᆞ야 져의 라복의 니블바

와 심히 답답지 아니ᄒᆞᆫ ᄇᆡᆨ 셩 몸 죄 슈ᄅᆞᆯ 져 근 뢰 체 ᄀᆡ ᄒᆞᆯ 덥ᄒᆞ오
큰 뇌 가 ᄅᆞᆯ 덥ᄒᆞ여 무 죽이고 또 함 칠 함이 ᄯᅡ 리 ᄅᆞ여 잇ᄂᆞ니
부 뎐이 구 괴ᄒᆞᆯ ᄉᆞ 셜울 조 하 법은 ᄯᅢ 바 뤼 ᄒᆞᆫ ᄯᅢᆼ 셔 곰 지 니
ᄂᆡ 거ᄉᆞᆯ 입ᄒᆞ니 이 어 치 ᄆᆡ ᄂᆞᆫ 고
라 복의 보 한 쟁 식을 담ᄒᆞᆫ 흰 거ᄉᆞᆯ 빙 ᄎᆞ ᄒᆞ여 선 명ᄒᆞᆫ 곱 ᄭᅢ
ᄒᆞᄂᆞ니 어 전 ᄭᅢ 당 면 어 의 뢰 리 오
셜 시 졉 료 네 ᄭᅦᄅᆞᆯ 너무 ᄉᆞ 치 ᄒᆞ면 신 지 어 편 가 ᄒᆞᆯ 쇼 엽ᄋᆞᆯ 가 ᄒᆞ
되 니 이 ᄂᆞᆫ 그 셜을 ᄊᆞ 져 ᄉᆞ 랑 ᄒᆞ여 그 ᄉᆞ 치 ᄒᆞᆯ 개 음을 길 너 가
졍을 협 제 ᄒᆞ야 쳔 ᄃᆞ이 ᄉᆞᄀᆞ로 쟁 ᄲᅡᆫ ᄒᆞ야 ᄌᆞ 생 산 업 ᄉᆞᆯ 다 ᄉᆞᆯ 아
졔 ᄉᆞᄅᆞᆯ ᄡᅮᆯ 지 못ᄒᆞ며 ᄒᆞᆫ 입ᄋᆞᆯ ᄃᆞᆫ 며 세 가 계 ᄃᆞᆫ ᄇᆡᆨ ᄒᆞᄭᅦ 잇 나

니라
즘다ᄉ샹라 쇽와 기봉나올 어린 남며 즁만 칭ᄒᆞ여 ᄉ오미ᄂᆞᆫ 거서
그복을 맛져ᄉ재 못ᄒᆞ올샨 아대라 ᄀᆞ장ᄒᆞᆫ 불망ᄒᆞᆫᄉ랑ᄂᆞ 도적
질ᄒᆞ며 오직 ᄒᆞᆯ ᄆᆡᆼᄉᆞ를 ᄯᅢ나니라
게ᄒᆞᆷ이라 분을 목조 숑져 바ᄅᆞ면 취신을 칭ᄒᆞ며 안 친와 무러서
다ᄅᆞ디 ᄂᆞᆫ 므로 ᄀᆞ리여 부디의 시세 ᄃᆡ쟝ᄒᆞᆫ을 허락지 아니
시니라
녯ᄎᆡᆨ의ᄂᆞᆫ ᄒᆞᆫ ᄯᅳᆫ 거서 바 놀라 부ᄉ신 ᄣᅢ일 웁울 가ᄒᆞᆫ 형거ᄂᆞᆫ
박의 ᄲᅧ 위의에 ᄡᆞᆺᄂᆞᆫ 반ᄒᆞᄂᆞᆫ 쎄 더러온 연자ᄂᆞᆫ 더울 모ᄋᆞ 채
거늘 이제 통속의 ᄒᆞᄂᆞᆫ 바 빌화산ᄒᆞᆫ 비 취샤 천주 ᄌᆞ손 보리

곰나븨셰간부귀판이뉴쇼미듭의치식ᄒᆞᆫ대ᄃᆞ에드리워
슈ᄒᆞᆫ다도실상쓸ᄃᆡ업ᄂᆞᆫ한갓젼지ᄡᅡᆫ허비ᄒᆞᆯ지며졍
슉리쳰금동ᄀᆞᄂᆞᆫ오물의갓갑ᄒᆞᆫ즈조업ᄂᆞᆫ은도ᄭᅢᄂᆞᆫ녀편
네거ᄅᆡ명의현상이업ᄂᆞ니라오직젼ᄃᆡ여챨거ᄉᆞᆫ힝을함ᄒᆞᆫ거
지나온뇌와ᄉᆞ향이비록ᄲᅡ른ᄒᆡᆼ은업ᄂᆞ노오히려넘시를
현홍을ᄒᆞᆫ듯지잇ᄂᆞ니라
음식의졍ᄒᆞᆫ오직부인이ᄉᆞᆺ희ᄂᆞ니ᄌᆞ로ᄌᆞᆯ풍양ᄒᆞᆫ때ᄎᆡᄉᆞ의
엽이아ᄌᆞᆷᄒᆞ며빈ᄀᆡᆨ을되졉ᄒᆞ기에것시아니면ᄲᅧ공경을어ᄅᆞᆸ
ᄯᅢ질기ᄂᆞᆫ낙지아니ᄒᆞᆫᄃᆞᆫᄭᆡ얼ᄒᆞᆨ졀을ᄃᆡ기ᄭᆞᆯ지아니ᄒᆞᆫ
ᄂᆞᆫ시ᄅᆞᆯ삼기말지니라ᄒᆞᆯᄒᆞᆫ덥기로ᄒᆞ지마ᄅᆞᄆᆞᆫ모ᄂᆞᆫ

지듸 글이 셕져 젼듸여 ᄢᅥ지 못ᄒᆞ야 되면 그 엇지 신명을 음
행ᄒᆞ며 ᄉᆞᄅᆞᆷ을 봉양ᄒᆞ니 오곡 생ᄒᆞ고 소채ᄒᆞ야 진ᄀᆞ 쳔찬
가ᄅᆞ물이 ᄅᆞ게 ᄒᆞ나라 비ᄅᆞᆷ박국라 공나물이라고 ᄌᆞᆸ츌ᄂᆞᆫ
ᄂᆞᆫ 녀셩 ᄒᆞᆯ지니라
우흣 ᄉᆞᆫ두ᄅᆞ 듬ᄉᆡᆨ다 되며 디롸가 려운리 극지 말며 어리ᄒᆞ되
쳔막이 지 말며 언어 우숨을 삼가며 ᄉᆞᆫ홉을 ᄲᅢᆨ 가ᄭᅦ 반리시
술쳔을 덥펴 그ᄅᆞᆺ마다 덥ㄹ계ᄅᆞ 츌ᄒᆞ되 핍박ᄒᆞ야 길흔
울불지 말지니라
무릇 듬ᄉᆡᆼ을 ᄂᆞᆯ다 되 가락지를 버츌지니 그 국되라 은의 동녹마
셰가 셩ᄒᆞᆫ 기의 못ᄒᆞᆫ 물을 ᄂᆞᆫ가 실려 ᄒᆞᆫ노라

홋셩션한 근 기울 주으미 쳐가락을 뒤지 버롯지어 솜옷을

노ᄲᆞᆯ나 솜의 비ᄅᆞᆺ 무드나 가히 ᄲᆞᆯ지 아닐 거시오 다ᄉᆞᆺ 까지

ᄯᆞᆯ다 ᄯᅥ 반ᄃᆞ시 솟가락을 ᄒᆞ면 ᄯᅳᆨ 보ᄂᆞᆫ 가히 즈죠ᄒᆞᆫ 숫

가락을 쥐허입ᄒᆡ 마시ᄂᆞᆫ 손희 ᄲᅥᆺ게 ᄲᅡᆯ은 ᄯᅩ 손ᄀᆞ락을 ᄡᅥ

셕어 ᄯᅳᆨ 보ᄂᆞᆫ 인ᄒᆞ여 손을 무ᄂᆞᆫ 질너 치마와 쳥ᄇᆡᆨ의 ᄐᆞᆯ이 지ᄲᅡᆯ

지니라

ᄂᆞᆫ 기 겹ᄂᆞᆫ 쳘니ᄂᆞᆫ 반ᄃᆞ시 깁 ᄑᆡ향ᄒᆞᆯ을 지나 몬지 ᄯᅴ가 기류의

물은 쳑ᄯᅳᆯ ᄉᆡᆼ이ᄅᆞ 빗닐ᄒᆞᆨ 바뎌ᄒᆞᆯ 갈ᄒᆞᆨ치 아니ᄒᆞᆫ 변리

와 괴ᄋᆞᆼ이 반ᄃᆞ시 할ᄒᆞᆯ지니 쳥결치 못ᄒᆞ미 이에 심ᄒᆞ미 업

솜이 ᄌᆡᆼ ᄒᆞᆫ 넘지 ᄯᅢ 노ᄋᆞᆫ 기ᄅᆞᆫ 신병을 ᄒᆞᆫ 행ᄒᆞ리오

ᄃᆞᆰ을 혹 털을 다 튀ᄒᆞ지 못ᄒᆞ며 ᄉᆡᆼ션을 혹 비ᄂᆞᆯ을 다 ᄀᆞᆰ지 못ᄒᆞᆫ

ᄯᅢ 밥의 쳘미 ᄲᅥ러지믄 슐의 ᄯᅩ 지ᄲᅡ져 ᄀᆞ 졍결치 못ᄒᆞᆫ 물렵

지 못ᄒᆞᆯ지라 도마와 졔긔ᄅᆞᆯ 시ᄅᆞᆷ 좃다 셔옹을 부싀며 눈이 ᄇᆞᆰ

ᄂᆞᆫ 손이 민쳡ᄒᆞ며 ᄎᆞ시ᄒᆞᆫ 부지런ᄒᆞ며 ᄀᆡᆨ이ᄂᆞᆫ 공경ᄒᆞ며

ᄉᆞ가ᄂᆞᆫ 공경ᄒᆞᆯ지라 이런 고로 명ᄌᆞ의 어마니 ᄯᆞᆯ ᄉᆞᆷ의 왈 부

인의 예ᄂᆞᆫ 다ᄉᆞᆺ 가지 밥을 졍ᄒᆞ게 ᄒᆞ며 슐과 장을 덥ᄒᆞ며 구

로ᄒᆞᆯ 봉양ᄒᆞ며 의ᄉᆡᆼ을 ᄭᅦ여 미말ᄯᆞ름이라 ᄒᆞ니라

효 고기젓와 젓ᄉᆞᆯ은 손으로 ᄯᅵ져 ᄲᅥᆨ지 아닐 거시라

슈고 ᄒᆡᄅᆞᆯ 가히 살ᄯᅵ게 아니ᄒᆞᆫ ᄭᅦ히ᄒᆞᆫ 덕을 가히 연ᄒᆞᆫ ᄭᅵ 아니ᄒᆞᆫ

ᄯᅢ 포ᄡᆞᆯ을 너너모시 ᄭᅵᄡᆞᆯ ᄯᅢ ᄲᅥᆼ으 ᄯᅵ너 모ᄉᆞ히 ᄡᆞᆯ ᄎᆡᄂᆞ니라

즁승은 더 이미 ᄯᅳ 겁ᄢᅢ 설이지 마라 즁쳥들을 리ᄅᆞᆫ ᄒᆞ고 ᄒᆞ며 ᄉᆞᆷ

즁들을 결느면 물을ᄃᆞᆫ 디 연지 말니 귀신을 즁행 ᄒᆞᆯ 옷을 더

럽ᄒᆞ게 그ᄭᅥᆺ 당ᄒᆞ게 아니니라

바로 즁들을 시혀 바려 ᄉᆞᆯ와 리 쳔의 노ᄅᆞᆷᄒᆞᆫ 덕을 이게 ᄭᅮᆺ지니라

밥ᄂᆞᆫ 물에 ᄲᆞᆯ아 나문나 ᄃᆞᆯ이 잇거든 모름직이 즁ᄭᅡ닭으로 줄

키 즁들과 ᄒᆞᆫ 바려 세연지 ᄲᆞᆯ ᄯᅢ 고로 ᄉᆞᆯ 들은 우려 ᄀᆞ마시여

몸을 굴녀 그 다 ᄭᆞ시 기를 바라지 ᄲᆞᆯ나 그 밥만 일가 ᄒᆞ노라

생켜 조 밥을 삼입의 ᄂᆞᆷ히 옹납 지 못ᄒᆞ면 그 ᄭᅵ 부터의 거동 법의

아닌 거시 경계 ᄒᆞᆫ 경계 ᄒᆞ라

즁들을 머금으며 가히 ᄂᆞᆺ납을 ᄭᅢᆯ며 숨으로 져 강을 굴거 ᄲᅥᆨ지 ᄲᅳᆯ

ᄲᅧ과ᄭᆞᄂᆞᆯ을먹으되ᄯᅡ히ᄲᅧ지ᄯᅡᆯᄣᅢᄂᆞᆫ초ᄅᆞᆯ바다시가ᄂᆞᆫᄭᅥ
ᄡᅧᄒᆞᆯᄂᆞᆫ회ᄒᆞᆯᄡᅧᄒᆞᆯ미반다시실갓치ᄒᆞᆯ지니라
부녀ᄂᆞᆫ과ᄭᆞᄂᆞᆯ넙셔나ᄂᆞᆫ풀ᄆᆡᆨ기ᄅᆞᆯ실녀ᄒᆞ문그ᄉᆡᆸ은ᄒᆡᆼ리
치못ᄒᆞᆫ물져허ᄒᆞᆫ이니그러ᄒᆞᆫ나ᄒᆞᆨ답비로ᄉᆞᆫ화ᄒᆞᆫ니담비
ᄂᆞᆫ덥ᄉᆡ나ᄂᆞᆫ물아이미야그ᄉᆡᆸᄉᆡᆸ은ᄒᆡᆼ리치못ᄒᆞᆫ께과와마ᄂᆞᆯ
의셔지난지ᄂᆞᆫ허말며독ᄒᆞᆯ회로되ᄉᆞ남의저에취몬ᄒᆞᆯ
거시니라
ᄎᆞᆷ외의겁질ᄒᆞᆯ먹지말며수박의ᄡᅵᄅᆞᆯᄡᅡ지말라
석을질져ᄉᆞ먹ᄂᆞᆫ이ᄂᆞᆫ집ᄒᆞᆯᄀᆡᆼᄒᆞᆯ징회라전당이제리예ᄭᆞ지니ᄅᆞᆫ
니계집다희이에ᄲᅮᆯ밧ᄂᆞᆫ니라

셰쇽의 쳘을셔 집보다 더 만라시 ᄎᆞ반을 ᄎᆞ셰쇽 허믈비ᄒᆞᄂᆞᆫ

ᄉᆞ치ᄒᆞ매 시집의 며이ᄂᆞᆫ 이름ᄒᆞ여 쟁반 [illegible]와 ᄒᆞ매 동쵹다

빈ᄆᆡᆨ의ᄭᅦ 조당ᄒᆞ매 빗내ᄂᆞᆫ 식가의 거미ᄂᆞᆫ뫼 ᄇᆞᆯ라시ᄂᆞᆫ 그릇시

혜ᄋᆞᆯ 알고 큰 변의 쇼ᄅᆞᆯ ᄎᆞ 외탁ᄒᆞ아 희배ᄅᆞᆯ ᄃᆞ 디름ᄒᆞ되가

곤이라ᄒᆞ매 이ᄂᆞᆯ ᄒᆞᆫ 비쳐ᄒᆞ면 ᄲᅢ슈치ᄅᆞᆯ 삼아 믈읏 이 ᄂᆞ일

은부험ᄒᆞᆫ 몸ᄭᅵ ᄒᆞᆫ 버릇시라 셔ᄅᆞ의 셔 ᄆᆞᆺ당이 뭅시금ᄒᆞᆯ ᄭᆡ야

그 엇지 ᄒᆞᆫ마 셔쵹ᄒᆞ대 지 기라

ᄉᆞ다히 ᄒᆞᆫ 반ᄋᆞᆯ 며이 거ᄒᆞᆫ 모름적이 노ᄉᆞᄅᆞᆯ 마련ᄒᆞ매 분별ᄒᆞᆫ

가ᄅᆞᆯ 고르게 ᄒᆞᆯ 가히 몰 져어 더 가ᄂᆞᆫ 제 ᄉᆞᆫ의 무치며 이블을

츄루ᄂᆞᆫ 어지러이 머근 잡되게 ᄭᅳᆺ보지 아닐지니라

가쟝이 술에 잇셔 해야 곰ᄌᆞ식을 잔ᄯᆞ ᄒᆞ라 거든 밧ᄂᆞᆫ 엽ᄂᆞ리
로 좃의 ᄭᅵ치 취ᄒᆞ야 더디ᄅᆞᆫ 긋을 지ᄯᆞᆯ ᄯᅢ 가히 소리를 ᄂᆡᆺ케
나 가져 ᄯᅩ나 케ᄒᆞ게 ᄒᆞ나 술의 ᄯᅳᆺ시 이블 ᄯᅡ을 가져허ᄒᆞ 노리
ᄒᆞᆨ사진 ᄃᆞ 뒨방ᄒᆞᄂᆞᆫ 소리 밧의 귀의를 너가 미ᄋᆞ면 이가
쟝을 하며 곰 빈 긔롤 다 지며 ᄒᆞ지 아이 케ᄒᆞ시니라
ᄯᅢ당 너 ᄲᅧᆨ물 ᄂᆞᆫ 미ᄒᆞᆨ ᄒᆞ여 ᄉᆡᆼᄂᆞᆫ 너 가려도 가히 저궁ᄯᅧ 거리을
슈참ᄒᆞ야 ᄲᅢ 먹니지 아닐 거시라
효셕ᄃᆡ의 ᄯᅡᆺ당이 ᄲᅧᆼ울ᄂᆞᆫ 밋ᄂᆞᆫ 가쟝이 ᄒᆞᆨ 갓초와 ᄇᆡᆨ미라 거ᄉᆞᆯ
ᄒᆞ야 시기제 못ᄒᆞ며 ᄯᅩ 부인이 모름적이 조칠로 하나 곰탕은
ᄒᆞ며 ᄯᅡᆺ당이 먹일 것ᄉᆞᆯ 아라 셔ᄀᆡ리 ᄒᆞᆫ 비ᄅᆞᆯ 재니라

가장이 만일 ᄒᆞᆫ 술을 질기거든 그 쳡이 지어미 된 쟈는 ᄆᆡᆼ당이 그 ᄀᆞᆫ

시ᄂᆞᆫ 샹ᄒᆡᆼ 다 ᄌᆞᆫ슈를 치ᄒᆞᆷᄒᆞᄂᆞᆫ 이라 ᄒᆞ여 ᄒᆞᆫ ᄃᆡᄋᆞᆷ 하 ᄒᆞ이 ᄭᆞ질

ᄆᆞᆫ ᄒᆞᆫ ᄭᅢ 곳치ᄂᆞᆫ ᄃᆡ가 ᄒᆞᄂᆞᆫ 뎌 ᄀᆡᆨ야 해셔곰 위의ᄒᆞᆯ 디구리

몸을 ᄒᆞᆫ ᄉᆡᆼ ᄭᅦ ᄆᆞᆯ지니 그 혹 취ᄒᆞ기를 ᄃᆞ 방ᄒᆞ여 마시ᄆᆞᆯ 션ᄒᆞᆫ

여 잔 드리라 불너도 무ᄅᆞᆷ 쓰미 원망ᄒᆞ여 ᄌᆞᆼ얼너 되지 ᄆᆞᆯ고

ᄆᆡᆺ당이 ᄌᆞ질ᄒᆞ 동 ᄋᆞᄌᆞ 하여곰 ᄌᆞᄌᆞᆫ ᄆᆞᆯ노 ᄭᅢ 더 ᄯᅢ 며 ᄌᆞ식ᄒᆞᆫ

ᄒᆞᆫ ᄌᆞᆫ 죠ᄃᆡ와 비게 ᄒᆞ야 그 ᄃᆡ 취ᄒᆞ ᄭᅦ ᄆᆡᆺ겨 ᄃᆞ지 ᄆᆞᆯ지니 ᄯᅩ

ᄒᆞᆨ ᄇᆞᆺᄌᆞᄅᆞᆯ 부터 취ᄒᆞᆫ ᄒᆞᆫ 도라오러든 씨ᄌᆞ ᄌᆞᄒᆞ며 ᄅᆞᆷ 요ᄅᆞᆯ 물

비ㄹ 이 불ᄒᆞᆯ 뎌ㄹ 감히 ᄒᆞᆯ네ㄹ 움쳐 그 감ᄒᆞ여 노흘믈도

ᄌᆞ 지 ᄆᆞᆯ ᄭᅢ ᄒᆞᆫ 등ᄒᆞᆯ 발ᄭᅡ 로ᄒᆞᆯ지나 믈ᄒᆞᆯ 셜ᄯᅡ ᄒᆞᆫ 등을 데

며 그물 딸 너 께 새 물 가 리 되라

부인이 되ᄂᆞᆫ 바ᄂᆞᆫ 질ᄃᆡ 샹 기ᄅᆞᆯ 아디 못ᄒᆞ면 이 ᄂᆞᆫ 잡부ᄒᆞ시ᄃᆡ (와 음식 ᄒᆞᄂᆞᆫ 법)

와 음식 ᄒᆞᆯ 바지 못ᄒᆞ리라 ᄉᆞᄒᆞ야 ᄂᆞᄆᆡ 예그의 실ᄒᆞᆯ 샹ᄒᆞ며 되

고ᄅᆞᆯ 치며 바ᄂᆞ질ᄒᆞ며 길삼 ᄒᆞ며 민ᄒᆞ다 ᄒᆞᆯ가 ᄅᆞᆯ 쥐ᄯᅥᆨ 예 ᄭᅢᆨ

이 음식 맛 ᄯᆡ 예 길ᄒᆞᆫ 바 ᄅᆞᆯ 다 ᄒᆞᆫ 시졀의 ᄎᆞᆯ라 밥을 너의

놋ᄒᆞᆫ다 일너ᄂᆞᆫ 니라

하 졔물 ᄎᆞᆨ은 졔ᄉᆞ 부ᄂᆞᆫ 이 비ᄒᆞ기ᄅᆞᆯ 아지 못ᄒᆞ손 부녀가 밥

짓기ᄅᆞᆯ 알지 못ᄒᆞ니 마 [illegible] 비ᄉᆡᆼ 밥 짓기

ᄎᆞᆨ치ᄅᆞᆯ [illegible] 이 아 [illegible] 기ᄒᆞ

경결ᄒᆞᆫ 끈 첩으로 ᄒᆞ면 은 비 ᄌᆞᆨ 져근 ᄉᆡᆼ션 ᄒᆞ나 ᄆᆞᄅᆞᆫ 나물이라도

[illegible] 다 [illegible] 께 ᄒᆞ시ᄂᆞᆫ 비 [illegible]

[illegible] 시 것 갈 반

드시 [illegible] 부 [illegible] 어 육

의 살 [illegible] 되와 [illegible]의

ᄒᆡᆼ 리 [illegible] 다 [illegible] 찬 [illegible]

[illegible] 곳 [illegible]

아 [illegible] 바 ᄂᆞᆯ ᄉᆞ 그 [illegible] 블

가 [illegible]

○ 동 [illegible]

무릇 [illegible] 께셔 시 [illegible] 외

이 줄 읽ᄂᆞᆫ 후의 나면 그 집의 가히 졔ᄂᆞᆫ 졍ᄒᆞᆫ 츙효ᄅᆞᆯ 가히

알 [illegible] 므 이 아 이 ᄎᆡᆨ 보ᄂᆞᆫ [illegible] 다 기 쟝 리 바 죽

듀 [illegible] 할 뢰 라

빗다 [illegible] 비 [illegible] 죽 ᄂᆞᆫ 산 신 으 뢰

츄 [illegible] 묻 니 드 물 져

본 [illegible]

향 [illegible] 를 도 리 기 떼

바 ᄅᆞᆷ 이 [illegible] 여 전 부 인 에 ᄃᆞᆫ

쳥 [illegible]

거름을 횡 ᄒᆞ며 차마 ᄂᆞ를 [illegible] ᄲᅳᆯ어 [illegible] 을 섯ᄂᆞᆫ ᄎᆡᆼ의 츅기 지ᄂᆞᆯ

ᄯᅢ ᄉᆞ랑을 ᄃᆡᄒᆞ여 이 ᄉᆡᆨ재 이니 ᄒᆞᆯ지니라

책을 닐을 보ᄂᆞᆫ ᄉᆞᆫ바닥을 두다리며 발을 구으러 급피 소리ᄒᆞᆫ
ᄃᆡ졋히 ᄉᆞ랑을 놀니ᄂᆞᆫ 이 혹ᄒᆞ게 ᄒᆞ믄 이가 쟝ᄎᆞᄎᆞ ᄒᆞᆫ 망
녕되야 혹히 ᄎᆡ치 못ᄒᆞᆯ지라 부인의ᄂᆞᆫ 티발에 말ᄒᆞᆯ 낫빗
출ᄒᆞᆸ거이 이니 ᄒᆞᆯ 디ᄂᆞᆫ 우지ᄌᆞ 우리 셔배ᄂᆞᆫ 이허라
발ᄒᆞ지 아니ᄒᆞ야 모쳐 음ᄉᆞ여 혹ᄒᆞᆸ을 혹 헌거이 ᄒᆞ믄 뼈 그 흉
심이 석ᄉᆞ 지 못ᄒᆞ야 그러ᄒᆞᆯ ᄭᅦ이므로 망녕되이 발다 우흥
을 아니ᄒᆞᆯ ᄭᅦ이 이 ᄯᅩ 부인의 ᄒᆡᆼ실이오 회희ᄒᆞᆫ 목ᄉᆞᆷ을 군
고이 ᄒᆞᆷ은 이에 웃당ᄒᆞ미 갓기 ᄯᅩ니 ᄎᆞᆨ여의 ᄭᅡ인래가 로리.
부인이 희희 ᄒᆞᆫ번ᄭᅡ지 너ᄂᆞᆫ 웃ᄂᆞᆫ부다 ᄒᆞ여 졍져가라ᄉᆞ 대희희.

ᄒᆞ믄 옥ᄉᆞᆯ 막ᄒᆞ미 졀ᄎᆞ 덥ᄉᆞ미라 법ᄒᆞᄂᆞᆫ 쳬ᄅᆞ 인ᄒᆞ니라 쳔디
가 바ᄅᆞ미 은혜와 의리에 인ᄒᆞᆯ 배 다ᄭᆡᆺ 희ᄀᆞ ᄒᆞᆯᄯᆡ 법 되엽
ᄉᆞ변이 에법 도의 ᄲᆞᆯ 데 ᄒᆞ야 폐ᄒᆞᄂᆞᆫ 바 로 인ᄒᆞᆫ 쳔리의 ᄲᆞᆯ
미 압ᄒᆡ 어지ᄅᆞᆸ 노 민니 엇지 능히 그 집을 뎐 젼ᄒᆞ리오 ᄭᆞ춤
내 집을 ᄆᆡ ᄒᆞᆫ 뎨 어ᄅᆞᆸ니 가히 ᄀᆞᆺ 그 렵ᄒᆞᆫ 쉬 운 ᄇᆞ리라
부인은 ᄆᆞᆯ기ᄅᆞᆯ 잘 ᄒᆞᄂᆞ니 ᄲᆡ 그 ᄭᆞ당이 ᄋᆞᆯ지 아니ᄒᆞᆯ 셰 ᄒᆞᄂᆞᆫ 니 ᄯᆞᆫ
ᄒᆞ나 ᄅᆞ로 혜읍을 조ᄎᆞ ᄒᆞ미 못ᄒᆞᄂᆞᆫ 덕이 라 니라 악 ᄒᆞ야 ᄌᆞ의 ᄯᆞ
가 회 그 식 되미 ᄒᆞᆫ 니 옷ᄉᆞ 다 ᄒᆞ여 ᄂᆞᆯ 집 아 반찬을 ᄒᆞ니 ᄉᆞᆯ 며 ᄂᆞ리 ᄆᆡᆨ
지아니 홈을 ᄂᆞᆯ ᄯᆡ ᄇᆞᆯ 집이 가 ᄂᆞᆫ ᄒᆞᆫ 아 능히 ᄉᆞᄂᆞ ᄌᆞ ᄒᆞ야 ᄡᅳ지 ᄆᆞᆺ
ᄒᆞ야 회 ᄃᆡ 음 ᄒᆞ ᄇᆞᆯ 가 ᄒᆞᆫ 뒤의 아닌 ᄆᆞᆯ 건 이 ᄆᆞᆺ ᄇᆞᆯ 거 ᄉᆞᆯ 한 ᄃᆞᆫ ᄒᆞᆫ

노라 그시 뫼되ᄃᆞ매 곳치니 이는 ᄯᅢᆺ당이 올티 못ᄒᆞᄂᆞ니라

으로 ᄉᆞ탕이 가ᄒᆞᆫ 뒤 쳡실지라 셰욕의 부인이 ᄉᆞᆯ곡ᄒᆞᆫ을 나오ᄂᆞᆫ 것과 붓그럽ᄂᆞᆫ 뉘오ᄂᆞᆫ 버오ᄂᆞᆫ 거ᄉᆞᆫ 빠르게 오ᄂᆞᆫ 거시 요가 모ᄒᆞᆷ을 참지 못ᄒᆞᆫ ᄃᆡ 울ᄭᅢ 뼝을 견ᄃᆡ지 못ᄒᆞ야 울기ᄂᆞᆫ 이로 회ᄃᆡ가 히 ᄲᆞᆯᄒᆞ러 ᄃᆡ이와 지어 분ᄒᆞ야 울ᄯᅢ 아니 되와 울면 가히 ᄲᆞᆯᄒᆞ지 아니ᄒᆞᆯ 지니라

잠ᄌᆞ기를 탐ᄒᆞ야 밥죽이 이미 ᄃᆡ 나거 ᄃᆡ여 ᄒᆞᄯᅢ 가짠이 부인의 악덕이 됨 유문의 법이 무너지ᄂᆞᆫ 집안 일이 괴ᄒᆞ니 져으로 부인의 죄니라

신혼ᄒᆞᆫ 며ᄂᆞ리 집의 ᄃᆞ세 친안ᄒᆞᆫ 항상 세가를 시러ᄒᆞ야 ᄌᆞ조

친졍의 도라 가믈 쳥ᄒᆞ노니 그 버ᄅᆞᆯ 가히 쟈타 개야 나ᄒᆞᆯ
치라 하ᄉᆞᆯ ᄯᅢ 부귀의 ᄉᆡᆼ쟝ᄒᆞ야 중ᄒᆞᆫ ᄌᆞᆫ 거ᄉᆞᆯ 견치 재 못ᄒᆞᆫ
께야 교만ᄒᆞᆫ 겨으ᄅᆞᆫ 거ᄉᆞᆯ 길너 ᄂᆡ 여으시 지실노 에에 ᄆᆡᆯ
미앙노니 당나라 니셩의 희뎡ᄒᆞᆫ의 최씨 ᄌᆞ간쇤이 도라왓
더ᄅᆞᆯ 시지 재ᄒᆞᆯ 네시여 ᄭᅥ니 당의 계셔 니여 노리 노방당이
즁셕을 대ᄒᆞ여 ᄯᅩ 빈궁ᄒᆞᆫ 치 쳡ᄒᆞ니 ᄒᆞᆫ 믈이 화나 다ᄉᆞ저
못ᄒᆞ게 ᄒᆞ니라

공묵ᄒᆞᆫ 도리로 ᄆᆞᄋᆞᄆᆞᆯ 못ᄒᆞ야 셩품이 츄잡ᄒᆞ을 하녀 져ᄯᅩ
지경ᄒᆞ기를 탐ᄒᆞ야 낫ᄉᆞᆯ ᄃᆞ되니 ᄆᆞᄋᆞᆷ을 날여 노니ᄒᆞ고
노폐가 ᄯᅩᄒᆞᆫ 이라

시쇄의 ᄒᆞᆨ부녀가 단왕모뫄부쳐의 졀의를 들어가 방을 ᄌᆞ(쟈)지뇌
ᄃᆞ려도 ᄒᆞᆫ번가티 가배뵈 무녀치 물알니라

인가의 부녀 ᄒᆞᆨ관슈를 ᄃᆡᄒᆞᆫ대 길흉을 쳥키ᄅᆞᆯ 슈ᄃᆞ로 ᄲᅧ ᄒᆞ되
뎌ᄂᆞᆫ 낙ᄉᆞᆯ을 보지 못ᄒᆞᆫ다 ᄒᆞ야 모름직이 제가 ᄂᆞᆫ히 나의 소리
를 ᄒᆞᄂᆞ니 ᄌᆞ졸ᄒᆞᆷ을 아지 못ᄒᆞ고 ᄒᆞᄂᆞ니 쳔ᄒᆞᆫ 그릇ᄒᆞᆷ을 ᄂᆞᆷ이 보니 슈ᄒᆞᆫ
가히 욕되게(미심ᄒᆞᆯ) 아니ᄒᆞ료ᄒᆞ라

녀뢰ᄒᆞᆨ당의 집에 ᄀᆞᆯ밀쳥기가 쳡이 된ᄌᆞ 뫼ᄒᆞ려ᄂᆞᆫ 부인다 녀ᄌᆞ
ᄂᆞᆫ 가히 뎌부러 친근ᄒᆞᆫ 바 갓ᄂᆞᆫ ᄌᆞ리의 안ᄌᆞ ᄯᅢ 한가지 그릇
쉐ᄀᆡᆨ지 아니ᄒᆞᆯ지니라

남ᄌᆞ를 엿보아 술지은ᄃᆡ 인 거ᄉᆞᆯ 다 뎐ᄇᆡᄒᆞᆫ ᄌᆞᆨᄒᆞᆷ을 평논ᄒᆞ지

말지니 엿지 남ᄌᆞ의 녀식을 말ᄒᆞᄂᆞᆫ 거시라 다르ᄂᆞᆫ

가히 이웃집을 엿보지 말며 가히 벽의 귀를 부치지 말며 변리의 말

ᄒᆞᄂᆞᆫ 소ᄅᆡ를 엿듯지 말지니 만일 음난ᄒᆞᆫ 셜합ᄒᆞᄂᆞᆫ 말

을 드르면 그 ᄯᆡ 광이 엇더ᄒᆞ다

목욕 ᄇᆡ롯시 ᄇᆞ르지 못ᄒᆞ야 ᄯᆡ를 ᄒᆞ여 집 부인은 ᄉᆞ회를 만ᄃᆞ ᄉᆞ

회삼일 후 출ᄯᆡ가(의) 소ᄌᆞᆼ의 부녀들이 ᄇᆞ라셔 가만이 훌어 그 소

ᄒᆞᆫ 말을 엿드ᄅᆞ니 엇지 그리 데려오야 가졍된 ᄌᆞ 그 버ᄅᆞᆺ슬

몹시 픔ᄒᆞᆫ ᄢᅵ가 ᄒᆞᄂᆞ니라

숙숙이 병이 잇거든 가히 몸을 엄ᄒᆞᄃᆡ 문득ᄒᆞ지 말고 곳곳

밧리ᄭᅥ 무를지니라

ᄎᆞ녀와 계집죵이 비록 허믈ᄒᆞᆫ 일ᄒᆞ미 잇셔도 남편ᄃᆞ려 고ᄒᆞ와
노복졔죵의 비ᄉᆞ 변방ᄉᆞ이 치게 ᄒᆞ여 짓지 말며 어룬이 노ᄒᆞ
시기 잇거든 ᄉᆞᄒᆞᆫ치게 ᄒᆞ여 짓지 말아 그ᄃᆡ ᄒᆞ온 졔ᄉᆞ로이
결신셩을 옴길가 혐의ᄒᆞ미니라
가쟝이 만ᄭᅴ나 가ᄆᆡ에 쳐ᄒᆞ고 ᄃᆞ룩ᄃᆞ라 ᄒᆞ야 ᄂᆡ치거든 모롬
직이 동을 ᄲᆞ치고 불을 우ᄒᆡ며 병을 칭ᄌᆡᄒᆞᆫ 염녀ᄒᆞᆯ
ᄉᆞᆫ이 가되 가쟝이 이미 ᄃᆞ라와 ᄂᆡ쳐 곳 후 ᄌᆞ친ᄒᆞ거든
모롬직이 ᄎᆞᆷ을 더ᄒᆞ게 ᄒᆞᆫ ᄎᆞᆷ을 주어 ᄲᅢᄃᆞ리ᄅᆞ 가히 거ᄂᆞ리
게 ᄒᆞ야 ᄲᅢ상 가지 옷 ᄒᆞᆫ 치 ᄀᆡᆼ을 이ᄅᆞ게 말지니라
ᄒᆞᆫ다 ᄒᆞᆫ이 화목ᄒᆞ미 첩의 복이니 모ᄅᆞ 비록 가난ᄒᆞᆫ 천ᄒᆞ야

도죡ᄒᆞ고 심이 아니 되온 부뷔여 ᄀᆞ러 쳐즁치 변쳡의 ᄌᆞ랑

히라 도ᄒᆞ며 ᄌᆞᆨ복ᄒᆞᆫ 使 쳐ᄒᆞᄂᆞ 죡히 ᄀᆞ복게 되자 ᄒᆞᄂᆞᆫ

니라

쟝부가 ᄒᆞᆫ 낙을 죠화ᄒᆞᆫ 主 信부인의 불고ᄒᆞᆷ이라

안회ᄅᆞᆯ 회ᄃᆡ ᄯᅢ 광고 ᄆᆞᆫᄂᆞᆫ 망 ᄌᆞᄒᆞᆫ니 다 쟝부의 눈치 모쳐 고몸

울바로지 못ᄒᆞᆫ ᄭᅵ 닐미암ᄋᆞ 한시 외젼의 가족의 평ᄌᆞ의 안ᄒᆡ

ᄒᆞᆫ 쳐의 쳐ᄉᆞᆯ 린 결ᄒᆞ야 쳐ᄒᆞ니 평ᄌᆞ 지ᄭᅴ의 ᄃᆞ러 가ᄂᆞᆫ 고

모의 ᄭᅵ 살어 왈 지어 ᄭᅵ 부톄ᄒᆞ니 ᄒᆞᆼ권 되ᄒᆞ 되리노라 되왈

이 ᄯᅩ 네가 부톄ᄒᆞᄭᅵ ᄂᆞᆫ 지어ᄭᅵ 가 부톄ᄒᆞᄭᅵ 아니라 ᄃᆡ의 이일

ᄋᆞᆫ 저 아 ᄂᆡᄒᆞ면 ᄂᆞᆫ 대쟝ᄒᆞ 몸의 드러 ᄭᅡᆫ 쟝ᄒᆞ 명의 오올 ᄆᆞᆯ으미

쇼리ᄅᆞᆯ 바라셔 날마다 ᄭᆡ여 ᄌᆡᆼᄒᆞ기 계의 ᄯᆞᆯ 재보기ᄅᆞᆯ 바라셔 가
리ᄒᆞᄂᆞ니 ᄉᆞ람의 갓ᄒᆞ지 못ᄒᆞ여 슬퍼 엄ᄒᆞᆸ지 아니ᄒᆞᆫ
나이 졔 네 편아ᄒᆞ이 ᄎᆡ ᄒᆞᆫ 되가 미워 제의ᄅᆞᆯ 쳬소뢰가 ᄆᆞᆺ
져 안일ᄒᆞ며 황양을 회여 금결 ᄃᆡ하여 보ᄒᆞ며 이ᄂᆞᆫ 내
의 무례ᄒᆞ미라 지어미 무례ᄒᆞᆫ 거시 이시라 ᄒᆞ여 이에 당저
고칙ᄒᆞᆫ 강히 지어미ᄅᆞᆯ ᄆᆞᆯ리ᄭᅵ 못ᄒᆞ리라
쟝낙을 ᄇᆡ될 졉ᄉᆞ랑의 안낙졍을 엄ᄒᆞ게 가ᄂᆞᆫ 희미ᄒᆞᆫ 쳐음의 ᄲᅧ
ᄭᅵᆨ지 아니ᄒᆞ여 강ᄒᆞ게 구러 치마ᄒᆞᆫ 미ᄒᆞᆷ에 ᄲᅧ마흐게
못ᄒᆞ면 그 뉘우분 허물이 가 이견ᄒᆞ지 못ᄒᆞᆯ지라 츅역의 가
호텍 집을 방ᄒᆞᆯ은 무ᄉᆞ 지 변치여 니ᄒᆞᆯ ᄯᆡ라 ᄒᆞ여 남녀의 [illegible]

치평라 ᄒᆞ득ᄒᆞᆫ의 변ᄒᆞᆫ 배퇴면 방ᄒᆞᆸᄒᆞᄂᆞᆫ 험ᄒᆞ게 비ᄒᆞᆫ업ᄉᆞᆫ

뫼히 물너ᄂᆞᆯ ᄀᆞᄒᆞᆫᄂᆞᆯ 히ᄂᆞᆯ 다가 되더ᄒᆞᆫ 바

뫼ᄃᆞᆺ ᄒᆞᆫ던 ᄒᆞᆫ뙤의 가 비보고 더 외ᄭᆡᆯ 때 교만ᄒᆞᆫ 때ᄭᆡᆯ 때 겨으로

개ᄭᆡᆯ 때 방ᄌᆞ이 ᄭᆡᆯ 때 아첨ᄒᆞ게 ᄭᆡᆯ 때 부ᄒᆞ되 ᄭᆡᆯ 때 이ᄅᆞᆯ 멀ᄂᆞᆫ

옷지ᄭᆡᆯ 때 욕ᄋᆞᆯ ᄒᆞᆫᄂᆞᆫ ᄒᆞ지 ᄭᆡᆯ 때 방ᄌᆞ히 ᄒᆞ여다 ᄅᆞ쉬 ᄒᆞᆯ 개

지ᄭᆡᆯ 때 머뒤ᄂᆞᆼ ᄒᆞ대 ᄌᆞ둥ᄒᆞ고 ᄒᆞᆺᄭᆡᆯ 때 중지ᄒᆞ여 업ᄒᆞ고

ᄒᆞᆫᄃᆞᆫ ᄭᆡᆯ 때 ᄌᆞ태ᄋᆞᆯ 건너 어지러니 대ᄅᆞᆷ ᄭᆡᆯ 때 ᄉᆞ람의 화기ᄅᆞᆫ 친ᄒᆞᆫ다

불바ᄅᆞᆫ 부ᄒᆞ녹ᄂᆞᆫ 담ᄒᆞ다 평논ᄒᆞ게 ᄭᆡᆯ 때 ᄉᆞ람의 숙세ᄒᆞᆫ 뜻

치ᄭᆞ 갑시 놉ᄂᆞᆫ 낫다 뭇저 ᄭᆡᆯ 때 지ᄒᆞᆯ 부되ᄂᆞᆫ 가 놉게 ᄭᆡᆯ 때

ᄒᆞᆫᄃᆞᆼ ᄒᆞᆯ 때 ᄒᆞ득 다 보지 ᄭᆡᆯ 때 ᄂᆞᆫ 당견 ᄃᆞᆺ ᄒᆞᄂᆞᆫ 고 욕ᄒᆞ며 심ᄒᆞᆫ

ᄒᆞ화ᄒᆞ며 습가ᄅᆞ침ᄋᆞᆯ ᄒᆞᆯ 편안ᄒᆞ도 ᄌᆞ셔ᄒᆞᆫ 연후의
그 위의와 법도ᄅᆞᆯ 일치 아니ᄒᆞᄂᆞ니라

◎교육 가ᄅᆞ치ᄂᆞᆫ 길는 다 말이라

녜로브터 부인의 현숙ᄒᆞ미 만치 아니ᄒᆞ나 연ᄭᆡᆯ노 ᄎᆡᆨ졍ᄒᆞ
의 어마니 부녀부인ᄋᆞᆯ 가히 변ᄒᆞᆯ니ᄒᆞ여 쳔하ᄅᆞᆯ 도ᄉᆞ리 션공이
그 일홈 되ᄂᆞᆫ ᄆᆞᄅᆞᆫ 힘ᄃᆡ 비록 예로 공경ᄒᆞ세 ᄃᆡ 북ᄌᆡ 국ᄒᆞᆫ 부인
이 졀ᄒᆞᆫ ᄒᆞᆫ ᄉᆞᆫ ᄒᆞᆫ 무ᄅᆞ 스ᄉᆞ로 ᄃᆞᄉᆞ려 여러 셰ᄉᆞᆯ를 ᄋᆞᆯ 무리
ᄒᆞ시미 그 ᄒᆞᆯ다ᄒᆞᆫ 재 어니 게 ᄒᆞᆫ ᄃᆡ 셰리ᄭᆞ지 치기를 ᄭᆞ버려 ᄒᆞ
심은 책은 노비ᄅᆞᆯ 보기ᄅᆞᆯ 아희와 ᄯᆞᆯ 보ᄃᆞ시 ᄒᆞ야 여러 아ᄃᆞᆯ이
ᄒᆞᆨ셔지즈 연졍제ᄒᆞᆫ야 갈리스터 녀의들이 재만셰의 능히 이긋

든일을 ᄒᆞ리ᄅᆞ ᄯᆡ ᄒᆞ셔ᄃᆞ 항상 가ᄅᆞ쳐 ᄎᆡᆨ식이 ᄲᅢ블 ᄌᆞᄌᆞᆫ ᄯᆡᆺ
ᄒᆞᄂᆞᆫ 어ᄭᅵ가 고ᄒᆡ믈을 가ᄒᆡ외ᄲᅡ 비ᄭᅡ 아제 못ᄒᆞᆫ 되 갈ᄯᅵ 감이
타ᄒᆞ시ᄃᆞ 음식ᄒᆞ미 이ᄅᆞᆯᄯᆡ 아진 젼ᄒᆡ로어 일ᄉᆞᆯ ᄭᅢ울시 ᄌᆞ올
다미ᄎᆞᆺ ᄒᆞ젓 져조 ᄎᆡᆨ구ᄅᆞ져 ᄲᅥ 대ᄉᆞᆯ 뎌 재호 섭ᄭᅡ ᄌᆞᆷᄋᆞᆫ 자ᄒᆞ
나자타뫼 ᄡᅡᆺ당이 어ᄃᆞᆺ더ᄒᆞ 다ᄲᅧ호 하이ᄂᆞᆯ 부리뫼 시려곰 악
ᄒᆞᆫ ᄭᅳᆯ노 ᄲᅢ 쉬진 제못ᄒᆞ게 ᄒᆞ시 ᄂᆞ치다 므로 우리 형뎨 평셩
의 음식라 의복의 가질 ᄃᆡ 업ᄉᆞ니 ᄒᆞ약 ᄒᆞᆫ ᄭᅳᆯ노 ᄉᆞ랑ᄒᆞᄋᆞᆯ 악ᄒᆞᆫ
ᄭᅳᆯ노 쉬진 제이 나 ᄒᆞᆷᄭᅦ 쟁ᄒᆞᆷ이 구려 ᄒᆞ기 아니 타 가ᄅᆞ쳐고
ᄒᆞ여 ᄒᆞᆷ이 타 ᄉᆞ랑ᄋᆞᄅᆞᆯ ᄃᆡ부더다 ᄒᆞᄂᆞᆫ 부ᄂᆞᆫ ᄭᅵ 비ᄒᆞ 근ᄌᆞ니 볼
케ᄯᅢ 이제 아니ᄒᆞᆫ ᄯᆡ 갈ᄒᆞ여 ᄒᆞ리 ᄌᆞᄂᆞᆫ히 조ᄅᆞᆯ ᄒᆞ져 ᄉᆞᄅᆞᆯ ᄒᆞ던

ᄒᆞᆫ 능히 펴지 못ᄒᆞ믈 ᄀᆡᆨ졍ᄒᆡ ᄀᆞᄅᆞ쳐 ᄒᆞ시ᄂᆞᆫ 편샹 ᄉᆞ슈다 친

ᄒᆞ올ᄎᆞ쟈 ᄒᆞᆯ께 ᄒᆞᄂᆞᆫ 비흘가 ᄒᆞ니이다 ᄒᆞᆯ ᄒᆞᆯ ᄯᅢᄂᆞᆫ ᄌᆡ ᄒᆞᄂᆞᆫ ᄀᆞᆺ

부ᄭᅴ 뵈ᄋᆞᆸ고 가ᄅᆞ치시미라

혼의예왈 부인의 덕이라 부인의 ᄆᆞᆯ이라 부인의 모양이라 부인의 공

부ᄒᆞᆯ ᄲᅢ가 ᄌᆞ치라 ᄒᆞ니 부덕가ᄅᆞ되 덕은 뎡일ᄒᆞᆫ 슌ᄒᆞ미

오 ᄆᆞᆯ솜은 ᄉᆞ 뎡의 민쳡ᄒᆞ게 ᄒᆞ미 ᄉᆞ조 ᄆᆡᆼ은 화ᄅᆞᆯ ᄒᆞ게 ᄒᆞ며

요 몽부ᄂᆞᆫ 실ᄒᆞᆫ다 ᄉᆞᆷ이라 ᄒᆞ니 난을 ᄲᅢᄒᆞ되 덕은 편녕ᄒᆞᆫ ᄯᅩ

ᄒᆞᆫ ᄒᆞᆸ을 ᄒᆡ ᄒᆞ고 ᄀᆡᄀᆡ 노코 ᄆᆞᆯ솜은 주변ᄒᆞᆷ은 이놉게 ᄒᆞ논이 혹

블며 ᄒᆞ시 아니ᄒᆞ고 뭇ᄆᆡᆼ은 곱ᄃᆞᆫ 아리ᄡᅡᆸ다 이ᄅᆞᆷ을 ᄋᆡ니ᄒᆞ믄

부녀ᄂᆞᆫ 모ᄅᆞᆷᄒᆞᆫ ᄂᆞ이 ᄒᆞᆯ 이ᄅᆞᄭᅴ 아니니라

회계션싱이 가ᄅᆞ샤ᄃᆡ 션비 졍부인 박씨 품졀이 아ᄅᆞᆷ답고 화
ᄒᆞ샤 우리 션군의게 호라와 졔실이 되엿더니 션군이 도라
가시매 부인이 남ᄌᆞ 만고 일ᄌᆞᆨ이 호올노 되샤 ᄯᅳᆺ은 능히 집안
ᄒᆞᆯ 부지ᄒᆞ지 못ᄒᆞ믈 셜워ᄒᆞ샤 작ᄒᆞ샤 드듸여 시집 부녀ᄅᆞᆯ
혼인ᄒᆞ야 대ᄌᆞᆨ 농ᄉᆞ와 누에치기ᄅᆞᆯ 닥ᄭᅡ 며으ᄭᅵᆺ 며러 하
돌에 졍ᄉᆞᆫ 자ᄒᆞᆫ ᄎᆞᆨ 되며 금ᄀᆡᆯ은 갓 가ᄒᆞᆫ 되나 마가 되ᄒᆞᆯ ᄭᅦᄒᆞᆫ
시고 뫼만가 되지 ᄯᅥ 경계ᄒᆞᄂᆞᆫ ᄯᅢᄒᆞ샤 골라 ᄒᆞᄂᆞᆫ 예 골이 미ᄒᆞᆫ 삼
울셜이 오라 며ᄌᆞᆨ 좁가 지고 힝실 챰가 물ᄎᆞᆼ이며 기ᄉᆞᆫ 물건
올ᄯᅡ나 며비 유ᄒᆞᆯ 베목사 일ᄒᆞᆯ 인ᄒᆞ야 가타치 불ᄒᆞ신 ᄭᅵ
샹불명명ᄒᆞᆫ 경계ᄒᆞ기 간졀ᄒᆞ야 발셰샹이며 ᄋᆞᆼ관부에

아들을 나무라ᄂᆞ니 너의 무리를 가르치며 번ᄀᆞ비 바고 공부

를 아니ᄒᆞ고 니ᄒᆞᆫ 결연 엇지 너ᄉᆞ기 라ᄒᆞᆷ을 면ᄒᆞ랴

하의 련션싱이 며러 샐을 가르치며 멸ᄅᆞᆯ 죽이 이ᄉᆡ 월젼 안

다 ᄒᆞ시 흠ᄒᆞ다 ᄒᆞᆫ손ᄒᆞ다 부지런 아오 갈ᄋᆞᆫ 재ᄉᆞ를 메ᄋᆞ되 엄ᄒᆞᆫ 숙

대ᄉᆞ를 ᄡᅥ ᄒᆞ며 갈ᄋᆞᆫ 주ᄅᆞ ᄡᆞᆯ 이를 호쳥을 ᄡᅥ ᄒᆞ며 갈ᄋᆞᆫ 징

부셰를 기기를 예로ᄡᅥ ᄒᆞ며 갈ᄋᆞᆫ 뎨아오 안희와 ᄉᆞ안형의 희롤 티졉ᄒᆞᆫ

기를 화ᄒᆞᆫ지 ᄉᆞ를 ᄡᅥ ᄒᆞ며 갈ᄋᆞᆫ ᄉᆞ대를 가르치며 바른거ᄉᆞᆯ

ᄡᅥ ᄒᆞ며 갈ᄋᆞᆫ 비복을 어휵ᄒᆞ기를 은혜로 ᄡᅥ ᄒᆞ며 갈ᄋᆞᆫ 친척

을 졉ᄒᆞ기를 졍ᄒᆞ로ᄡᅥ ᄒᆞ며 갈ᄋᆞᆫ 칙ᄒᆞᆫ 말ᄉᆞᆷ을 ᄡᅥ 가바ᄒᆞ며

갈ᄋᆞᆫ 가ᄉᆞ흔 말 명되믈 정제ᄒᆞ시를 정셩으로 ᄡᅥ ᄒᆞ며 갈

온방ᄎᆡᆨ을 힘ᄡᅳ기ᄅᆞᆯ 부지런우ᄅᆞᆯ 벗ᄒᆞ며 갈은 거믈 ᄡᅳ기ᄅᆞᆯ

겸박ᄒᆞ믈 ᄡᅦᄒᆞᆯ디라

ᄉᆞ나희 ᄌᆞ식을 가ᄅᆞ쳐 네 집을 망케 말며 ᄯᆞᆯ ᄌᆞ식을 가ᄅᆞ쳐 ᄉᆞ

람의 집을 망케 말지니 ᄃᆞᆺ가라 ᄌᆞ손이 패리 ᄒᆞ니 ᄒᆞ면 부모

의 죄라 아ᄌᆞᆨᄒᆞᆫ 혜와 ᄉᆞ랑을 모회 곡경 ᄒᆞᆫ 라졍과 힘ᄇᆞᆯ 세치

ᄂᆞ니 우리 ᄌᆞ녀된 ᄌᆞ ᄇᆞ나의 가ᄅᆞ치믈 츈향치 아니ᄒᆞ면 곰

ᄌᆞᆨ을 받다셔 지ᄒᆞᆯ 거시니 가히 조우셩ᄒᆞ치 아니ᄒᆞ랴

ᄌᆞ녀ᄅᆞᆯ 가ᄅᆞ쳐 되믄 져ᄇᆞᆨ기ᄅᆞᆯ 담ᄒᆞᆯ 디ᄅᆞᆯ 곰ᄒᆞᆯ 지니 ᄯᆞᆯ은 더

욱 가히 ᄒᆞ야 ᄉᆞ 셔치 마니ᄒᆞᆯ 지니 뎡희 감와 칠단 혜ᄌᆡᆨ 모ᄃᆞᆫ 빙

이날 ᄉᆡᆼ다니라 담ᄒᆞᆫ 볼인 ᄒᆞ야 ᄉᆞ치나ᄂᆞᆫ ᄉᆞ치ᄒᆞᆫ ᄒᆞ야 도ᄌᆡᆨ

ᄒᆞᆯ ᄆᆞ음 나는 ᄌᆞ 착ᄒᆞᆯ ᄆᆞ음인ᄒᆞ야 한악ᄒᆞ기나 ᄂᆞ니 너ᄒᆡ기
집시 ᄂᆞᆫ 다ᄆᆞ녀 ᄉᆞ람의 집을 망치ᄒᆞ니 ᄲᅮᆯ 보지 못ᄒᆞᆫ 대노라.
셴비 ᄌᆞᆫ연이 우리 ᄒᆡᆼ대 와서 배반ᄒᆡ 죽ᄂᆞᆫ 자ᄅᆞᆯ 기ᄅᆞᆯ 제 함여
공ᄭᅥ기ᄅᆞᆯ ᄌᆞᆫ절ᄒᆞ게 ᄒᆞ시ᄂᆞᆫ 도ᄅᆞᆯ 욕되 ᄒᆞ니 네 ᄉᆞᄅᆞᆷ 이어의
ᄎᆞ라리 거의 ᄉᆞ람의게 라 ᄒᆞᆫ 오십 대에 업ᄉᆞ니 ᄌᆡᆨ을 마히 죽은
우ᄅᆞᆯ 불평ᄒᆞᆫ 잡은 도로 혀ᄃᆡ 믿지 못ᄒᆞᆫ ᄂᆞᆯ ᄎᆡ혀ᄒᆞ야 비록 ᄉᆞ
지ᄌᆡ로 ᄒᆞᆺ치 아니ᄒᆞ려는 ᄯᅡᆼ에 갑은 ᄲᅡ로ᄂᆞᆫ 다섯 ᄉᆞ치니 ᄋᆞᆯ
ᄒᆞᆼ국ᄒᆞ야 죽은 자ᄒᆞ야 도 죽지 ᄆᆞᆯ게 ᄒᆞᆫ 후 ᄉᆞᆨ당의 ᄯᅳᆯ
세운 아희는 셕을 ᄲᅡ에 죽은 ᄉᆞ람 ᄒᆞᄂᆞ 아희는 채기ᄅᆞᆯ ᄯᅡ에
죽다 ᄒᆞ니라

우위의인 ᄒᆡ 됴ᄲᅴᄂᆞᆫ 쳥ᄒᆞ시ᄌᆞᆸ 보ᄂᆞᆯ 여셩이 갈쳐ᄆᆞᆷ ᄒᆞ야 가ᄅᆞ
쳬가 흐ᄒᆡ 상가 됴흔 것ᄉᆞᆯ ᄒᆞ여 ᄡᅳᆯ ᄯᅢ 셰샹이 ᄆᆞᆯ 됴흔 거ᄉᆞᆯ ᄒᆞ지
못ᄒᆞᆫ 변가 ᄒᆞ야 ᄒᆞᆫ 뒤ᄉᆞᆯ 하 되니가 여ᄭᅵ 와ᄂᆞᆫ 됴흔 것ᄉᆞ 오 ᄒᆞ려
ᄒᆞ게 ᄒᆞ여 ᄒᆞ거든 ᄒᆞᆫ 믈ᄭᅢ 약ᄒᆞᆫ 것ᄉᆞᆯ ᄒᆞ리ᄅᆞᆯ 이ᄂᆞᆫ 시젼의 이
ᄅᆞᆫ 바 ᄎᆞᆯ굴은 바 ᄂᆞ 업ᄂᆞᆫ 거ᄉᆞ로 ᄂᆞ 덥셔 ᄋᆞᆫ 적ᄉᆞᆯ 다 밥을 이의 ᄂᆞᆫ ᄒᆞᆫ
다 ᄒᆞ여 부모의 ᄂᆞᆫ 실ᄉᆞ ᄒᆞ미 업게 ᄒᆞ라 ᄒᆞ니 ᄯᅳᆺ 라 ᄒᆞ고 ᄒᆞ니라
ᄒᆞᆫ지 이 셰 젼ᄉᆞᆯ 못 ᄒᆞ리 갈ᄲᅡᆯ 며 내 ᄌᆞ손 ᄒᆞᆫ거 ᄒᆞᆫ 바 ᄅᆞᆷ
샹ᄂᆞᆫ 줄은 ᄭᅵ 업ᄉᆞ면 ᄒᆞᆷᄒᆞᆫ 이라 ᄎᆡᆨᄒᆞᄂᆞᆫ ᄭᅵ 잇셔 ᄂᆞ 임 길 ᄒᆞᄂᆞ 셩
쳐ᄒᆞ와 가ᄒᆡ 원ᄒᆞᆯ 일 더 어 니라 ᄒᆞ오 부ᄒᆞ니 더옥 ᄲᅮᆫ 은 부인의
힘ᄡᅳ시ᄂᆞᆫ 은즉 은 ᄒᆞᆫ 한가 ᄒᆞᆫ ᄯᅢ 화ᄒᆞᆫ ᄂᆞᆫ ᄒᆞᆫ야 혀ᄂᆞᆫ ᄒᆞ 착ᄒᆞᆫ 말

"일홈이 가히 되연의 ᄶᆡ달며 저 아니ᄒᆞᆯ지어 세속의 일은 바
죄ᄒᆞᆯ와 능이 ᄂᆞᆷ부인 이ᄲᅮᆫ 갓일의 간데 ᄒᆞᆫ 폐업자 아니ᄒᆞᆷ
노며 또 나라 목강이 능히 ᄌᆞᆨ력의 ᄎᆡ과의 원탕이 쳥안하물
업슨의 되는 ᄇᆞᆯ은 ᄎᆞᆺ출 교여 되게 간ᄉᆞᆼᄒᆞ야 동중의 녀쳔ᄌᆞᆨ
은 위나 되난 남ᄌᆞᄂᆞᆫ ᄎᆔ죄 ᄉᆞ죄 면 죄ᄅᆡ의 셔 ᄉᆞᆺ치물 ᄒᆞᆫ 거ᄇᆞᆺ ᄒᆞᆨ
의 어 진ᄒᆞᆯ 아라 수나 음ᄒᆡᆼ이 ᄋᆞᆺ셔 젹ᄌᆞ 과 괴ᄒᆞᆯ ᄉᆞᆺ은 위나리
ᄒᆞᆯ 엽칠너 죄ᄒᆞᆫ 때 수나 가히 ᄃᆞᆨ렵 제 하나 ᄒᆞ랴
세ᄉᆡᆼ의 계실되리 ᄇᆡ러시 젼쳐의 아ᄃᆞᆯ을 ᄉᆞ랑치 아니ᄒᆞ오
되 남편의 아ᄃᆞᆯ이 된 ᄌᆞ식 ᄉᆞ랑ᄒᆞᆫ 녜하 ᄃᆞᆯ인ᄌᆞᆯ 덩ᄂᆞᆨ지 아니ᄒᆞ미오
ᄉᆞ졔 ᄉᆞ랑ᄒᆞᆫ 나ᄂᆞᆫ 부몰 일흐미 더욱 셜파 며 기른 녜 엽비 녀기

ᄭᅴ가 ᄒᆞ내라 진실노 태ᄌᆞ의 안회 ᄂᆡ배의 소ᄂᆞᆫ 목강이니
두아ᄃᆞᆯ 어엿ᄇᆞᆫ 텬쳐의 녜아ᄒᆞᆯ바 엇ᄯᅢ 문ᄌᆞ 큭려블 네야
ᄯᆞᆯ이 ᄲᅡ여ᄭᅵ와 나흔 ᄇᆡ이니라 ᄒᆞᆫ ᄯᆡᄭᅵ 위ᄒᆞᆫ 혈ᄆᆡ 날노ᄡᅵ
이ᄯᅥ 즈이 ᄲᅦ도 ᄌᆞ되ᄒᆞᆫ 몬화ᄒᆞᄂᆞᆫ 어질어 어ᄭᅳᆯ치ᄂᆞᆫ 소
랑ᄒᆞ기 더욱 노ᄑᆞ니 의식과 ᄌᆞ뢰ᄒᆞ므로 입다 가ᄒᆞ기ᄅᆞᆯ 다소
셩복ᄒᆡ 겸ᄒᆞ야 빈나 ᄒᆞ니 텬쳐의 ᄊᆞ아ᄃᆞᆯ ᄒᆞᆼ여 벙을 ᄯᅡ라 곤
이십ᄒᆞᆫ 더니 어ᄭᅴ 죽음이 스ᄉᆞ로 조상ᄒᆞᆫ 듯ᄒᆞᆫ ᄯᆡ 친히 약다 ᄲᅡᆯ
채ᄅᆞᆯ 고로 쳐 니ᄒᆞᆼ이 병이나 ᄒᆞ면 셰아오ᄅᆞᆯ 일녀 ᄂᆞᆯ 제므가
즈되ᄒᆞᆫ 어질 져ᄂᆞᆯ ᄂᆞᆫ 구라혀 ᄃᆡ ᄒᆞ 쾌로 기로 물아 처 ᄯᅳᆺᄒᆞᄆᆡ
슌니허물 다 악이 심ᄒᆞᆫ지라 ᄒᆞᄂᆞᆫ 디ᄃᆞ ᄂᆡ 셰아오로 더부러

남뎡ᄃᆞᆯ을 봉의 나아가 ᄒᆡᆼ별ᄒᆞ나 아가 길을 반ᄃᆞ시 쉬치 그 모의 덕
을 품ᄒᆞ야 이샹ᄒᆞᆯ ᄒᆞ야 고신녀ᄋᆞᆯ 졔ᄒᆞ야 이우에ᄂᆞᆫ 일ᄋᆞᆯ ᄲᅮᆫ
ᄒᆞ야 니며 ᄲᅧ 셰샹의 계실된 ᄌᆞ의 경계ᄒᆞᆯ ᄒᆞ노라
가ᄂᆞᆫ ᄒᆞᆫ 집샹은 ᄎᆞᆷ 수렵ᄂᆞᆫ 비롯ᄒᆞᄂᆞᆫ 부ᄌᆞ의 집샹은 교만ᄒᆞᄂᆞᆫ
ᄉᆞ치ᄒᆞ기 듕ᄂᆞᆫ 보기 그러ᄒᆞᆫ ᄌᆞ라 비롯 그러ᄒᆞ나 ᄉᆞ오ᄂᆞᆫ 몬져
가ᄂᆞᆫ ᄒᆞᆯ은 후의 부ᄒᆞᆫ 집샹은 아기ᄂᆞᆫ 인ᄒᆞ기ᄲᅮᆫ 고 몬져 부ᄒᆞᆯ
ᄂᆞᆫ 후의 가ᄂᆞᆫ ᄒᆞᆫ 집샹은 노화ᄒᆞ기ᄲᅮᆫ ᄒᆞᄂᆞ니라 ᄠᅢᆺ ᄒᆞᆫ 고로 기
이ᄂᆞ니라 ᄃᆞ롤 ᄲᅧ나 ᄂᆞᆷ의 ᄎᆞᆯ 취ᄒᆞ며 ᄂᆞᆷ의 ᄃᆞ히고 거ᄂᆞᆫ 모름적이
그 형졔ᄃᆞᆯ 살펴 그 버릇ᄉᆞᆯ 바로 잡을 것이니라
후셰의 비롯 스승이라 보모의 교훈이 업ᄉᆞᆫ 그러ᄒᆞ나 ᄯᅢ ᄌᆞ의

왼ᄲᅡᆫ 화목ᄒᆞᆫ 당ᄒᆞᆫ ᄒᆞᆫ개 청홍ᄒᆞᆫ 쇄조옹ᄃᆡᄒᆞᆫ 방쳑ᄒᆞ며 ᄆᆞ조
져이ᄂᆞᆫ 조ᄭᅧ 실ᄲᅮᆷᄭᅦ 응ᄉᆡᆨᄒᆞ기와 ᄂᆞᆫ드기와 베이ᄆᆡᆸ 졀ᄒᆞ기ᄅᆞᆯ
오조지 어미의가 조쳬ᄲᅮᆯ 방ᄉᆞᆯᄂᆞ니 그다비 된 도리ᄂᆞᆫ 볼
라 ᄯᅢᄅᆞᆯ 시셔와 고ᄅᆡ라 소리ᄅᆞᆯ 가져 경졔ᄒᆞ며 ᄲᅮᆯᄒᆞᆺ 사ᄅᆞᆷ이
와 남ᄌᆞᄂᆞᆫ 쳥음 나무ᄌᆞᆷ부티 칠팔ᄉᆡ의 미조 도록ᄅᆞᆯ 겹힝보
와 연조리거와 외복음식ᄅᆞᆯ 조졀ᄒᆞ며 삼가 ᄭᅢ화ᄒᆞᆫ ᄯᅢᄒᆞ며
뎌라 셩품을 보ᄂᆞᆫ다 길너 주미 셩ᄒᆞᆫ 어미의 교훈을 ᄇᆞᆮ조ᄒᆞᆫ
ᄂᆡ 그런즉 어미 된 직ᄎᆡᆨ이 ᄯᅩᄒᆞᆫ 중ᄒᆞᆫ즉 그 졔야 아니ᄒᆞ야
의복을 짓ᄂᆞᆫ ᄯᅢ 조셕이 ᄯᅥ 음식을 ᄆᆞᆫ드러 익히ᄂᆞᆫ 법을 ᄌᆞ셰히
젹어 ᄎᆡᆨ을 ᄆᆡᆫ드러 반드시 쳐녀ᄅᆞᆯ 가르쳐 ᄒᆡ며 금ᄉᆞᆨᄉᆞᆷ ᄒᆞᆯ지

이다

영치ᄒᆞᆫ부인이가거ᄒᆞᆷ시ᄋᆞᆯ삼가 저야나ᄒᆞᆫ네그ᄌᆞ식ᄋᆞᆯ회

여곰효ᄉᆞᄒᆞᆫ信맹ᄒᆞᆯᄒᆞ개ᄒᆞᄂᆞ니라

아ᄒᆡ밴부인이짐ᄌᆞᆺ치엄의ᄎᆡ고ᄒᆞᄂᆞᆫ교훈ᄋᆞᆯ법ᄒᆞᆫ디ᄂᆞᆫ편

슈ᄒᆞᆫ힝실이아니요어미ᄒᆡ산ᄒᆞᆫ후의에룬나ᄂᆞᆯ그이(ᄭᅵ셔)되

ᄒᆞᆫ도외ᄒᆞ(라ᄒᆞ쇼)물ᄌᆞᆺ롤아니ᄒᆞ야ᄇᆡ흠라찬것ᄉᆞᆯ무릅스써실

벼다병ᄒᆞᆫ것ᄉᆞᆯ깍어ᄊᆡ고진ᄀᆞᆯ을이르ᄭᅴ심비ᄒᆞᆷ은부ᄒᆞᆫ셩품

이니라

회라ᄒᆡ산은하ᄂᆞᆯ깽의ᄌᆞ졀ᄒᆞᆷ이라엇재이르ᄂᆞᆫ바ᄐᆡ셩이잇스

ᄭᅥ역질ᄭᅡᄃᆞ랑ᄯᅥᆨ은문괴의ᄒᆡᆼᄒᆞᄂᆞᆫ거ᄉᆞᄯᅡᄅᆞ선ᄒᆡᄂᆞᆫ바ᄌᆡ신

이 잇스리오 이는 분변치 아니ᄒᆞ여 보ᄆᆞᆯ기 쉬우니 현슌ᄒᆞᆫ
부인은 그ᄯᅢ 당이 곱피 리칠지 ᄆᆞᄋᆞ미 謹
첫ᄶᅢᆨ는 아희우는 쇼리를 죠흔 청륭 부인은 그 긋칠 바 법을 ᄉᆡᆼ
각지 아니ᄒᆞ고 도로혀 흉ᄒᆞ고 거혀 원망ᄒᆞ여 仿 짓기를 참아
는 것시 잇 ᄉᆡ집 지ᄋᆞ 부는 츳해 ᄒᆞ니 엇지 그리 답ᄒᆞ고 ᄒᆞ야 부인
의 일이 이러혜여 갓트니 내 비록 셰끼 흔 일이야 불쌍 볼 도로
여 셩각ᄒᆞᆯ 거시니라
무릇 ᄌᆞ녀를 ᄭᅮ지 빗기 미 정ᄉᆞ리의 가리ᄭᅡ 논아 가르ᄭᅵ를 평
ᄒᆞᆫ 곳 ᄭᅦ ᄒᆞ야 죠곰도 가ᄋᆞ러 저 ᄭᅵ 업게 ᄒᆞ야 다시 ᄭᅳ르를 보
아 결양ᄒᆞ야 ᄭᅡᆫ 일 적이 빗두려 지견 면ᄒᆞ여 다 빗두ᄂᆞ니라

어린ᄌᆞ녀ᄅᆞᆯ 회ᄯᅧ곰 ᄭᅥ리빗기ᄅᆞᆯ 셰슈ᄒᆞᆫ쟈 아니ᄒᆞ야 고믈다

눈셥이 ᄃᆞᆯ니ᄅᆞᆯ 이와 셕회가 누ᄅᆞᆯ 이ᄃᆞᆯ니 ᄭᅵ홈도 엄부리니의

졀졀ᄒᆞᆫ 덕이 아니라

인륜 ᄉᆞ람의 ᄒᆞᆯ 례라

남ᄌᆞ는 쥬련스이ᄅᆞᆯ 크다 ᄒᆞᆫ대 ᄡᅢᄒᆞᆫ 되진부는 하ᄂᆞᆯ갓ᄐᆞᆫ 님군

갓다 ᄒᆞᆫ대 미치 ᄭᅧ죠ᄎᆞ ᄒᆞᆯ 시오 남은 한악ᄒᆞᆫ ᄭᅥ현ᄌᆞᆫ야 ᄌᆡ보던

기ᄉᆞ 칙망ᄒᆞᆯ거서 미ᄋᆞ라 이런 고쵸ᄒᆞᆫ 드가ᄌᆞ ᄉᆞ띄믈으로도

ᄒᆞᆯ힝치 아니ᄒᆞ면 ᄎᆡᄌᆞ의게 드힝치 못ᄒᆞ며 ᄉᆞ람부리기ᄅᆞᆯ

도ᄒᆞ 아니ᄒᆞ면 ᄒᆞᆫ회 ᄎᆡᄌᆞ의게 도힝치 못ᄒᆞᆫ다 ᄒᆞ시ᄂᆞᆫ 효졍

의ᄅᆞᆯ 집ᄋᆞᆯ 바ᄉᆞ 되는 ᄌᆞ손 감히 진쳡의 ᄭᅡ음도 일치 못ᄒᆞᆫ 곤

하ᄆᆞᆯ며 ᄒᆞ여 ᄂᆞ리오 근로 ᄉᆞ랑의 지친 간ᄆᆞ음을 어더 ᄡᅥ 그 더버
나ᄅᆞᆯ 염ᄆᆞ가 는 재화 그러ᄒᆞᆫ 고로 소라ᄭᅵ신 수어 버너 편안이 여여
기ᄊᆡ는 쾌ᄒᆞᆫ 즉 귀 ᄉᆞᆫ 이 흠ᄒᆡᆼ ᄒᆞᆫ ᄂᆞ니 저 안라 되나 치 마니
ᄒᆞᆫ 환환이 진ᄃᆞᆯ아 나ᄂᆞᆫ라 ᄒᆞᄂᆞ ᄇᆡ ᄉᆞᆨ 그러ᄒᆞ나 부인의 덕
이 즈ᄅᆞᆯ ᄒᆞᆯ 돕ᄂᆞᆫ 망 이 되다 ᄒᆞᆫ 말 형이 ᄇᆞᆯ 시젼의 가로ᄃᆡ
오ᄅᆞᆫᄒᆞᆫ 숙여는 군ᄌᆞ의 조흔 ᄶᅡᆨ이라 ᄒᆞᆫ 즉 그ᄃᆞᆼ히 졍숙ᄒᆞᆫ 물이 ᄌᆞᆨ
어고 재ᄌᆞ를 ᄌᆞ가 제 ᄂᆞ라 ᄒᆞᆫ 졍 다 석 ᄉᆞᆨ의 감동ᄒᆞ게 ᄒᆞᆯ소냐
거ᄎᆞᆼ의 과연 ᄒᆞ게 엄은 편 ᄒᆞ도 ᄉᆞ ᄒᆞᆫ ᄯᅳᆺ이 ᄌᆞᆼ쳔의 ᄒᆡᆼ동 ᄎᆔᄒᆞ면 ᄒᆞᆫ
물ᄆᆞᆯᄒᆞ게 나 이 ᄂᆞᆫ 강과의 ᄯᅥ러 ᄂᆞᆫ 왕고의 시조 ᄎᆞᆷ이 니라
실개화 락ᄒᆞᆫ 젼 비ᄉᆞ 로 밥 ᄯᅥᆨ고 ᄋᆡᆨ의 입ᄂᆞ나 그 질ᄃᆡ로 풀이 리

지옷ᄒᆞᆫ 복뷔쇼박ᄒᆞ련 비쥭비단옷라보비ᄒᆞ는 ᄎᆞ바ᄂᆞᆫ디
냥고 ᄒᆞᆫ셥라 단ᄉᆡᆨ줄 ᄡᅡᆨ끼자 ᄎᆞᆺ 혼ᄂᆞ니 제명장의 시젼 견명 금슐
시젼 이어거ᄒᆞᆫ 미니, ᄉᆞ나고 보ᄒᆞᆫ 조차리여 ᄒᆞᆫ 씨념 다ᄒᆞᆫ 복
물한의 너가 ᄡᅡᆨ그로 볏쳐 ᄯᅳ려ᄂᆞ니 집안ᄉᆞ라이 ᄂᆞᆯ설ᄉᆞ짓
ᄂᆞ다 ᄒᆞ니 리즉시의 ᄉᆡᆼᄒᆞᆫ 죡채이ᄂᆞ 매엿려 ᄒᆞ소 불ᄉᆞᆫᄒᆞᆫ
가국잔ᄒᆞᆫ 략도 지러끼 가낙펴놀 품졔소려ᄒᆞ나도 지가
ᄒᆞᆫ 비밧ᄒᆞᆫ 지살ᄒᆞᆫ 란장 본이이ᄒᆞᆸ
빈한ᄒᆞᆫ 부뷔허물마된ᄀᆞᆫ ᄒᆞᆫ이 쉽거ᄂᆞᆫ ᄂᆞ니 그엿지ᄉᆡᆼ애ᄒᆞᆸ지
망ᄒᆞ며 십ᄒᆞᆫ야 ᄒᆞᆨ장밧ᄉᆞᄀᆞ로 셜의ᄒᆞᆯ 경령ᄒᆞᆫ 여써쳐ᄂᆞ
ᄒᆞᆯ기ᄅᆞ져 옷ᄒᆞᆫ 조ᄎᆞᆫ대 접ᄉᆞ랑ᄒᆞ여 허물ᄒᆞᆯ 조ᄎᆞ러보너ᄉᆞ

쫑젹ᄒᆞᆫ 션례ᄯᆞᆯ을 ᄆᆞᆯ쳐며 잡다가 ᄆᆞᆺᄒᆞ며 현쳐로 ᄉᆡᆼ각ᄒᆞᆫ다
ᄒᆞᆫ믄 현뎐이 그 안해를 실례ᄇᆞ리려 ᄂᆞᆫ 듯지 잇ᄉᆞ니 실ᄉᆞ올진
각ᄃᆡᆨᄒᆞ라 ᄆᆞᄋᆞᆷ 거의 셔러지미 내 가린ᄉᆞ 현쳐 ᄃᆞᆫᄯᆞᆯ을 젼국셔
회ᄒᆞᆫ 셰샹ᄯᆞᆯ이라 가히 ᄡᅧ 법을 삼지 못ᄒᆞᆯ지어라 례의 부ᄌᆞᆫ
이 칠거의 범ᄒᆞ야 현빈쳔 후취ᄒᆞᆫ편 가히 ᄇᆞ리지 못ᄒᆞᆯ거
시라 ᄒᆞ니 션왕의 졔례가 엇지 구ᄎᆞᆨᄒᆞ신고 죵흥이 왈 ᄂᆞᆫ
강이라 져 ᄇᆡᆨ을 안해 보랑의 ᄃᆡ리지 아니ᄒᆞᆫ다 ᄒᆞ니 이ᄂᆞᆫ 당ᄂᆞᆫ
의ᄯᆞᆯ이라 쳔하의 가 되게 ᄒᆞᆫ즉 ᄂᆞ가ᄂᆞᆫ ᄒᆞᆫ 션비의 안해라
근호 ᄡᅦ야 ᄒᆞᆫ나라의 신하로 비웃ᄒᆞ야 ᄉᆞ니 빈쳔ᄒᆞᆯ셔 갓치
ᄉᆞᆨ을ᄒᆞᆯ 부귀ᄒᆞᆫ 며ᄂᆞ리 갓치 누려 은혜와 의를 이르미 업셔 갓

치눈기의긔약ᄒᆞ매 집의ᄉᆡᆼ셰라안희가 맛디리 긔한ᄒᆞᆯ견ᄃᆡ
지못ᄒᆞ샤 남편ᄋᆞᆯ원망ᄒᆞ매 ᄌᆞ미신ᄒᆞ야안희 그가ᄅᆞᄒᆞᆫ 불협
의ᄒᆞ야 그남편을 ᄇᆞ리ᄂᆞᆫ 것은 우어시라 ᄒᆞ리오
셰상의잔악ᄒᆞᆫ놈ᄌᆞᄂᆞᆫ 한악ᄒᆞᆫ부ᄆᆡᄒᆞ야 협제ᄒᆞ야 ᄉᆞᆨ죡을ᄂᆞᆯ
비지ᄉᆞᄒᆞᆫ 뒤 겨왕ᄒᆞ 미의ᄂᆞ니 이ᄂᆞᆫ 인ᄉᆞᄒᆞ야 뎐편ᄒᆞᄂᆞᆫ 왕법
의용납지못ᄒᆞᆯ배라 ᄉᆡᆼ업ᄉᆞ디며 기며 ᄂᆞᆼ별ᄒᆞ게 치며 ᄯᅥ지ᄉᆞ
기ᄒᆞᆯ이 ᄌᆞ저 아니ᄒᆞᆯ배여 ᄯᅩ제ᄒᆞᆫ 긔저 한악ᄒᆞᆫ부뎐은 ᄋᆞᆨᄒᆞᆯ
진ᄒᆞ야 각ᄉᆞᆫ이만 허ᄂᆞᆼ히 ᄉᆡᆼᄆᆡᄅᆞᆯ 경영ᄒᆞᆫ ᄂᆞᄂᆞ 그남편이녀
ᄌᆞᄅᆞᆯ ᄌᆞ죄ᄒᆞ야 ᄉᆞᄂᆞᆫ ᄆᆞᄅᆞᆯ 지며 ᄭᅦ 원ᄒᆞ며 재 길 ᄀᆡᆨ며 제어ᄒᆞᆫ
남편이 ᄋᆞ위ᄒᆞ매 ᄌᆞ폐ᄒᆞ되 향복ᄒᆞ니 가히 ᄉᆞᆯ포지 ᄯᅡᆯᄂᆞᆫ ᄒᆞᆯ세

쟝븨ᄯᆞᆯ이 놀다가 호화로 뎌 현숙ᄒᆞᆫ데 숙ᄂᆞᆫ다 ᄭᆡ쳐 쳘을 ᄭᆡᄂᆞᆫ 그
쳐쳡된지 이예 ᄒᆞᄅᆞ 뎌 졀ᄒᆞᆯ계 이니ᄒᆞ니 비ᄂᆞᆫ ᄒᆞ션의 족 누ᄒᆞᆫ
풍속이라 법븍븍 된ᄒᆞᆫ 들 그 ᄯᅢ당이 ᄇᆞᆯ이 ᄭᅩᆺ칠지이라
남편 라 ᄒᆞ고 의셩 품미 ᄉᆞᄒᆞ옵고 ᄎᆡ ᄲᅥ 박ᄒᆞᆨ ᄒᆞ셔 ᄒᆡ여 ᄉᆞᆷ 집의
이ᄌᆞ지 못ᄒᆞᆯ ᄭᅥᆺ을 거든 지어미된 ᄌᆞ는 다만 ᄯᅡ당이 슬프ᄭᅵ 옐
뫼며 ᄊᆡᆨ 참아 ᄒᆞ라가 계 못ᄒᆞᆯ 곳을 뵈며 ᄯᅥ 거의 그 감동ᄒᆞᆯ
어엿비 녀기게 ᄒᆞᆫ 가히 ᄉᆡᆨ ᄒᆞᆫ ᄒᆞ거ᄂᆞᆯ ᄂᆞᆫ 다 나 빗츨 지어가
ᄒᆞ되 괘ᄒᆞ게 네 쳡의 ᄒᆞ라 가 기리 ᄎᆡᆨ을 보 제 아니 ᄒᆞᆷ이 ᄯᅩᄒᆞᆫ
니 ᄯᅩ ᄒᆞ지라 ᄒᆞ기 아니 ᄒᆞᆯ지니 니 ᄂᆞᆫ 비 ᄇᆞᆫ이 미니 현부 어ᄉᆞ시 ᄯᅢ
남편 라 ᄒᆞ ᄯᅢᄭᅵ 치게 한 ᄒᆞᆨ ᄒᆞ고 셔 쳔 부 용을 복 ᄯᅢ거든 쳡 라 지어미

된후는 머리를 숙이고 숨을 무리 쉬는 취ᄒᆞ게 ᄒᆞ여 어빗ᄃᆞᆯ
어너 ᄯᅢ부ᄒᆞᆯ 쳡은 대추ᄒᆞᆫ여 쇼곰도 어긔믄 ᄌᆞᆨ벌ᄒᆞ미 업
ᄉᆞ패ᄒᆞ게 ᄒᆞ며 쳡변ᄒᆞ게 말며 ᄌᆡ국ᄒᆞᄂᆞᆫ 방법이니라
주고와 남편의 행품이 바ᄅᆞ게 ᄎᆡ ᄌᆞ죠ᄒᆞ나 가히 ᄌᆞᆨ법ᄒᆞᆫ
젹용ᄒᆞ되 ᄒᆡ기는 ᄆᆞ음(를)알게 ᄒᆞ여 ᄒᆞᆯ지니 ᄃᆡ개 ᄆᆡ당이 아작
뎌 복력 ᄉᆞᆫ슌ᄒᆞ니 화ᄒᆞ여 ᄆᆞᄋᆞᆷ 감동ᄒᆞ여 어ᄯᅥ 비ᄯᅥ ᄀᆞ ᄀᆞ리온(이)화
ᄒᆞ기(를) 기ᄎᆡ와 앗갑ᄂᆞᆫ가 허물과 실ᄎᆡᄒᆞᆫ 긔ᄉᆞᆯ ᄆᆞᆯᄒᆞᄂᆞᆫ 셜ᄒᆞᆫ 모
좀 저리 긔운을 화ᄒᆞ게 ᄒᆞᄂᆞᆫ 초원을 부ᄒᆞᆯ럽게 ᄒᆞᆫ즉 능히 능
옷 버서 ᄎᆡ졉ᄒᆞ고 화ᄒᆞᆫ 고상 ᄉᆞ호 ᄒᆞᆫ 되 니르지 아니ᄒᆞ리 인륜
의 편ᄒᆞ게 ᄉᆞ로이 길(려는)ᄭᅵ울 ᄭᆡ피암 지아니 ᄭᅵ니ᄒᆞ ᄒᆞ야의 리

흘도라 보지 아니ᄒᆞ야 ᄲᅧ리와 법의 ᄯᅢ 지기의 머므ᄂᆞ냐 가
히 술 득지 아니ᄒᆞ야 ᄒᆞᆫ시 외 젼의 ᄯᆞᆯ 남편은 업ᄉᆞ야 비희ᄂᆞᆫ
분별ᄒᆞᄀᆡ 잇스며 ᄋᆡ화ᄂᆞᆫ 욕슌이 쳥홍ᄒᆞ나 ᄆᆡᆨ일 횡ᄒᆞ야
도예 ᄯᅡ지 아니ᄒᆞ면 곳 득죄되스ᄀᆞ로 죵즈ᄒᆞᆫ 기부도 니라
좌젼의 왈 식어미ᄂᆞᆫ 슈랑ᄒᆞᆫ 지어미ᄂᆞᆫ 듯ᄂᆞᆫ다 ᄒᆞ니 ᄃᆡ뎌 젼
셩이 아ᄂᆞ 식어미와 며ᄂᆞ리ᄂᆞᆫ 다ᄅᆞᆫ 셩의 ᄉᆞ람이라 의로
ᄡᅥ 합ᄒᆞ야 존비(놉고 ᄂᆞᆺ기) 갓지 아니ᄒᆞ믈 노ᄉᆞ다(가) 드ᄅᆞ미 잇ᄂᆞ니 허믈ᄭᅢ
편협ᄒᆞᆫ 셩품이ᄲᅮᆫ 하 ᄡᅥ로 용납지 못ᄒᆞᄂᆞᆫ 거시 잇ᄂᆞᆫ 되ᄭᆞ다이ᄉ
ᄉᆞ니 그ᄅᆞᆯ 며ᄂᆞ리 된 쟈ᄂᆞᆫ ᄆᆡ 노ᄅᆞᆺ지 아니ᄒᆞᆫ 물 ᄀᆡᆨ쳥치 말
고 시부모의 ᄉᆞ랑치 못ᄒᆞᆷ만 ᄀᆡᆨ졍ᄒᆞᆫ 즉 ᄉᆞᆫ지 아니ᄒᆞᆯ ᄇᆡ 노라드

부ᄅ ᄭᅥ 노리 된 거ᄂᆞᆫ 싀어미 외 ᄉᆞ랑치 아니ᄒᆞ물 걱졍치 말
고 너 몸이 늣게 못ᄒᆞᆷ만 걱졍ᄒᆞ면 ᄉᆞ랑치 아니ᄒᆞᆯ 시어미도
물너셔 나라 예러 외ᄉᆞᆯ 지아비ᄂᆞᆫ 의로 ᄒᆞᆯ ᄯᅢ 어미ᄂᆞᆫ 듯ᄂᆞᆫ
ᄯᅡ ᄒᆞᄂᆞ니 편젼부ᄃᆞᆫ은 듯고 좃ᄂᆞᆫ 거ᄉᆞᆯ 숀ᄒᆞᆫ ᄯᅥᆨ 말ᄉᆞᆷ을 지라 비
죡고려 ᄒᆞᄂᆞ 지아비 ᄯᅢ만 ᄃᆞᆯ의로 ᄒᆞ게 ᄒᆞ야 ᄒᆞ면 졔어미 ᄯᅡ로ᄒᆞᆫ
이ᄂᆞ 두ᄅᆞᆯ 미ᄃᆞ며 잇거이와 싀어미 ᄯᅢ 죡 ᄉᆞ랑치 안ᄒᆞᆫ ᄯᅢᄂᆞᆫ
되ᄂᆞᆫ 가히 듯게 ᄒᆞ니 치 ᄂᆞᆺᄒᆞᄂᆞ니 ᄃᆞᆫ거 될 아비 ᄇᆡ 죡 ᄉᆞ랑치 아
나ᄒᆞᄂᆞ 아ᄃᆞᆯ 더 가히 혼쳥치 아니치 못ᄒᆞᆫ 리라 ᄒᆞᆷ다 ᄒᆞᆫ 뜻시니
싀어미와 ᄭᅧ 노리 될 갓치 부ᄃᆞᆫ히라 ᄒᆞᆫ 운의가 되히려 형ᄒᆞᆫ 기 쉽
거이와 지아비와 ᄯᅧ 노리ᄂᆞᆫ 남녀 ᄭᅢᆯ 다ᄅᆞᆷ이 잇ㅅ셔 곤부의게 뎐ᄒᆞᆯ 배

아니라 고로 몹고 엄ᄒᆞ기 극ᄒᆞ며 조졀ᄒᆞ기 쉬우니 ᄯᅢᄂᆞ리
혹 ᄌᆞᆫ즤 ᄌᆡ ᄯᅢ ᄃᆞᆺᄌᆞᆯ 말혀 ᄌᆞᆯ뉘 독쳑ᄒᆞ기ᄅᆞᆯ 말지 아니ᄒᆞᆫ 아 집
지어 입ᄉᆞᆯ 방소ᄒᆞ며 셰졀은 너치기ᄅᆞᆯ 졔졉ᄒᆞᆫ다 갓치 ᄒᆞᆫ즉 집
안희 샹이 ᄉᆞᆼ울ᄒᆞᆯ 형블이 희면ᄒᆞᆫ고로 ᄯᅢᄂᆞ리 된ᄌᆞᄂᆞᆫ 조
심ᄒᆞᆫ 바 이며 ᄇᆞᆺᄉᆞᆯ 오직 고ᄌᆞ랑ᄒᆞ셔 믈 말ᄒᆞᆯ가 져허ᄒᆞᆯ
시아비 된ᄌᆞᄂᆞᆫ 신ᄉᆡᆼ당이 ᄌᆞᄂᆞᆫ ᄎᆡᆨᄒᆞᆫ 거ᄉᆞᆯ 아름다이 ᄌᆞ랑ᄒᆞᆫ
ᄶᅧ져은 허믈을 간략히 벗겨 ᄌᆞ뢰ᄒᆞᄂᆞᆫ가 ᄒᆞᆫ뢰 ᄉᆡᆨᄒᆞᆫ 염
ᄒᆞᆫ 듯ᄌᆞᆯ 복쇄 죄목의 ᄲᅡ져 져ᄃᆞ려 오ᄂᆞᆯ 참을 ᄌᆞᆯ 밧지 말면가
되며 에쳥ᄒᆞ야 옛말의 며리 쳑지 아냐 ᄒᆞᆫ즉 취ᄆᆡᆨ지 아냐
ᄒᆞ연 능히 잡아ᄂᆞᆯ 그이 노ᄅᆞᆺ 못ᄒᆞᄂᆞ다 ᄒᆞᆫ즉 너희와 말지어ᄭᅵ

그리ᄆᆞ와 ᄒᆞ리 갓ᄉᆞᆫ 두어지가 허생 ᄎᆞᆺ찌 다니 ᄒᆞ리오 ᄒᆞᄂᆞ이다.

시어미ᄭᅦ 그ᄭᅦ 노리가 ᄂᆞᆫ ᄒᆞ야 잘 봉영치 못ᄒᆞᆫ다 혐의ᄒᆞ야 ᄌᆞᆨ칙
ᄒᆞ기를 새다 좁게 각박ᄒᆞ야 책이 ᄉᆞ랑ᄒᆞ는 부ᄎᆡᆼ이 너기ᄭᅦ
엽서 그ᄭᅦ 노래ᄒᆞᆫ 하며 곰비 책ᄒᆞ야 ᄯᆞᆯ 너ᄎᆞᆺ채ᄒᆞᆫ ᄒᆞᆨ칼라
ᄯᅢᄅᆞᆯ ᄌᆞ결ᄒᆞᆫ 는 지미ᄋᆞ니 너ᄇᆞ면 ᄒᆞᆨ하ᄂᆞᆫ 편이라 우ᄅᆞᆺᄭᅦ
노래 미ᄅᆞᆯ ᄀᆞᆫ 경계ᄒᆞᆫ 두려ᄒᆞᆫ 물 더 ᄒᆞ야 ᄋᆞᆫ리도 ᄒᆞᆼ이 ᄋᆞᆯ
그 죄ᄇᆞᆯ을 가비ᄅᆞᆸ게 ᄒᆞ야 ᄒᆞᆨ도 지신다 ᄉᆞ람의 ᄎᆔ록ᄒᆡ ᄒᆞᆫ게
ᄯᆞᆯ 지너라.

ᄒᆞᆺ부허베는 강음새 진송ᄒᆞ의 취라 곳은 그 ᄒᆞ를 침감ᄒᆞ야
ᄯᆞᆯ라오 숨을 ᄀᆞᆺ촌이 이어 ᄒᆞ야 식어미 ᄉᆞ ᄒᆞ니와 ᄒᆞᆫ곰도 ᄀᆞᆨ라

갓지마나 ᄒᆞ면 즁아리 쳐과ᄒᆞᆯ나 되게 노리 화ᄒᆞᆫ 얼골노ᄂᆞᆫ
슌ᄒᆞ야 셔어 게평이 됴스되 ᄯᅢ 노리 탑젼의 뫼셔 셔ᄂᆞᆫ 비록
누슉가 답ᄒᆞ되 디벽이 되매 ᄒᆞᆫ 번 부르미 문득 디답ᄒᆞ되
밀슉ᄒᆞᆫ 고로 겨으레 업ᄂᆞᆫ 셔어미 죠ᄒᆞᆫ 대령ᄒᆞᆯ 뎨 밧다시 ᄲᆞᆯ
랑ᄒᆞ며 ᄯᅢ 노리 치기ᄅᆞᆯ 빅이나 ᄒᆞ며 ᄭᅢ티가 서여지ᄂᆞᆫ 면 목
니 부ᄅᆞᆫ 고프 곡려 ᄉᆞ람대 뷔ᄒᆞ야 불평니 여겨 ᄒᆞ고 ᄯᅢ노리 왈 석
며기ᄂᆞᆫ 병이라 ᄲᅧᆫ 디어나 면옷개 디ᄅᆞᆯ 졀겨ᄒᆞ시되 ᄒᆞᆫ으 석
어미까치 조ᄎᆞ 밤이면 바라시 삭견의 가ᄅᆞᆫ 쾌히 기ᄒᆞᆫ 번ᄒᆞᆯ 면
이러ᄂᆞᆫ 쎄슉ᄒᆞᆯ 며 리 빗셔 침문 밧 ᄭᅡ셔 셕어미ᄅᆞᆯ 가ᄅᆞ되
더라

이졔 슈슉이 편지ᄒᆞᆫ 가ᄒᆞᆯ 시슉이라 이ᄅᆞᆯ 공경ᄒᆞ며 슈슉이라 일ᄏᆞᆺ느니 진
실노 바른 일이라 그 ᄉᆞᄉᆞ로 ᄒᆞᆫ 일 근본 기ᄅᆞᆯ 아모리 기셔 끼와
남편의 오로 가셔로 례라 일ᄏᆞᆺ느니 형슈와 남편의 형이셔
로 동셔이라 일ᄏᆞᄅᆞᆫ 남편의 녀편네 형뎨와 형뎨의 안히
ᄒᆞ뎌보러 셔로 항렬ᄅᆞᆯ ᄯᆞ라 셔로 뎨라 ᄒᆞ며 동셔이라 일ᄏᆞ
ᄒᆞᄂᆞ니 부관이 셔로 례라 일ᄏᆞᆺ기는 오히려 가ᄒᆞ거니와 동셔
이라 일ᄏᆞᆺ기는 일ᄏᆞᆷ이 업ᄂᆞᆫ거시라 남녀의 례라 ᄒᆞ며 동셔
니라 일ᄏᆞᆺ기 비록 ᄒᆞᆫ가지 ᄉᆞᄒᆞ며 이의 심ᄒᆞ미 업ᄉᆞ나 공
경ᄒᆞᆯ 쳐 일ᄏᆞᆷ이 바ᄅᆞ지 아니ᄒᆞ고 ᄯᆞᆯ이 ᄒᆞᆫ 셰 아니 ᄒᆞᄂᆞ니
ᄒᆞ셔니 그 이ᄅᆞᆯ 이ᄅᆞᆷ이라 가ᄒᆞᆫ 형슈 가ᄒᆞᆫ 뎨부 뎨슈 가ᄒᆞ

뎨부형(남편의형)가로ᄃᆡ뎨부(남편의뎨)라ᄒᆞ야남ᄌᆞ도한ᄒᆞ야일홈

ᄉᆞᆷ은부인은ᄒᆞ야형을ᄡᅥ셔ᄂᆞᆫ거서가ᄒᆞ니라남편의누의

와형뎨의안ᄒᆡ도ᄯᅩᄒᆞᆫ당이가로ᄃᆡ부ᄌᆞ(남편의큰누의)라부ᄆᆡ(남편)

(니ᄌᆞᄂᆞᆫ부ᄆᆡ)라형ᄉᆞ라뎨ᄉᆞ라ᄒᆞᆫ형뎨의안ᄒᆡᄂᆞᆫᄯᅩ서가로ᄃᆡ

ᄉᆞ라ᄒᆞᆯ버금은가로ᄃᆡ뎨라ᄒᆞᆫᄯᅩᄒᆞᆫ당이풍속을ᄯᅡ라좃

셔라일컷지말거시니셔란말은남ᄌᆞ의일컷ᄂᆞᆫ말이라

ᄒᆞᆨ다리(형뎨의한ᄒᆡ)가일질니가치거ᄒᆞ야ᄉᆞ그ᄒᆞᆷ을셩ᄒᆞᆫᄒᆞᆨᄉᆞ

람이할가처뎌함을곳든덕이니라

뎨와ᄉᆞ의(형뎨의처)빈부가비ᄒᆞᆨ가지아니ᄒᆞ나가히불어외ᄒᆞᆯ

업ᄉᆞᆷ이너기지말고더부러갓치ᄒᆞ야ᄉᆞ이가업게ᄒᆞ니가

ᄒᆞ리라

츅라리의 방의 가히 총명을 가ᄌᆞ나 ᄒᆞ야 옛글 재 이ᄉᆞ나 ᄒᆞᄂᆞᆫ 션

ᄒᆞᆫ가히 갈힐ᄒᆞᆫ 총우ᄒᆞᆯ 희대 ᄀᆞᆷ허 무ᄅᆞᆯ 살펴 ᄑᆞᆷ계ᄒᆞᆫ 미내ᄂᆞᆫ

여호 갓ᄒᆞᆫ 곡리라 집안의 지ᄒᆞᆯ 복케ᄒᆞ고 가ᄂᆞᆫ 말니 업셔야 가

되미의 마ᄅᆞ 노ᄒᆡ라

츅라미의 아ᄃᆞᆯ 미ᄒᆞᆨ셰 ᄒᆞᄂᆞᆫ 화ᄒᆞ 가히 미편ᄒᆞᆫ ᄃᆞᆯ 편벽되미

ᄒᆞ위ᄒᆞ야 악ᄒᆞᆫ ᄌᆞ뎨 ᄎᆞᆯ 발쟉ᄒᆞ쟈 ᄒᆞ라 ᄒᆞ리시롸

조미 의ᄉᆞ의 남편은 외ᄃᆞᆫ 이라 조미가 의ᄉᆞ기를 위ᄒᆞ야 ᄆᆞᄋᆞᆷ이 츅츅

빅와도 가히 ᄯᅢ챨ᄒᆞᆯ ᄒᆞᄂᆞᆫ ᄯᅢ 조로 주모 왕녀ᄒᆞᆫ 지안ᄒᆞᆯ 리ᄒᆞᄂᆞᆫ

부인의 셩픔 이왕 ᄒᆞ고 쌍ᄒᆞ야 황ᄒᆞᄂᆞᆫ 아ᄃᆞᆯ의 져녀ᄂᆞᆫ 소회을 ᄐᆞᆼ

ᄒᆞ기ᄯᅢ 느리ᄒᆞ여 셔녁으로 싣치어가리고 멀ᄒᆞ니 엇제 그편
벽되얏새 의일ᄂᆞᆫ 되새 국기 비ᄃᆞᆯ 생나 꾸의 박ᄉᆞ 고야 둘이
일곱이 되얏ᄂᆞ니 그 ᄌᆞ식 ᄯᅢᆨ ᄯᅡ기ᄌᆞᄅᆞᆯ ᄒᆞᆫ갈 갓치 잘ᄒᆞ여 ᄌᆡᆨ이 ᄒᆞ야 ᄲᅡᆨ
이 념ᄃᆞᆯ 말이라

며ᄂᆞ리 마ᄌᆞᆯ ᄯᅢᄂᆞᆫ 되ᄒᆞᆨ가 ᄉᆞᄅᆞᆷ ᄒᆞᆨ부ᄂᆞᆫ 보ᄋᆞᆫ 가히 더 졀ᄒᆞᆫ 거
ᄉᆞᆯ ᄒᆞᆨ 빅ᄒᆞᄂᆞᆫ ᄒᆞᆨᄒᆞᆫ 호ᄭᅵ 만일 지ᄂᆞ ᄲᅮᆫ 일 ᄌᆞ며 가 보ᄋᆞ면 가ᄂᆞᆫ
ᄒᆞᆫᄌᆞᄂᆞᆫ 원ᄲᅮᆫ ᄒᆞᆯ 부ᄌᆞᄂᆞᆫ 고ᄲᅮᆫ ᄒᆞ니 가도의 며 그러지 ᄭᅢ ᄃᆡ
의 ᄯᆞᆯ 며암 제 이나 ᄭᅵ 이니라

뫼 ᄉᆞ회와 ᄯᅢ느리ᄅᆞᆯ 가리되 더다 평실어 몸좌 되고 집의 법
다 문벌이 ᄇᆡ즘 ᄒᆞ니 ᄯᅡᆫ 일 덕행이 업ᄉᆞ면 비록 환ᄉᆞ 최 돈

갓ᄅᆞᆫ 명ᄌᆞᆨ(진당ᄎᆡᆨ 거독) 이라 조ᄎᆞ히 불러시 이ᄂᆞ라 집의 시와 예
의라 ᄒᆞᄂᆞᆫ 법이 잇ᄉᆞ오 ᄌᆞᆨ고 ᄌᆞ예 가(ᄀᆞᆯ) 되ᄌᆡ 기ᄅᆞᆯ 받다시 녯교
훈을 조촐 지ᄂᆡ고 ᄉᆞ회와 며ᄂᆞ리 셰ᄉᆞᆫ 불은 감촌 ᄒᆞ거ᄂᆞᆯ 니
졔ᄉᆞ 탐ᄂᆞᆫ 그ᄅᆞ치 아니ᄒᆞ야 몸졔 부취ᄒᆞᆯ 파 되며 ᄆᆞᆯ노 빈
ᄒᆞᆫ ᄒᆞ면 ᄯᅢᄅᆞᆯ 려 질기 공(공즁의 ᄉᆞ회) 애 쟁 갈 ᄃᆞᆯ 노흠 ᄒᆞᆫ 가랑 덕 보(양홍의 안해) 깃타녀
도 ᄎᆡᆨ지 아니ᄒᆞᆫ 베ᄌᆞᆨ 명 문ᄋᆞ ᄌᆞᆨ이라 ᄒᆞ고 젼이 가ᄉᆞᆯ ᄒᆞ련 더
부려 ᄎᆞᆷ현 ᄒᆞ미 업서 집의 법은 도뢰여 두고 의논치 아니ᄒᆞ
ᄂᆞᆫ 진셜노 부귀 ᄒᆞ면 비록 어리셕은 쟌 ᄲᅧᆼ이 외 ᄌᆡ조 ᄉᆞ양
치 아니ᄒᆞ고 ᄉᆡ 다 ᄆᆞᆫ 벌ᄆᆞᆯ ᄆᆞᆫ ᄎᆡᆨᄒᆞᆯ 덕ᄒᆡᆼ라 가법을 뭇지 아
니ᄒᆞ여 다만 용모의 년ᄭᅵ ᄒᆞᆷ만 ᄎᆡᆨᄒᆞᆷ은 다른 거ᄉᆞᆫ 뭇ᄌᆡ 아니

ᄒᆞᄂᆞ지 잇ᄉᆞ나 이러ᄒᆞᆫ 者ᄂᆞᆫ 쟝부가 능히 스ᄉᆞ로 결단치 못
ᄒᆞᆯ 쳐쳡와ᄭᅦ 쇠ᄒᆞ야 ᄌᆞ녀가 ᄯᅥ러질 ᄯᅢᄅᆞᆯ 삼ᄋᆞ니 리편ᄒᆞᆯ
뎐토ᄒᆞᆯ ᄯᅢ가 하리라 ᄌᆞ지 못ᄒᆞᆯ 잇ᄉᆞ나 가히 두렵지 아니ᄒᆞ랴
쳡이 ᄌᆞ식을 ᄂᆞ코 젹셔와ᄭᅴ 쳔ᄒᆞ다 ᄒᆞ려니와 이ᄂᆞᆫ 남편의 쳔ᄒᆞᆫ ᄒᆞᆯ
빈라 가히 업ᄉᆞᆫ니 여져 몹시 ᄒᆞ여 노비와 갓치 아니ᄒᆞᆯ지니
ᄉᆡᆼ고 ᄌᆞ식은 ᄂᆡ ᄌᆞ식의 형뎨오 ᄂᆡ 남편의 나흔 빈본 미여
아비 나와 너의 어ᄆᆡ나의 혈ᄆᆡᆨ이라 가히 ᄉᆞ랑ᄒᆞ기를 ᄂᆡ 아ᄃᆞᆯ
라 갓치 아니ᄒᆞ랴 그러나 셰상 젹관되가 혹 구박ᄒᆞ기를 ᄆᆞ
마ᄭᅩᆯ치 ᄒᆞᄆᆡ ᄭᅵ여ᄒᆞ기를 원슈와 갓치ᄒᆞᆫ니 다만 그 어미를
ᄒᆞᆨᄃᆡᄒᆞ야 죄가 그 아ᄃᆞᆯ의게 밋(ᄭᆞ지)ᄎᆞ(미)니 모름직이 ᄂᆡ 아ᄃᆞᆯ의 등

괴와 며나믄 천하녀주 모와 세친 바를 가져 뭇ᄒᆞᆫ 노고를 그아
들아 ᄯᅩ 그어미 ᄒᆞᆫ 노 바를 샌 방ᄒᆞ노나 초는 그 땅 때흔 더러나
녑ᄒᆞ여 비기며 쟁부로 그 딸 되와 두려를 주려 ᄒᆞ야 배를
소 그 사랑ᄒᆞᆫ 노아 들을 박ᄒᆞ여 보니 ᄒᆞᆨ습여 베련ᄒᆞ야 혈ᄒᆞᆫ
니 이의 ᄀᆞᆷᄒᆞ여 천혀 ᄒᆞᆫ 두리의 ᄲᆞᆯ 되 암 운지라 시로 여기
의 칠거를 베 푸미 두 그가 ᄒᆞᆫ나의 거ᄒᆞᆫ 시전의 동승 쟝을
기다리되 그 두 다의 나ᄒᆞᆫ 를 ᄒᆞ롬 다ᄒᆞ이 예 기이 ᄒᆞᆫ
뢰ᄒᆞ와 쳑 ᄒᆞ라 졉며 누다 비록 어렴 계다 ᄒᆞᆫ 쳐 되 주 ᄒᆞ로 무량
ᄒᆞ기를 ᄉᆞᆨ 고로ᄒᆞ여 ᄒᆞ우 그 러ᄒᆞᆫ 말를ᄒᆞ고 ᄆᆞᆯ ᄒᆞᆫ예 ᄒᆞᆫ 를 기ᄉᆞ
뢰ᄒᆞ 보며 악ᄒᆞᆫ 말노 헤를 ᄯᅥ오며 기리고 찻ᄉᆞᄒᆞᆫ 배ᄒᆞᆯ 녀ᄒᆞᆼ

ᄒᆞ믄 진실노 쳡을 어질어 ᄒᆞᆷ을 조ᄎᆞ라 가즁의 맛당이 ᄇᆞ리기 실

패ᄒᆞᆫ 일ᄒᆞ여 즁졔ᄒᆞ야 ᄌᆞ곰도 내조를 어이 ᄉᆞᆼ뎌 채ᄆᆞᆯ아 고ᄇᆡ

ᄌᆞ음을 닥잘나 ᄉᆞ근을 ᄀᆡ녀 (ᄀᆡ고고) 녀로부터 곡졀이 상잔ᄒᆞ야 졀다나

다이 업질어 맛ᄒᆞ녀 ᄌᆞ롤을 어ᄀᆞ히 ᄒᆞ블지니라

쳐얼이 젹의ᄁᆡ와 쳐가 ᄂᆞᆷ편의ᄁᆡ와 ᄒᆞ며 노리 주로와 지ᄂᆞᆫ 다만

ᄌᆞ슌ᄒᆞᆯ ᄉᆞ롬이라 가히 아쳡ᄒᆞᄆᆡ 아되 ᄂᆞᆷᄁᆡ 층ᄒᆞ여 이ᄀᆞᆯ제

니 맛당이 깁피 ᄌᆞ슌ᄒᆞ야 쳡이 뎐ᄒᆞ여 다ᄅᆞᆷ을 분변ᄒᆞᆯ지니라

젹쳡 ᄉᆞ이의ᄂᆞᆫ 은혜와 위엄이 아올나 ᄒᆡᆼᄒᆞᆫ 후의야 가되어지

렵지 아니ᄒᆞᄂᆞ니 다만 은혜로만 ᄒᆞ즉 쳡이 방ᄌᆞᄒᆞ야 분수

를 능멸ᄒᆞ며 다만 위엄만 ᄒᆞ면 쳡이 원망ᄒᆞ여 회ᄒᆞ기를 도

모ᄒᆞᄂᆞ니 그러나 어진 악되ᄂᆞᆫ ᄌᆞ려 취어야 ᄒᆞᄂᆞ니라

며ᄂᆞ리 시집 간 ᄉᆡᆼ이 본가의 젼ᄂᆞᆯ 탐ᄒᆞ거 취ᄒᆞ야 ᄡᅥ 시집을 살

ᄯᅵ께 ᄒᆞ야 쥬ᄒᆞ기를 시름ᄒᆞ여 념게 ᄒᆞ야 본가로 ᄒᆞ여금 탄핑

ᄒᆞᄂᆞᆫ 폐 이론 저 잇스ᄆᆡ ᄯᅩ 시가 ᄯᅩᆯ다 샥가 ᄉᆞ다가 치랍 편에 ᄎᆞᆯ도야

길너 ᄡᅥ 가ᄂᆞ리 져젹 도러 지께 ᄒᆞᆫ 노ᄅᆡ 업스니 ᄯᅡ부 되어니

다 ᄯᅩᆨ 집이 일빈 일부ᄒᆞᆫ 께 ᄡᅥᆯ 쥬션ᄒᆞᄂᆞᆫ 도리ᄂᆞᆫ 스스로

의되 잇ᄂᆞ니 가히 듯 ᄌᆞᆯ 방ᄌᆞ의 ᄒᆞᆫ 항ᄒᆞ기ᄒᆞ를 ᄂᆞ지 ᄒᆞ야 ᄡᅥ

ᄉᆞ람의 시비 ᄎᆞᆯ부로 지 이ᄂᆞᆯ 기ᄒᆞᆫ

졔ᄉᆞ

발기 졔ᄉᆞ 의 거ᄉᆞᆼ을 의혀 ᄉᆞᆨ즉 찬ᄉᆞᆯ 나ᄂᆞ며 괴명을 ᄇᆡ으몰 ᄂᆞᆫ

례를 닐치 말은 칙의 리속을 ᄂᆡᆫ 쎄여 경를 ᄀᆞ로 칠지니라

무릇 실과와 곡셔라 ᄒᆞᆫ 물과 전슐 다ᄅᆞ거든 반ᄃᆞ시 몬져 쳔ᄒᆞᆫ 후 어쎄 졔ᄉᆞ와 쥭ᄋᆞᆷ을 삼ᄋᆞ면 ᄒᆞᆫ 의이 ᄢᅢ감 ᄒᆞ다 ᄒᆞ리 ᄉᆞᆯ지 이라

무릇 졔ᄉᆞ를 당ᄒᆞ면 졔찬을 졍결ᄒᆞ야 판비를 시ᄂᆞᆯ네 ᄭᅬ흣ᄂᆞᆫ 말ᄉᆞᆷ이 만케 말며 아ᄒᆡ를 ᄎᆡᄆᆡ 죵을 ᄭᅮ짓지 말며 살ᄉᆞᆨ여 지재ᄂᆞᆫ 물건은 뎝ᄭᅵᄒᆞ야 긔운이 볼ᄂᆞ가 ᄒᆞ리 쟈손의 흠향을 지나 ᄯᅥᆨ과 실과를 더우 놉게 ᄒᆞ야 ᄯᅥ러지기를 분ᄃᆡ 한로 졍결은 졍셩이니라

무릇 과졔ᄉᆞ의 ᄌᆞ롱을 ᄒᆞ리ᄂᆞᆫ 합문을 ᄯᅥᆨ의 반ᄃᆞ시 ᄆᆞᄋᆞᆷ을 ᄀᆞᆺ치ᄂᆞᆫ

업슬거시오 소ᄒᆞᄆᆡ 그 죄신을 번거치이니 케 하ᄆᆞᆫ 자ᄂᆞᆫ ᄒᆞ미
나부리ᄂᆞᆫ 예의 뜻즐 아새 ᄉᆞᆺ촉도 그 인를 당ᄒᆞ여 흑ᄉᆞᆯ 곳
치지라니 ᄒᆞ므로 비록 하여금 죄ᄎᆞ ᄒᆞ야도 뎡ᄉᆞᆼ을 규출 말
지하나 ᄒᆞ니 니 업지 귀신 섬기ᄂᆞᆫ 데 법이 리ᄂᆞᆫ 욕을 ᄯᅥ러드
이 쌍ᄒᆞ나 그 죄 이 가ᄒᆞ니라
퍼 상ᄒᆞᄂᆞᆫ 부녀들이 스 도로 편안ᄒᆞ기를 청ᄒᆞᄆᆡ 죄악과 즉
인 생석의 혹 참례치 아니ᄒᆞ니 혹도 공ᄒᆞᆫ 되 업ᄭᅥ지 이라
뎨ᄉᆞ 셰월을 노피고 다ᄡᅡ가 ᄂᆞᆷ의 ᄡᆞᆯ 형졔ᄒᆞᆯ 가온대ᄂᆞᆫ 벽 셔진
덕 비와 혜여진 조각을 잡되게 개역 놓거나 이ᄀᆞᆺ지 귀신 섬
기ᄂᆞᆫ 셩의 티오

부ᄒᆞᆫ 졔ᄉᆞ는 주ᄒᆞᆯᄒᆞ는 졔계ᄅᆞᆯ 힘써 ᄉᆞᆯ피고 ᄒᆡᆼ셩을 다ᄉᆞ리지 아
진실노 이 갓ᄐᆞ여 ᄒᆞᆫ 뻡과 ᄒᆞᆫ 굿 다라고 ᄒᆞᆨ히 귀신을 흠ᄒᆡᆼᄒᆞᆯ
거시오 진실노 이 갓지 아니ᄒᆞ면 비록 ᄒᆡ뢰 효와 ᄒᆡᆼ리 뭇ᄒᆞᆯ 다잡고 큰 ᄋᆞᄉᆞ가
와 도졔 벼뢰 믈식 라도 ᄒᆞ마 ᄉᆞ람의 눈의만 주랑ᄒᆞᆯ 빗니거ᄒᆞᆫ
미오 졍셩 ᄀᆡᆷ음은 즐 저 이다 ᄂᆞᆫ 군ᄌᆞ의 졔ᄉᆞ는 집의 잇고 업
ᄂᆞᆫ 거ᄉᆞᆯ 맛게 ᄒᆞᆯ 빈부로ᄡᅥ 졔ᄀᆞ쳐 아니ᄒᆞᄂᆞ니 곰셰의 부ᄂᆞᆫ
은 졔 찬의 풍비치 못ᄒᆞ믈 근심치 ᄒᆞ니 삼어 목ᄒᆞᆺ 졔ᄉᆞ를 쟝만
ᄒᆞ미 반ᄃᆞ시 몬져 돈을 ᄌᆞᆯ아 잇ᄉᆡ는 다 ᄲᅥᆨ미물 넉넉히 ᄒᆞ을
졔고 ᄒᆞ다 집지ᄅᆞᆯ 다 부ᄒᆞᆫ ᄒᆞ면 반ᄃᆞ시 돈을 ᄊᆞ어 쟝만ᄒᆞ야
빗집의 돈 ᄎᆔᄒᆞ야 빠디여 ᄎᆔᄒᆞ야 가ᄅᆞᆫ 뒤 돈을 ᄊᆞ어 죠셩의

ᄭᅦ셰오 ᄒᆞᆯ 곳갑지 아녀 ᄒᆞ여 엇지고 ᄃᆡ블효ᄒᆞ야 ᄒᆞ니 ᄒᆞᆫ
회라 이ᄂᆞᆫ 참블효ᄒᆞᆫ다 ᄃᆡ리치ᄒᆞᄭᅦ셰오 ᄒᆞᆫ다 산 어ᄇᆡ을 파ᄂᆞᆫ
ᄂᆞᆫ 즁 엇스니 엇지 ᄌᆞ식의 듯지 리오

셰속 보면이 주긔의 후ᄒᆞᆫ 바 리오심병 리ᄋᆡᆨ 지금이 보ᄂᆞᆫ 번 북
쳥ᄒᆞᆫ다 ᄒᆞᆯ 졔ᄂᆞᆫ 편ᄒᆡ 아니 ᄒᆞ니 ᄭᅴ브ᄅᆞᆫ 탐이 ᄯᅢᄀᆞᆫ 쌍라 져근
ᄯᅮᆨᄯᅮᆨ 뎍ᄃᆡ 디셰로 엇지 조셤 ᄲᅧᆼ과 ᄯᅥᆨ 질 이라 ᄒᆞ면 ᄭᅡᆷᄶᅵᆨ 셰오
ᄌᆞᆯ 아녀 ᄒᆞ니 가장은 그 말ᄉᆞᆷ을 바 ᄶᅢ 잇더 눈이 ᄭᅮᆷ지 ᄒᆞ지 아니
ᄒᆞᆯ 셔 셰오ᄂᆞᆫ 찰 못지 ᄂᆞ며 잡귀ᄂᆞᆫ 발 어리ᄂᆞᆫ ᄒᆞᆫ 되신오 나 ᄒᆞᆫ
아 장 고와 피리와 쇼라 쇼ᄅᆡ 진동 ᄒᆞᆯ 졔 집 무당 이 ᄯᅱ며 독
ᄒᆞᆫ 혀로 포 당ᄂᆞᆫ 셔지 근 번 브 ᄃᆡ ᄂᆞᆫ 무릅을 ᄭᅮᆯ희 ᄒᆞᆫ ᄯᅢ 쇼ᄋᆞᆸ을

뷔뷔대명을 빌 때 동라 피방울 깨이드래 아르스라 귀신의 은
혜를 망도와 ᄒᆞ고 가장 은밧갓 집의 물과 [illegible] ᄒᆞ여 보고
롤 ᄒᆞᆯ 마자 못ᄒᆞ나 가히 술 푹 ᄒᆞ라 ᄒᆞᆫ 선관 숭을 [illegible] 죽은 몸을
염ᄒᆞ고 이르믈 ᄒᆞ되 [illegible]경 ᄒᆞᆫ다 ᄒᆞ야 북을 치며 어지러이 지저
리고 ᄂᆞᆯ 고리와 [illegible] 죽이 [illegible]홉다 [illegible] 을 귀신의 [illegible] 묵의 [illegible] 거부르
기를 븐드이 ᄒᆞ나 부모 [illegible]이러ᄒᆞᆫ 일은 빈타시 요긔로은 ᄒᆞᆫ라
갈악ᄒᆞᆫ 일 [illegible] [illegible] 죽인 지어미를 [illegible] 나여 [illegible]그려 이러ᄒᆞᆫ 잡
낭을 [illegible] ᄒᆞ나 가소로ᄇᆞᆷ ᄒᆞᆯ [illegible] ᄒᆞᆫ 면 [illegible] 좌이 무리를 다 [illegible]ᄒᆞᆯ
지니라

○ 손물 일ᄒᆞ다 물건이라

션비의 산ᄒᆡ(는) 가져가 ᄇᆡ쳡ᄒᆞ거든 심녀ᄅᆞᆯ 져ᄇᆞ미 가ᄒᆞ지 아
니치아니ᄒᆞᄂᆞᆫ 방ᄎᆡᆨ이 누에와 고치 ᄂᆞᆫ 지친실노 본ᄃᆡ 업어셔
디와 지어 피ᄅᆞᆯ 오ᄃᆡ올 치며 ᄌᆞᆼ만ᄒᆞ와 ᄉᆞᆯ라이 ᄐᆞᆫ을 ᄯᆞᆯ ᄯᅢ셔
뎌ᄒᆞ와 밥ᄒᆞ 잠ᄒᆞ ᄒᆞᆯ라 ᄉᆡᆨ옷을 잘 가ᄒᆞ여 ᄲᆞᆯ기 ᄒᆞ려니
ᄲᅢ셩 홀 회ᄆᆞ지 치와 단목이라 황벽이라 검음이라 ᄶᅩᆨ이라 쳥ᄃᆡ올 무
염ᄒᆞ야 ᄊᆞᆫᄒᆞᆫ 도홍이라 송화 왕록이라 쵸록이라 쳔쳥ᄯᅡ 아쳥라 ᄃᆞ
지와ᄋᆞᆯ 셕옥ᄉᆡᆨ 모든 빗ᄎᆞᆯ ᄂᆡ리ᄂᆞᆫ 법을 빈도기ᄅᆞᆯ 아라 셩계의
보의ᄒᆞᆫ 미 잇ᄉᆞᆯ ᄯᆞ름이니라 셔ᄒᆞᆫ ᄂᆡ 공의ᄒᆞᆫ 가지나 그러ᄒᆞ
나 ᄯᅥ혹의 병들 믈이 각방을 ᄒᆡᆼᄒᆞᄂᆞᆫ 단쳥의 갑ᄀᆞᆸ지어
ᄒᆞᆫ울이 ᄡᅳᆫ 노ᄅᆞᆫ 변 셩ᄒᆞ지 형용ᄒᆞᆫ 형실의 되오

조모젼(돈변)이 믈ᄉᆡᆨ실ᄉᆞᄒᆞᆫ제 뎡국헌부인과 실ᄒᆡ이니 ᄃᆡ동ᄒᆞᆫ 뎍
ᄭᅦ 죽은 ᄡᅥ나 졸ᄡᅡ 치ᄒᆞᆫ미 보ᄅᆞ의 가 될ᄉᆡᆼ이나 라 ᄡᅡ호 ᄒᆞᆨ실
리ᄒᆞ야 갑지아니ᄒᆞᆫ 죽고 욕척ᄒᆞᆫ 번거리ᄶᅡ다 ᄅᆞᆨ의 ᄒᆞᆨᄒᆞᆫ 말
노셰ᄃᆞ려 ᄒᆞ야 섬기여 즁보로 회여 곰 ᄋᆞ을 ᄒᆞ야 일리 ᄃᆞᆯ나
친ᄌᆞᆨ의 ᄯᆞᆯ으나 빗진 ᄉᆞ람은 집을 팔ᄋᆞ 밧ᄎᆞᆯ 팔라가 살을 기우
리ᄒᆞ야 이에 ᄭᆡ나 ᄀᆞ시ᄆᆞ라 원망ᄒᆞᆫ ᄂᆞᆷ로 ᄎᆡᆨ원 ᄒᆞ의 픠지 그ᄂᆞᆫ
형뎨와 혼인라 친쳑ᄉᆞ이의 ᄡᅢ로 맛ᄌᆞᆨ며 셔이 여오 지ᄀᆞ 나욕은
급ᄒᆞ ᄭᅢ ᄯᅡᆯ어 ᄃᆞᆫ 연(이)화 죵은 ᄒᆞ나 흔ᄃᆞᆺ 즐이ᄂᆞᆫ ᄂᆞ귀 ᄃᆡ개 부나 돈ᄂᆞ
리ᄂᆞᆫ 집이 엽더지은 ᄑᆡᆫ ᄒᆞᆫ 미 셰로 바ᄅᆞ보니 쎼인 졍의 갓감
지아니ᄒᆞᆫ ᄭᅴ니라

인가의 ᄌᆞ예 ᄉᆞ ᄃᆞᆯ 밝과 ᄀᆡ ᄒᆞᆯ ᄒᆡ 각ᄀᆡ ᄆᆡᆼ모ᄒᆞᆫ 모ᄒᆞ야 천공을
난화길녀 ᄭᅢ ᄌᆞ 모ᄲᅧᆯ 더를 느리나 이ᄂᆞ지 ᄒᆞᆫ ᄂᆞ 복모의 ᄆᆞᄉᆡᆨ
ᄒᆞ미라 눈히 엄금을 재앗ᄒᆞᆯ 샏이니라 반다시 가ᄒᆞ리니 아
모ᄃᆡ ᄒᆞᆯ에 기ᄅᆞᆫ 바ᄅᆞᆯ 쓰여 ᄯᅢᆨ 엇디 ᄒᆞᆯ ᄯᅢ 아모 샹외 느린 바를
쓰여 ᄲᅧᆺ다 ᄒᆞᆫ 그 ᄌᆞ 에 된 ᄌᆞ도 ᄒᆞᆫ만 ᄒᆞᆫ 표업ᄉᆞ 거ᄌᆞᆺ지이 ᄂᆞᆫ
ᄯᅢ ᄒᆞᆫ 박신ᄒᆞᆯ 빌어나 술프다 이 ᄂᆞᆫ ᄌᆞ ᄅᆞᆫ이 아니라 ᄋᆞᆫ디
가 거ᄌᆞᆺ ᄉᆞᆨ ᄒᆞᆫ ᄯᅢ ᄂᆞᆫ 비로솜 이라
가작의 게로 치여나 ᄒᆞᆫ 빗 ᄃᆞᆯ을 ᄆᆞᆫ이 쳐ᄲᅧᆺ 스치ᄒᆞᆫ 번화ᄒᆞᆫ
허비ᄒᆞᆯ 샹ᄒᆞ니 ᄯᅢ ᄒᆞᆫ 여가 ᄒᆞᆫ 재하 랑ᄒᆞᆫ 지어미 라 ᄒᆞ리라
복인이 쓰기와 벗 너기ᄒᆞᆯ 잘 ᄒᆞ며 ᄯᅥ 졀ᄒᆞ야 치ᄋᆞᆺ ᄒᆞᆫ 미ᄲᅮᆯ 띳 아닌 졀

용치 못ᄒᆞᆫ 문 부지런ᄒᆞᆷ을 ᄉᆞ고롭지 못ᄒᆞᆫ 되ᄯᆞᆯ 되 ᄆᆞᆷ 논이라
운ᄒᆡ 부지른ᄒᆞᆷ을 검박지 못ᄒᆞ야 호샹의 ᄉᆡᆼ업이 어질 너ᄅᆞᆫ ᄒᆞᆫ
비ᄒᆞᆫ 부인과 ᄉᆞᆯ의 ᄒᆞᄂᆞᆫ 져왕ᄒᆞ니 잇ᄉᆞᄂᆞ니 하 히 ᄒᆞ렵지 아니
ᄒᆞ야 고로 부인의 어ᄂᆡ 셰ᄭᅴ 문도 히ᄂᆡ 가히 ᄆᆞᆯᄒᆞᆫ ᄂᆡ 이와 부인
의ᄉᆞ치ᄂᆞᆫ 가히 ᄆᆞᆯᄒᆞ지 못ᄒᆞᆯ 거시니라
부인의 ᄆᆞᆷ 쥭기ᄅᆞᆯ 즐겨ᄒᆞᄂᆞ니라 ᄒᆞ미 조흔 고 실ᄒᆡ 아니라 그 인ᄉᆡᆼ
ᄒᆞᆫ 물이 ᄀᆞᆷ ᄯᅢ야 ᄂᆞ니라 쥭기ᄅᆞᆯ 즐겨ᄒᆞᆫ도 ᄒᆡ 비록 스ᄉᆞ로 ᄭᅵ기
되ᄆᆞᆯ 이루ᄂᆞ 가장의 부학ᄒᆞᄆᆞᆯ 지물을 가히 모ᄋᆞᄒᆞ야 ᄒᆡ며
치야 ᄉᆞᆯ과 ᄒᆞᆯ니 ᄯᅢ를 좃ᄎᆞ 이우ᄒᆞ여 가 ᄉᆡᆼᄒᆞᆷ은 넙ᄂᆞᆫ 집으거
ᄂᆞᆫ ᄇᆞ라시 가쟝의 ᄭᅵ 고ᄒᆞᆷ은 즈현ᄒᆞᆫ ᄭᅢ가 ᄒᆞ니라

현곡과 표백을 ᄭᅢ쳐 현란가 랑ᄒᆞᆫ 이 지ᄋᆞᆷᄒᆞᆷ께 집방ᄒᆞᆯ 조ᄎᆞᆯ이나 하
편곡ᄒᆞᄂᆞᆫ 이불 받더니 ᄎᆡᆨ의과 ᄒᆞᆫᄒᆞᆫ미 이러ᄭᅦ 가장을 빈ᄒᆞᆫ 호로
그 니세(는거) 이재ᄲᆞᆯ지니라
구로와 곡신 바ᄒᆞᆯ가 ᄒᆡ여와 ᄒᆞᄂᆞᆫ 타ᄋᆞᆫ 곡ᄭᅦ 이와 달게 ᄲᆞᆯ지어라
도장과 ᄇᆞᆫ만 ᄇᆡ의ᄂᆞᆫ 용려 ᄭᅢ라 집ᄋᆞᆯ ᄒᆞᆯ 코고 책ᄋᆞᆫ 쳘ᄒᆞᆯ 날로과
술 받ᄋᆞ시 ᄋᆡᆨ고 술 거ᄉᆡᆨᄒᆞ여 ᄃᆞᆨᄒᆞᄂᆞᆫ 이 면이ᄂᆞᆫ ᄒᆞ미 업ᄭᅦ ᄒᆞ라
마ᄒᆞᄅᆞ와 당을 ᄲᆞᆯ ᄯᅢ과 명ᄋᆞᆫ 섀서 ᄯᅢ와 더러오ᄂᆞᆯ 바다ᄅᆞᆯ 조ᄎᆞᆯ을
근 쳔ᄒᆞᄂᆞᆫ을 ᄒᆡᆼ셰 이르로 지어 ᄭᅵ부셔ᄂᆞᆫ 줄 가되ᄭᅡ 계집녀
곤 ᄇᆡᆼ의 브쳐거를 조ᄎᆞᆫ스니여 곤ᄒᆞᆫ 생히 ᄇᆡᆨᄒᆞᆯ 가지ᄂᆞᆯ 이로
ᄭᅵ라 산허쳐 ᄉᆞᄒᆞᆫᄒᆞᆫ 리 ᄎᆈ 쳡이라 이로 ᄯᅡ리라(리) 거ᄂᆞᆫ 기로 ᄎᆈᄂᆞᆫ 뷔

가히빗(머리빗는) 쇄나믄 머리털 흘어지게 더이 발ᄒᆡ 븟시이와 감기며 반

찬가 본뒤 쇄리 개ᄶᆞᆯ 자이하

서깃라고 기비놀 라나 물엽다 질ᄯᆞᆯ라 쎄흘 어져더이 까토와 섯

흘의 바래 취 ᄶᆞᆯ 재니라

부녀ᄋᆞ의 연지ᄭᅩ 철며와 찬ᄒᆞᆫ라 오(ᄯᅡᆯ)어 거미의 실은 ᄉᆞ랏 리 보기를

드플러 ᄉᆞᆯ되지 못ᄒᆞᆫ 때ᄋᆡ 그려다 못라 건와 조흘치 못흠

라 음식의 부정ᄒᆞᆫ 이다 이의 ᄶᆞᆯ되 암ᄋᆞ니 ᄯᅡᆯ노(과ᄯᅢᆯ)ᄂᆞᆫ 셰(시) 살펴 잇

는 되흘 조흔 졔ᄒᆞ여 보리니 가ᄒᆞ이라

장의 주뎍이 잇ᄂᆞᆫ 젓셰하로 살이나ᄂᆞᆫ 쌜라 쿵의 거믄 버러지

주명 ᄯᅳᆯᄂᆞᆫ 실라와 쉬 흰 춈이 집진ᄂᆞᆫ 노략이 와 진에가 즁

아구이의 셰리ᄂᆞᆫ 치오 짐라 파리ᄯᅩᆼ이 밥라 ᄒᆞᆫ 찬의 셰나가
께 ᄒᆞᆫ 숙장ᄒᆞᆯ ᄒᆞᆫ 졔ᄒᆞ기ᄅᆞᆯ 그 법을 일흔 ᄭᅢ니 ᄌᆞᆷ ᄅᆞᆯ 귿ᄒᆞᆫ
부인이 어다 증험ᄒᆞ야 방법ᄒᆞ기ᄅᆞᆯ 밝히이 삼가ᄂᆞᆫ ᄒᆞ실ᄒᆞ니라
미와 골의 비물은 새ᄯᅡ라 버려 자장의 쳐진 배라 더러운 독ᄒᆞᆫ
거시 모힌 ᄯᅢ이 가히 ᄒᆞᆫ 시ᄉᆞᆯ 먹을 ᄭᅮᆯ시ᄂᆞᆫ 그릇 부쳐ᄂᆞᆫ 음식 ᄎᆞᆺ
지 아니ᄒᆞᆯ 거시 흉이ᄂᆞᆯ 술치라도 세 ᄲᅡ당에 금ᄒᆞᆯ 거시오 더위의 ᄭᅮᆯ
은 무쳐 쓰지 ᄆᆞᆯ지어 곰 짐ᄌᆞᆨᄌᆞᆨ ᄒᆞᄂᆞᆫ 벌을 버려지 음식의 ᄀᆞ
리 ᄭᅡᆯ 가두어 뒤ᄒᆞᆫ 노라
담배를 ᄲᅢᄂᆞᆫ 거시 크게 복덕의 해로우니 정결ᄒᆞᆫ 버릇이 아니니
나 ᄊᆡᆨ 그 기리 더러운 냄새를 쐬이면 가히 치ᄋᆞᆯ 때 ᄆᆞᆨ지 아니니

ᄒᆞ기라 오담비가로 가 ᄒᆞᆫ번 ᄋᆞᆼ숙의지나면 온젼이 사 되는거

ᄉᆞᆯ다바뢰는 내엿지부인의가 허갓가이 ᄒᆞᆯ배리ᄂᆞᆫ 상희가

ᄭᆞ뒤의 대집ᄒᆞᆼ이 담배재 ᄀᆞᄅᆞᆯ 가지ᄅᆞᆯ 석즈노져ᄅᆞᆯ ᄅᆞ이ᄋᆞᆨ하

아노라

밤의뒷간의 오르면 ᄲᆞᆫ다시 ᄒᆞᆼ을 발기ᄯᅥ 계집ᄒᆞᆼ이 ᄉᆡ로ᄅᆞᆯ 챵

ᄌᆞ제 역되면 ᄇᆞᆫ다시 괴ᄲᅧᆼ 숙져ᄅᆞᆯ 첨찰ᄒᆞ여 ᄭᅩᆺ개 감출지

나무ᄂᆞᆺ ᄋᆡᆯ뢰는 운ᄭᅵ ᄒᆞᆯ 갓가온 ᄃᆡ 감ᄒᆞ여 ᄲᅢ도 젹ᄒᆞ여 감

ᄒᆞᆫ물 ᄇᆞᆫᄆᆡ ᄒᆞᆯ지니라

배ᄂᆞᆫ ᄒᆞᆫᄒᆞᆫ곳 ᄭᅵᆺ 석생지 말나 젓먹는 아ᄒᆡ ᄭᆡᆯ니 사(剃) 져허 ᄒᆞ노라 아

희호 회에 큰 젹 ᄉᆡᆨ지ᄒᆞᆯ 물에 차 디지 말나 고젹이 되야 화 ᄒᆞᆫ

지어니 흔가져허훈 노타 신샹아는 누이되반다시 뼈기를
바로훈다 그뇌골이 바로지빠로 가져허훈 노타 누이되창
빨곤거시 빗득득갓가이 빨나 눈혈이셰로 견흔가져허훈
노타 지젹의와 요가 조흔흙이 아니거든 번거어 소타의 눈에
뜨이지어니 흙거시니 더득어가 지흔흙히보면 졍일의 흔 땅
음울 볼거시니라
온고 박우로 쎄둥잡흘 도ᄅ 와 창다벽의 불쳐로 지빨며 둥도
ᄅ기롤 갈꺼빨며 창다벽의 됴히롤 브ᄅ 여 둥잡흘 다리지
빨지이다
흙가탁흙로롤 배리득지빨며 흙가탁흙롤 브굴헤지 지빨며 흙

션의 도ᄅᆞᆫ지 ᄆᆞᆯ지어다

엉ᄒᆞᆨ라 포박ᄒᆞ라 실리와 칠ᄉᆞ와 괴명의 모든 ᄇᆡᆨ즁지 물을 ᄉᆞᆯ닶

우ᄅᆞᆯ 힘ᄡᅥ 곰 무력ᄒᆞ여 ᄉᆞ미 가히 ᄲᅦ다ᄅᆞᆷ 께 그갑ᄉᆞᆯ 색그 션

비의 마조려ᄅᆞᆫ 베이ᄅᆞᆯ 못치ᄂᆞᆫ 데려이ᄒᆞᆫ 나 힘ᄡᅥ 곰 ᄌᆞᄅᆞᆯ 물

너ᄡᅥ ᄉᆞᆯ타 나의 원망ᄋᆞᆯ 부르게 말지니다 마ᄂᆞᆫ 주도 책길ᄒᆞᄂᆞᆫ 쇼

기기ᄅᆞᆯ 심이ᄒᆞᄂᆞᆫ 거ᄉᆞᆯ 만 ᄲᅡᆨᄋᆞᆯ 지어다

혼인 ᄒᆞᆫ 집은 ᄉᆞᄅᆞ조 형 데의 ᄆᆡ 맛나니 문ᄃᆞᄅᆞᆯ ᄒᆞᄂᆞᆫ 셔ᄅᆞᆯ 보내며

호련 도ᄅᆞᆨ 화ᄒᆞᄂᆞᆫ 공평ᄒᆞ여 ᄒᆞᆨᄒᆞᆫ 쌋즐 덜치 말지니 비ᄅᆞᆨ허

풀 디엇 셔ᄌᆞ 셔ᄌᆞ ᄒᆞᆼ납ᄒᆞᄂᆞᆫ ᄌᆞ 위ᄒᆞ여 모ᄅᆞᆷ 지ᄀᆡ 이 ᄌᆞ여와 ᄂᆞ

회와 ᄒᆡ여 ᄂᆞ뢰의 안 ᄭᅧᆫᄋᆞᆯ 보와 회여 곰 ᄌᆞ곰 ᄃᆞᆯ 불약ᄒᆞᆫ ᄀᆞᆼ ᄃᆞᆯ이

앗가 말ᄉᆞᆷ이 나 금셰와 흔연ᄒᆞᆫ 집의 셰ᄒᆞ여 ᄒᆞ여 블 합ᄒᆞᄂᆞᆫ 일ᄒᆞ

내 엄젹ᄒᆞ면 원슈ᄒᆞᄂᆞᆫ 놈을 이루ᄂᆞ라 부인의 갈 ᄯᆡ 엄ᄒᆞ야 내려ᄂᆞ

ᄉᆡ라 ᄉᆞ회 집의셔 ᄒᆞ여ᄂᆞ라 집은 ᄂᆞᆫ 멸ᄒᆞ여 복셔ᄒᆞ노라 ᄒᆞ고

말ᄒᆞ고 그 며ᄂᆞ리를 회ᄒᆞ여 금 몸을 븡남ᄒᆞᆯ ᄉᆡᆼ이 업재ᄒᆞ여 보고

졉ᄒᆞᆫ ᄃᆡ애 ᄃᆞᆺ겨ᄒᆞ나 슬프다 심ᄒᆞ도다

ᄉᆞ랑이 즁ᄒᆞ엿다 ᄒᆞ므로 족치 ᄒᆞ련ᄒᆞ 기틀 곳쳐 녀자고 ᄉᆞ곡ᄒᆞᆯ

갑갑ᄒᆞ야 ᄆᆞᄋᆞᆷ 내기 뭥이 회마다 보채 날노 다ᄒᆞ미 ᄒᆞ믈 드ᄂᆞᆫ

즉 그가 히 몸을 버ᄉᆞᆯ아 부릇 모단 구리 다 대위 이라

부릇 집 ᄉᆞ랑의 질병의 부여가 즉장ᄒᆞ여 의원의 약을 불이쳐

ᄃᆞ리도와 빌ᄒᆞ기를 쳔ᄒᆞᆫ ᄒᆞ야 ᄊᆡ소 망ᄒᆞ기 의이로 노져 ᄆᆞᆫᄒᆞᄂᆞ니

관계(ᄒᆞ게)치 아니ᄒᆞ야 아희 마음의 놀너지 아니ᄒᆞᄂᆞ니 ᄎᆡᆨ은 아
희ᄌᆞ녀의 부인네 쇼ᄌᆞ 먹어 유조가 허필ᄒᆞ야 진괴(가) 쇼삭ᄒᆞᆫ
야 ᄂᆞᆯ은ᄒᆞᄂᆞᆫ 나셔ᄅᆞᆯ 이우나 일자며 몸을 먹여(써) 허ᄒᆞᆫ 거ᄉᆞᆯ 보
고 다ᄒᆞ마 ᄡᅥ 크(게)과ᄒᆞᆫ 다시라 ᄒᆞ야 굴어도 구완치 아니ᄒᆞᄂᆞ니
이런 고로 졍븨 부실ᄒᆞ야 부인이 스ᄉᆞ로 보존치 못ᄒᆞ면 진양
라 화ᄅᆞᆯ 밧다시 어드ᄂᆞ니라
첩 ᄋᆞᆫ사ᄅᆞᆷ 질병의 무량 판ᄉᆔ의 ᄎᆞ혹ᄒᆞ야 ᄡᅥᄒᆞ되 문져 도라 ᄀᆞᆫ
야 모친 됴의 빌미라 ᄒᆞ야 밧ᄭᅴ셔 희여 숨빌을 방예ᄒᆞ여 셜
만ᄒᆞ여 공경치 아니ᄒᆞᆫ 미니ᄅᆞ지 아니ᄒᆞᆯ셰 업스며 ᄯᅩ 그무
덤의 가 방예ᄒᆞᄂᆞᆫ 즈덕ᄉᆞ니 이ᄂᆞᆫ 쳐쥬와 (간방) 무고(망쳐)의 조악ᄒᆞᆫ

슛조차ᄃᆞ로 능히 좌도 잡ᄉᆞᆯ 모ᄅᆞᆯ 이쳐 오리 ᄒᆞ온 ᄉᆞ람이로ᄃᆞ

회여금 무리들 지못ᄒᆞ게 ᄒᆞᄂᆞᆫ 고ᄂᆞᆫ 어진 부인 되기 힘ᄉᆞᆸ지

아니ᄒᆞ며 당나라 문덕장손황후가 병이 심ᄒᆞ야 취젼 도인

을 쳥ᄒᆞ야 젹앙 막ᄂᆞᆫ 젼ᄎᆞᆯ 디도 고다 ᄒᆞᆫᄃᆡ 황휘 왈 ᄉᆞ생은 명

이 잇ᄉᆞ오 ᄀᆞ닭의 심ᄋᆞᆯ 지칭ᄒᆞᆯ 배 아니라 ᄯᅩ 일 복ᄋᆞᆯ 닥가

가히 명을 이을 터이면 니 악ᄒᆞᆫ 일ᄋᆞᆯ 하지 아니ᄒᆞ얏ᄉᆞᆯ 착ᄒᆞᆫ 거슬

ᄒᆞ야도 ᄒᆞᆯ쇼ᄒᆞᆷ이 업ᄉᆞᆯ진뎐 니 ᄯᅩᄒᆞᆫ 무어ᄉᆞᆯ 구ᄒᆞ리오 ᄯᅩ 부쳐

와 노ᄌᆞᄂᆞᆫ 다른 나라의 가ᄅᆞ침이라 우의 ᄒᆡ하시지 아니ᄒᆞᄂᆞᆫ 바ᄅᆞᆯ

엇지 날노ᄡᅥ 텬하의 법을 어지러이 ᄒᆞ미 ᄡᅡᆺ당ᄒᆞ리오 ᄒᆞ니

이 지당ᄒᆞᆫ ᄯᅳᆺ이라 ᄯᅩ ᄉᆞ람이 죽으ᄆᆡ 반ᄃᆞ시 무당을 부ᄅᆞ니

그 평상의 연어와 흰ᄉᆞ를 비러 ᄡᅳᆫ 후면 귀신이 ᄂᆡ쳣다 ᄒᆞᆯ너
이름ᄒᆞ되 ᄒᆞᆫᄂᆞᆯ ᄇᆞ구론다 ᄒᆞᆫ 이러ᄒᆞᆫ 변동ᄒᆞᆯ ᄉᆡᆼ각ᄒᆞ야 공
경계이니 ᄒᆞᆫ후라 재어 흙으로 ᄂᆞᆯ 뫼흘 ᄒᆞ야 부쳐의게 공양ᄒᆞᆫ
ᄃᆞ 이름은 되승록ᄒᆡ라 ᄒᆞ야 ᄲᅥ져승의 북을 비나 소학ᄉᆡᆨ의
ᄉᆞ마온 공의 ᄯᆞᆯ을 과혹ᄒᆞᄆᆡ 빙박ᄒᆞ고 쳥뎌ᄒᆞ야 가히 미혹ᄒᆞᆫ ᄆᆞ음을
셰칠ᄭᅥ니라
리도ᄅᆞᆯ 방예ᄒᆞᄂᆞ니 귀신ᄒᆞᆯ 쇄ᄒᆞᄂᆞ니 ᄒᆞᆫ나 귀신이 ᄆᆞᆫ득 잡아 ᄆᆞ
러ᄂᆞᆯ 구리ᄒᆞ야 ᄉᆞ과ᄒᆞᆯ 되ᄒᆞᆯ 재ᄒᆞᆫ 나ᄉᆞ리 흐쇄 마으소셔
편렴ᄒᆞᆫ 나 엇지 그리 미혹ᄒᆞ야 ᄆᆞᄋᆞᆷ 감렴이 무당을 넘ᄒᆞᆫ
계ᄂᆞᆯ 다ᄉᆡ 회ᄒᆞ여 공은 ᄒᆡᆼ셜치 못ᄒᆞ게 ᄒᆞᆫ 후ᄂᆞᆫ 다회ᄒᆞ오고 그 조

눈ᄯᆞᆯ이도 장안의 횡ᄎᆡᄒᆞᆫ다에 ᄌᆞ지어우희 집ᄒᆞᄂᆞᆫ 돈제니
러ᄒᆞᆫ 비록ᄒᆞᆫ 버릇ᄉᆞᆫ 업도다
부인의 병이 비ᄅᆞ셔 션쳔례로고 졉아 픔은 소견을 작ᄒᆞ며 바ᄅᆞᆷ
라ᄒᆞᆫ 거ᄉᆞᆯ 삼가지 아니ᄒᆞᆯ 한약을 나ᄂᆞ 노지 아니ᄒᆞᆫ 후
ᄆᆞᆼ다 졋치기ᄅᆞᆯ 깁히 ᄯᅥ러져도와 방뎨ᄒᆞ기ᄅᆞᆯ ᄂᆞ로지 말ᄋᆞᆷ
ᄒᆞ니 이 노ᄉᆞ 당쟝의 집을 어지러이 ᄒᆞᆫ도 남은 거시 ᄆᆞᆺᄂᆞ니라
부인의 덕ᄋᆞᆫ ᄡᆞᆫ당이 화평 온공ᄒᆞᆷ을 혜아리기ᄅᆞᆯ 힘ᄡᅳᆯ 지니라
ᄒᆡᆼ쟝의 부인 나ᄇᆡ나 히칠ᄉᆞᆸ녀 셰의 미ᄋᆡᆼᄒᆞᆫ 셰의 시벽의 ᄆᆞᆺ
이러ᄒᆞ 품도 듯ᄌᆞ지 아니 두루 노비ᄅᆞᆯ ᄇᆡᆨ인 면목의 ᄒᆡ며 곰 ᄃᆞᆯ
ᄒᆞ게 ᄒᆞ니고 다ᄅᆞᆯ 흥샹 쳔셩이 가도 뎌ᄒᆞ 놀이ᄂᆞᆫ 거ᄉᆞᆯ 엇지

스로리롭우시게 ᄒᆞᆫ 논로 부란이 뵐니 스ᄉᆞ로 이롤 질겨

ᄒᆞ던 ᄎᆞᆨ온 롤을 아셔보ᄂᆞᆫ 노힌 ᄒᆞᆫ 더우ᄉᆞ로와 삼떠로나 하

다 ᄒᆞᆫ 조죽 젓비여가 ᄒᆞᆫ되 ᄉᆞ랑의 조씨을 ᄀᆞᆷ기ᄂᆞᆫ 때니아 ᄅᆞᆯ을

써이며 어진슈을로 무ᄉᆞᆫ 마음 롤 연하

롤목셔영이 뵐 집볼다ᄉᆞ리며 ᄭᆡᆺ당이 예배봉롤 ᄲᅢ니외 ᄅᆞᆯ분

별ᄒᆞᆫ아 비죽계 집ᄒᆞᆼ다 ᄉᆞ나희 ᄒᆞᆼ이라도 남ᄃᆡᄂᆞᆫ 섞거쳐ᄒᆞᆫ

지다 일거시ᄂᆞᆫ ᄉᆞ니ᄒᆞᆼ이 ᄉᆞ령ᄒᆞᆯ 배잇지 아니ᄒᆞ면 가히 안

에ᄃᆞᆯ지 못ᄒᆞᆯ께 ᄒᆞᆯ지라 샤가 ᄅᆞᆫᄌᆞ력 비복ᄃᆞᆯ은 나의 슈고롤

되신 ᄒᆞᆫ이라 ᄭᆡᆺ당이 윤톄롤 문져ᄒᆞᆫ 뒤여도 ᄒᆞᆫ후에 ᄒᆞ야 이

예구 마음을 어더 말ᄒᆞ리새 ᄇᆡ곱푸고 찬져ᄅᆞᆯ 싱각ᄒᆞ야 의식

울거ᄒᆞ고ᄒᆞ야 ᄎᆞᆯ지니 ᄒᆡᆺᄉᆞ라 막이 잇거든 물려 쓰옴계 기미부
지런이 가ᄅᆞ쳐 ᄒᆡ여곰 고쳐ᄭᅦ ᄒᆞᆯ 가ᄅᆞ쳐 고쳐지 아니ᄒᆞ거
든 연후에 이예 ᄒᆞᄂᆞᆫ 가ᄅᆞ치기ᄂᆞᆫ ᄆᆡ 주더그 ᄆᆞᄋᆞᆷ을 ᄒᆡ여
곰 그즉이 여 ᄡᅥ리기ᄅᆞᆯ 가ᄅᆞ치노라 그러ᄒᆞᆫ 고ᄭᅢ닷ᄂᆞᆫ 바
아 민ᄎᆞᆯ을 말니여 그 리ᄒᆞ와 가히 ᄒᆡ여곰 ᄆᆡ유ᄒᆞᆫ 칠게 니
이즉 가지ᄂᆞᆫ 가장이 ᄒᆞᆫ보ᄅᆞᆯ ᄲᅢ선 아니라 그 ᄉᆞᆫ ᄒᆞᆫ 도잔 앙의셔 도
ᄇᆞᆺ당이 실각ᄒᆞᆯ 거시라

ᄉᆞ내ᄒᆡ 죄 잇셔도 가히 친히 임ᄒᆞ야 벌을 베프지 아니ᄒᆞᆯ 거ᄉᆞ
니 계집종이 죄 잇셔 비록 ᄒᆞ지 ᄋᆞᆫ 셔 ᄅᆡᄅᆞᆯ 베퍼도 크게 소리
와 ᄂᆞᆺ빗ᄎᆞᆯ ᄒᆞ여 밧갓 ᄉᆞ람으로 ᄒᆡ여곰 듯게 ᄆᆞᆯ게 이ᄒᆞ

남편의 유모와 맛구모와 신근ᄒᆞ던 바ᄅᆞᆫ 종은 ᄉᆞ랑이 가의

ᄒᆞ야 잘 ᄃᆡ접ᄒᆞᆯ 지니라

계집종이 더운 ᄯᅢ의 옷슬 벗ᄉᆞ며 혹 걸터 안ᄌᆞ며 혹 허러온 발

ᄒᆞ거든 즙피 ᄭᅵ지 젹 쥬ᄭᅮᆫ 안이 엄쥬ᄒᆞ게 ᄒᆞ라

흥라 승의 옷시 남녀를 분간 치이니 ᄒᆞ며 가조히 승은 계집종

이라 ᄒᆞ고 허ᄒᆞ야 ᄉᆞ외를 ᄭᅳᆯ지 이라

집의 산ᄃᆡ와 쇠ᄯᅥᆨ와 ᄇᆞᆯ셕ᄒᆞ다 음ᄂᆞᆫ 흔희 종을 베펴 부인을

희여곰 보게 ᄒᆞ야 ᄋᆞᄂᆞᆫ ᄯᆞ러 가 ᄇᆞᆺ게 ᄂᆞ가 집종을 ᄡᅡ ᄒᆞᆫᄂᆞᆫ 뫼

이ᄂᆞ이라

여ᄌᆞ의 것슬 ᄃᆡ지ᄒᆞ며 생육키를 ᄒᆞᆫ 것슬 평ᄒᆞᆫ 거동을 거칠게 ᄒᆞ게

이믜 이리 악ᄒᆞᆫ 버릇ᄉᆡ라 뇽향ᄒᆞ데와 뇽품ᄒᆞ데 ᄆᆡ야 뇽향ᄒᆞ데
가남예 드믈리며 안 ᄎᆡ 괄ᄋᆞᆯ ᄯᅢ ᄒᆞ야 ᄉᆞ위ᄅᆞᆯ 치ᄶᅥ 브ᄅᆞ기ᄭᆡ ᄯᅩᆺ
ᄒᆞ여 블너 손으로 셔ᄅᆞᆷ 졀너 ᄯᅩ 타브ᄅᆞ며 욕ᄒᆞ며 ᄯᅩ 블너 ᄇᆞᆯ타 쟝
ᄲᅡᆨ의 나가 나이 진실노 음난ᄒᆞᆫ 쟝본이 ᄯᅡᆯ 유긱 즁와 유가ᄒᆞᆫ
은 가히 규문 안의 ᄃᆞ리어 가지 아니케 홀 ᄶᅡ이ᄒᆞᆫ
곤 세의 부인이 저러ᄒᆞᆫ ᄂᆞᆫ 재이 셔ᄒᆞᆨ 편당 노쇼 론남쇼의 셕북라 집벌
녀ᄌᆞ의 놉고 ᄂᆞᆺ준 것과 라 거와 벼슬의 놉흔 너리 노ᄋᆞᆫ의 ᄯᆞᆯ
며ᄭᅵ 친족 혼인 ᄌᆞᆼ족의 남에 칭ᄎᆞᆫ 히 그 늠 ᄒᆞᆫ 일 크로 논다 ᄒᆞ
호라 이 진실노 집ᄋᆞᆯ 어기 ᄒᆞ여 홀 쟝본이라 이ᄅᆞᆯ ᄭᅵ드ᄅᆞ여 ᄉᆡᆨ
감ᄋᆞᆯ 박 갈ᄋᆞᆯ 참예 ᄒᆞᆯ 타 다ᄅᆞ 지ᄒᆞ 니 홀 배 업ᄉᆞ니 ᄒᆞᆫ 줄

시젼의 쓸 말삼ᄒᆞ기 사벽은 보젹집이 망ᄒᆞᆫ다 ᄒᆞᆫ 시젼의 쓸
지어ᄭᅵ긴 혜 쓸이 만 ᄒᆞᆫ 쓸이라 잇스면 보젹어지러운 계젹라 ᄒᆞ여난
부인은 쌋당이 글라 스긔뫼 놓어와 시젼ᄒᆞᆫ 쇼ᄒᆞ라 너편너스
셰ᄅᆞᆯ 약간 일거 그의 뢰ᄅᆞᆯ ᄒᆞᆫᄒᆞᆯ 빅지블의 셩라 쳔셰의 도복
와 여ᄅᆞᆯ의 나라 빌흠과 쳥현의 일듬 즉ᄅᆞᆯ ᄒᆞᆫᄒᆞᆯ 사ᄅᆞᆷ이 나가
히허당이 풍월ᄒᆞ다가 스ᄅᆞᆯ 지어 밧ᄭᅥ 젼파ᄒᆞᆫ 개 아니ᄒᆞᆯ지니
롯 문위가 조ᄒᆞᆫ 차라 되 스롬으ᄅᆞᆯ 희여곰 그져 조 업스믈 밀
크ᄒᆞᆯ지니 가히 스랑ᄒᆞᆯ 흰여곰 그려 업스믈 밀 크로ᄒᆡ 하
니ᄒᆞᆯ지라 셰가 되 즉의 ᄒᆞᆫ구 풍월ᄒᆞᆯ 장이 ᄇᆞᆯ힝이ᄒᆞᆯ 너 젼ᄒᆞᆫ
아바다시 ᄎᆞᆼ의 뒤와 ᄎᆞᆷ 기의 압폐 버리니 엇지 가히 붓그럽

지아니ᄒᆞ야
훈민뎡음 언문이라 바침반졀의 쳐음 라 가운뎨 ᄭᅳᆺ 침 소리의 이와 톄
의 쳥탁 다ᄉᆞ 쳬의 가감ᄒᆞ미 ᄌᆞ연ᄒᆞ게 내니 ᄒᆞ니 바로ᄂᆞᆫ 문
이 타ᄅᆞᆫ 셔ᄊᆞ당이 발키 셔로 바치ᄂᆞᆫ 셔로 변ᄒᆞᄂᆞᆫ 모러 알ᄂᆞᆫ 니
ᄉᆞᆯ지니 이ᄅᆞᆯ 아지 못ᄒᆞ면 소뎡 쇽빌라 셔책이 ᄒᆞᆫ스럽ᄂᆞᆫ 비록
ᄒᆞᄂᆞᆫ 조록ᄒᆞᆯ 어그러져 ᄡᅥ 격식이 되지 못ᄒᆞᆯ지니
언문으로 번역ᄒᆞᆫ 이야기 칙은 기히 ᄒᆞ야 보며 집안 ᄆᆞᆯ을 폐
ᄒᆞ야 ᄌᆞ녀 여공을 져ᄇᆞᆯ너 보리 재 아니ᄒᆞ며 지어 ᄌᆞᆯ ᄌᆞᆫᄋᆞᆫ
세니여 침ᄌᆞᄒᆞ기 ᄭᅡ지 아니ᄒᆞᄂᆞᆫ 가산을 기우리ᄂᆞᆫ 이 잇
ᄂᆞ니 ᄯᅩ 그 말이다 ᄌᆞ구리 외음난ᄒᆞᆫ 말이 만나 방탕ᄒᆞᆫ 미혹ᄒᆞ야

의로 말미암아 엇지 갈고ᄒᆞᆫ 무리들이 곱ᄋᆞᆫ 미ᄉᆡᆨᄒᆞᆫ 말노 문장ᄒᆞ
야 그 ᄑᆞᆷ연ᄒᆞᆫ 도망ᄒᆞᆯ 도로 몸 작이지 아니ᄒᆞᄂᆞᆫ 줄 아ᄂᆞ
다

언문을 번역ᄒᆞᆫ 가곡문가 ᄒᆡ닙을 익히지 아닐 거시니 당
나라 사ᄅᆞᆷ의 시와 장ᄒᆞᆫ 가의 ᄋᆡ가ᄂᆞᆫ 곱은 마ᄅᆞᆷ은 ᄒᆞᆯ너 방탕
ᄒᆞ야 기상의 으ᄒᆡᄂᆞᆫ 배라 ᄯᅩ 가히 익히지 아닐 거시라
무ᄅᆞᆺ 언문 편지를 쓰되 말ᄉᆞᆷ만 더ᄒᆞ 발은 간략ᄒᆞ게 ᄒᆞᆯ 줄
은 줄 반다시 셩거ᄅᆞᆫ 배로 ᄒᆞ고 가히 거칠게 쵸셔ᄒᆞᆫ 어
지러이 말ᄒᆞ야 쟝황ᄒᆞᆫ ᄌᆞ지리ᄒᆞ지 사ᄅᆞᆷ을 되여곰
듯기 슬케 ᄒᆞ야 ᄂᆡ홀 지니라

ᄉᆞ쇼졀 부의편즁

셔

강졀쇼션ᄉᆡᆼ이 왈 상품ᄉᆞ람은 가ᄅᆞ치지 아니ᄒᆞ여도 착ᄒᆞ고

즁품ᄉᆞ람은 가ᄅᆞ친 후에 착ᄒᆞᄂᆞ니 가ᄅᆞ쳐 ᄯᅩᄒᆞᆫ 착지 아니ᄒᆞᆫ

ᄯᅡ허ᄉᆞ 가장 하품이라 ᄒᆞᆫ 되 져 ᄉᆡᆼ품은 ᄂᆡ 뎨마 ᄯᅩ 각시라 샹인이

오흉물은 변화ᄒᆞᄂᆞᆫ 거지 다현뎐 이온이 메니 녀ᄌᆞ하품ᄭᅵ

련ᄒᆞᆫ 거시라 당비나 며 변ᄒᆞ기 엇셰 ᄉᆡᆼ졍현뎐에 고쳔여 가ᄅᆞ

ᄂᆞᆫ 지국지 아니ᄭᅵ 렵건ᄭᅡ ᄂᆞᆫ 로히려 리질의 주되 ᄒᆞᆫ 슈쇽에

ᄂᆞᆫ 집ᄒᆞ야 능히 힘ᄡᅥ 착ᄒᆞᆫ 것 ᄒᆞᄂᆞᆫ ᄉᆡᆼ의 나마 가ᄂᆞᆫ 지 거의 드무

러ᄃᆞᆫ 허믈며 부인일아 ᄅᆞ디 등반이 궁벽ᄒᆞᆫ 비록 ᄒᆞ야 부인

례ᄒᆞ라 ᄉᆞ괴ᄅᆞᆯ 동ᄒᆞᄂᆞ 최ᄉᆞ 너지 ᄭᅳ므ᄂᆞ 미미보모의 효ᄒᆞᆫ
라 ᄃᆡ와 ᄉᆞᆨ견에 거록ᄒᆞᆫ 경졔 업ᄉᆞᆫ 고로 젼너 텬니와 형뎨ᄒᆞᆫ부
인에 황실 되믈 칙망ᄒᆞ니 ᄉᆞᆯ곰다 그 어렵ᄃᆞ다 너겁셔 뎌ᄀᆞᆷ의
지은 바ᄉᆞ 졀에 ᄉᆞ 텬의 셜법 다 부모의 마동 규아 모회 졔평ᄒᆡ 밋스
니 그 ᄭᅡᆯ이 갈가 ᄉᆞᆷ 것 갓ᄐᆞᆫ 쟝지ᄒᆞ미 더옥 간졀ᄒᆞ니 진실노 곡
례와 ᄉᆞ략의 ᄉᆞᆺ치 ᄉᆞ니 ᄀᆞ 항상 ᄂᆞᆫ 잇ᄂᆞᆫ 것 갓치 ᄒᆞ미라 져오
봄의 슈묘의 병들어 유흘히 ᄌᆞ못해 ᄒᆞ되 ᄭᅵ 업셔 인ᄒᆞ야 온문
으로 ᄲᅧ무의 편ᄒᆞᆫ 번역ᄒᆞ니 버겨 무릇 닷신의 ᄭᅡ ᄒᆞᄂᆞ 그ᄉᆞ던
뫼동 규ᄂᆞᆫ 스스로 쳔질 쳥ᄒᆡ 잇ᄉᆞᄂᆞ 이예 가호와 지록 지미니
ᄒᆞᆫ노다의 타 가리치 지아니ᄒᆞ며 ᄌᆞ ᄌᆞᆨᄒᆞᆫ 된 쳥연 ᄃᆡ로 되오니

려가혀ᄲᅧ 미쳐가셔ᄃᆞ 흘가든 맛지 하혀 ᄒᆞ믄 무듬ᄉᆞ 람의 ᄢᅡ 스망
ᄒᆞ리오ᄒᆞ며 가다치ᄂᆞ 참지 ᄒᆞ니 ᄒᆞᆫ 편이 애 ᄒᆞᆫ 몸이 편ᄒᆞᆫ가 셔
하렴지 ᄒᆞᆫᄒᆞ미 흐리오 법 박복인ᄃᆡ는 고 ᄆᆞᆷ당이 ᄀᆞ쳬이 보ᄋᆞᆯ
술펴 이메 가 괴ᄢᅦ 어다 셔져ᄒᆡ ᄡᆞᆯ 뫼 곤ᄃᆡ 오ᄅᆞᆷ 갓초면 반다셔
하려 셔ᄇᆞᆺ쳐 ᄒᆞᆫ 견ᄃᆡ 오ᄅᆞᆫᄃᆡ ᄒᆞᆫ면 반다셔 갓 ᄀᆡ온ᄃᆡᄅᆞ 못ᄒᆞ려
ᄒᆞᄂᆞ다 ᄒᆞᆫ이 ᄡᆞᆯ ᄒᆞᆫᄃᆡ다 ᄒᆞ가 ᄡᆞᆯ지 ᄒᆞ니 ᄒᆞᆫ 편 ᄌᆞᆫ녀 논 어ᄆᆞᄃᆡ 요경
라녀 ᄒᆞᆫ 모든 칙이 잇ᄂᆞ니라
병생 ᄒᆞᆫ의 칠년 경오 이월 회ᄇᆡ 감 ᄉᆞᄅᆞᆷ 요 ᄒᆞᆫ 뫼 흰셔 ᄒᆞ노라

婦儀

(漢文本)

士小節卷之六

完山 李德懋懋官甫 著

藥城 崔瑆煥星玉甫 編

婦儀第二之一

易乾坤二儀均詩關雎造彝倫匪淑貞曷守身匪順婉曷事人匪潔誠曷饗神勤曁儉吉咸臻撰婦儀

性行

呂貞婦人之德勤儉婦人之福

昏義曰婦順者順於舅姑和於室人而後當於夫以

成絲麻布帛之事以審守委積蓋藏是故婦順備而後內和理內和理而後家可長久也此章說婦道甚當其要順與和而已順者百德之藪和者百祥之府

栗谷先生曰今之學者外雖矜持內鮮篤實夫婦之間衽席之上多縱情慾失其威儀故夫婦不相昵狎而能相敬者甚少如是而欲修身正家不亦難乎必須夫和而制以義妻順而承以正然後家事可治也若從前相狎而一朝遽欲相敬其勢難行須是與妻相戒必去前習漸入於禮可也妻若見

我發言持身一出於正則必漸相信而順從矣
婦人女子使之畧曉人性本善而但爲氣質之拘物欲之蔽不自知其入於過惡若或矯之修之迺復其本性可以爲賢淑蓋婦女才性慧悟者多其爲易入而善感較諸鹵鈍男子功效豈不敏速哉不在煩言亦使知其要而已
古之婦人夫子有過或勸道也或規警也使之納於無過之地今之婦人夫子無過或媚惑也或激觸也使之陷於有過之地
婦人陰德子女蕃育試看夭殤亶由慘刻

夫主之置側室緣吾之有痼疾不親家務或久而無子不可以承祭祀也夫主雖不欲有之古之賢妻必勸其夫廣求良淑敎之有式代吾勞也何暇妒之哉或吾無疾又有子而夫主貪色廣置姬人喪性虧行蠱惑迷溺不顧父母家產蕩敗當須務積誠意丁寧勸戒繼之涕泣明示其出於愛惜不出於妒也則豈無感悟之理只緣性狹肆其恚毒至使夫妻反目甚至詛呪戕害無所不至可不悲哉

嫡妻之間娣姒之際能保恩義者鮮矣爲人妻而能愛夫之姊妹者世罕有之大抵婦性易猜而異姓

相聚丈夫不能刑內以致家法之紊亂固其勢也
今取古者賢夫人善處此三事者列于左
明末盱眙縣貢生孫珮妻陳氏以恭順事舅姑無子
爲珮納賀氏爲妾賀亦婉順與陳歡相愛如姊妹
旣而陳方孕男子而珮死時賀年十七陳哀之風
其宅適賀泣曰妾雖賤奈何敢背從一之義願侍
左右以從老仍持刀欲截耳鼻以爲信陳遽奪其
刀自是二氏一意撫孤勤操織紝紡績夙夜不怠
及孤稍長勸之學後補博士弟子二氏卒皆七十
餘歲

宋章侯妻應氏永康人與其姒周親愛如同胞方臘之亂應病足與十歲兒居不能避周亦欷歔不忍去應曰姒無病宜急避周曰死生同之何避焉旣而賊入周扶應相與罵賊不受辱兒亦泣謂賊曰寧殺我無殺二母賊并刃之

宋漢州陳安節妻王氏夫死敎子日新孫綱紱咸有聞育夫妹厚嫁之妹財爲夫所罄復爲置產撫諸甥如已子宗親貧者收養嫁娶至百數有故家甘氏以貧質女酒家爲出金贖之子孫遵其遺訓五世同居

婦人之狠毒者因一小忿怨恨之不足涕泣之涕泣之不足號哭之甚至鼓掌推胷訴天詛神無所不至余見多矣亶由於家長之懦弱不善教導養成驕悍是故俚諺有之敎子嬰孩敎婦初來

善妒之婦不惟妒家中之妾媵聞人有妾代其婦而妒之何其媟也

因恚他人之不如意移怒於無罪之子女打摑紛紜擲碎器皿撲翻窓戸以肆其毒非惡婦而何

毒性之婦或不見愛於舅姑或不得於其夫蓄恚之極佯爲顚狂假鬼神而數其惡甚至擬刎擬經以

嚇之此固夫與舅姑之不善導率也其爲婦人罪亦大矣如不悔悪生亦何爲詩云人而無禮胡不遄死

男多女氣則或姦或軟而多夭女多男氣則或悍或忍而多寡禀賦之相反而命數之各乖故古聖之設敎欲使矯其氣而復其性焉諺曰生男如狼惟恐其尫生女如鼠惟恐其虎

婦人女子不耐衣服飮食之不如人是盜竊之本也或有不忍食麥稷雜飯者雖出於食性之偏僻顧不可以矯之乎是餓死之象也

酷性婦女施罰女奴好加淫刑抽髮摑頰鍼刺鐵烙築穢於口裸體倒懸極其慘毒其家必覆

家長不能明察而惱怒家人不可從旁助成其罪只可寬解申申以抵無事亦勿因其宿怨坐視其無罪而中心暗喜也或有陽救而陰害者何其毒也

器用錢財成毁得失自有其時不可暴厲聲色毆打子女婢僕毁膚流血怒猶不止貴物賤人終非德性或有戀惜不已至有哭泣者盡少商量之也

聞人言觸忤于心不辨是非不度尊卑艴然作氣面紅頸赤言不擇發此皆不吉不祥之象余見多矣

非不見荅於夫主則或夭死或早寡或不育子女

遠嫌疑守謹拙勤而儉貞而和簡言辭怡顏色在家爲孝女嫁人爲順婦淑妻生子爲賢母不幸嫠寡或遭患難不變素志爲貞烈之媛後世推爲女宗婦人之善始善終惟此而已

艶美貴富卽世俗之常習亦婦女之劣行原其志則無慊乎妒忌者亦是醜行以其不察夫嫌也

嗜噉萵苣包間日不頮櫛讀傳奇引晝睡小婢偸竊漫不省覺懶婦也

曹大家女誡曰夫敬非他持久之謂也夫順非他寬

裕之謂也持久者知止足也寬裕者尙恭下也夫婦之好終身不離房室周旋遂生媟瀆媟瀆旣生語言過矣語言旣過縱恣必作縱恣旣作則侮夫之心生矣此由於不知足者也夫事有曲直言有是非直者不能不爭曲者不能不訟訟爭旣施則有忿怒之事矣此由於不尙恭下者也侮夫不節譴呵從之忿怒不止楚撻從之夫爲夫婦者義以和親恩以好合楚撻旣行何義之存譴呵旣宣何恩之有恩義俱廢夫婦離行禮夫有再取之義婦無二適之文故曰夫者天也天固不可違夫故不

可離也行違神祇天則罰之禮義有愆夫則薄之故女憲曰得意一人是謂永畢失意一人是謂永訖由斯言之夫不可不求其心然所求者亦非謂佞媚苟親也固莫若專心正色禮義居潔耳無塗聽目無邪視出無冶容入無廢飾無聚會羣輩無看視門戶則謂專心正色矣若夫動靜輕脫視聽陝輸入則亂髮壞形出則窈窕作態說所不當道觀所不當視此謂不能專心正色矣

漢陸績母切肉未嘗不方斷葱以寸爲度推此一事其行止威儀之井井無訛可知也

言語

凡語曰死曰殺者非吉祥婦人也善泣工笑非貞閒婦人也

平居無故而支頤悵悵近於怨附耳喃喃近於讒嘻嘻不止近於宕嘈嘈不已近於苛

男子無故而有愁歎之聲婦人無故而有怨恨之言可見家道之壞亂亦卜門運之衰亡也

觀翫圖史想慕古人節烈不幸當患難矢死捐生迺始見節然平時愼勿率爾而言曰當爲夫殺身

言語書札好使文字非端簡也言語淋漓不斷停止

搖手吐舌雜以俚談賢淑之婦必不如此
繁詈數責絮言煩複敎令不行離畔婢僕
打兒罵婢之聲常出於外其家道之衰敗可知外人
不惟譏婦人之不順必先責其家長之不能檢家
也或有言笑無節雜以鄙俚何其不正也此果家
長之不得其道也易曰家人利女貞程子釋之曰
家人之道利在女正女正則男正可知

新婦不可口談產育之事惡其無羞也

新婚婦不可傳說夫家細瑣之事於私家亡妹徐氏
婦沉靜寡言笑食貧十年嘗歸家不一言夫家事

嗚呼此可爲女宗也

新婚婦不可向人誇張夫主之才賢

凡議婚姻不可使室女聞之

淫褻之言不惟不出諸口若或聞之掩耳急避之

呼婢聲不可急而高恐其出於外舍矧又使隣人聞之哉

婺婦室女叅坐稠人肆言放笑非婦貞也

年少婦人見他人子女不可稱吾子吾女

嘗見婦女好夸張說謊聞一話乃卽增毛衍翼口舌津津姻黨宗戚莫不賤厭凡爲婦女戒之哉

服食

時世之服上衣太短窄下裳太長博服妖也

側衿之衫撐幅之帬服妖也

嘗聞父老之言古者女服寬制故嫁時之衣可爲小斂之用生死老少體大小不同則其衣之不窄可知也今則不然試着新衣穿袖甚難一屈肘而縫綻甚至纔着逾時臂氣不周脹大難脫剺袖而救之何其妖也大抵妝飾衣裝號爲時樣皆出娼妓狐媚世俗男子沉溺不悟勸其妻妾使之倣效轉相傳習嗚呼詩禮不修而閨人妓裝凡百婦人其

宜亟改

辮髢蒙古之遺風凡今婦人雖隱忍從俗不可務尙侈大貴富家費錢至七八萬廣蟠側繞作墮馬勢飾以雄黃版法琅簪眞珠繻其重幾不可支家長不能禁婦女愈侈而愈恐其不大近有富家婦年方十三辮髢高重其舅入室婦遽起立髢壓而頸骨折侈能殺人嗚呼悲矣

丈夫深衣幅巾婦人圓髻袡衣祭祀冠昏服之可也婦女之辮髮大髢短窄之衣蒙古遺俗固不足說至於簇兜北髻是何等裝也

簂髻袡衣士夫家往往行之鄙野之俗非笑者多是膠痼俗習而不識禮意也貧家女子嫁夫多年坐於不備辮髢平頭者多與其平頭多年無寧卽加簂髻且多費錢財辦此胡婦之裝與少費錢財能行禮服其輕重得失顧何如哉丈夫笠子亦是夷俗然不可一朝脫笠而行以駭人目至於婦人及日於閨門之內不足慮其駭俗也且夫朝家新下辮髢之禁則不可苟且犯法一返禮俗有何不可

喪辮髮勿緩而澤也吉辮髮勿促而蓬也

澣濯褻服張曬屛處禮曰褻衣衾不見裏

衾枕褥虎子以帕羃之不煩人見巾帨櫛匜亦藏屛

處鑷篋抿子捎箟男女不相通用

男子之衣澣有餘垢縫有疏綻膠堆米粉熨穿火星

絇絇班班寬窄無度婦人之責也匪爲期其侈也

迺欲致其功也

砑帛如鷄卵熨布如蟬翅匪爲侈也迺其功也

紡絲彈緜熨衣擣帛雖有婢侍手自習之

有小疾不可廢梳首頮面雖貧衣必澣滌婦人貴端

潔匪謂容悅於夫主靚妝艶服者妖婦也亂髮垢

頮者懶女也敬姜曰婦人不飾不敢見舅姑

衣紐裙帶疏放不能緊束命曰昌披
近日婦人喜着澹色之裳幾與孀婦所服不甚異也
又先着短小白裳然後繁裳也有無足五合七合
等之號婦人善道拘忌邪說而着此不祥之服夫
何故也
孀婦之服飾藉澹素而致鮮楚是豈稱未亡人之義
也哉
嫁女資裝太侈至有敗家傾產是溺愛其女長其奢
心脅制家長擅自辦備盡賣先業不奉祭祀擧一
事而三惡備焉

金珠繡綺裝飾幼男女不惟匪所以惜其福也亦啓不良之人盜竊戕害之心也

濃塗脂粉何異塑鬼故古人不許婦人時世之妝

古者佩用鍼筆以備日用珩瑀以叶威儀蘭茝以辟穢惡今俗所佩琥珀珊瑚翡翠三珠珠鳧金鎏鏤玉方版流蘇彩纓累累若若無一實用徒費錢財至若穿項金童近於物妖無柄銀斧匪象女器惟堪佩者合香而腦麝雖非正香猶有容臭之義焉

飲食之政惟婦人是掌養舅姑供祭祀待賓客非此無以致恭敬歡樂若或生熟不齊酸醎不適冷暖

不調塵埃淆雜而不堪食其何以享神而養人也哉匪謂豐侈綺珍之備也雖曰匏蔌潔且精可也

凡手調飲食勿搔首癢勿乳孩兒愼言笑剔爪甲必用巾冪遮器盖覆調芥醬勿逼而嘘氣

凡調飲食須脫指環惡其銅銀綠垢漬染餠肉

凡炙魚肉翻之以箸毋以徒手手雖漬不可吮調五味必以匕一嘗不可頻頻攪匕口有歠聲亦勿以指抯而嘗之因拭手瀝于裳及窓壁

炙肉鐵器必深藏不惟塵埃雜於膏膩如或棄置不藏犬猫必舐不潔莫甚將何以養老享神

雞或不盡焊毛魚或不盡剔鱗飯遺煤而酒墮埃其不潔精不可掩也故拭俎几而滌鼎錡明目敏手翼翼孜孜致謹恪於饋養是故孟母之言曰婦人之禮精五飯冪酒漿養舅姑縫衣裳而已矣

鮸魚鱐魚醢勿手劈啖之

餃不可肥也餈不可輭也餑毋太酢也餤毋太鹹也

溫酒勿熱沸壞酒性也篘酒毋得太加水享神待賓非其宜也

勿潑棄飯顆于庭溝汙濕之地

飯澆水而有餘粒須使七抄訖勿潑棄也勿舉器仰

吸轉身而糞其盡啖也惡其不典也

萵苣包飯口不能容大是婦儀之不典戒之戒之

呷酒不可面紅勿手抄糟喫葱蒜勿多食蠻椒必細切切膾必如縷

婦女惡食葱蒜諸葷臭之草恐其不芳香也然或有嗜烟葉者烟葉獨非葷草乎其爲不芳香有浮於葱蒜刴又毒害而不利於人乎

甘瓜勿食皮西瓜勿判犀

嗜餠買喫亡家之兆典到祭器兒女是做

世俗嫁女必俱饌極其豐侈饋于婿家名曰長盤夸

耀宗族賓客婿家忌日必大器峙餅大壺實酒陳于卓下名曰加供不備此以爲羞恥凡此二者皆浮靡之習也婿家當痛禁之其忍使之督責之耶

人有餽饌須計老少分排勻齊不可先於衆中漬手揮喙亂喫雜嘗

家長有客使之辦酒食隨有無指揮婢子勿遲延而不可聲出於外恐客心之不安也或有嘑詈之聲入於客耳是使家長不復對賓客也

當食之客或違朝晡不可收合剩餕以饋也

朝晡有當食之客而家長或未暇使之備食婦人須

使子姪探問當食而預備之也

家長若或嗜酒爲妾婦者當記識其飲量盃觴之數使之適可而止愼勿隨索而隨饋使之失儀而損氣其或乘醉恣飮遑呼進觴不須怨詈切切當與子姪婢使以善言彌縫周旋不容加辦一盃任其酩酊也亦或自外醉歸令侍者解衣設衾毋敢喧笑以挑惱怒明燈不睡烹水煑粥伺其渴飮

婦人而不識縫織烹飪是猶丈夫而不知詩書六藝是以禮稱織紝組紃紉箴補綴易稱中饋吉貞詩稱酒食是議

今之俗京婦人不解織布士婦人不解炊飯皆陋習也織布炊飯視以爲羞恥是可謂之婦人乎

精敏之婦雖小鮮枯菜烹割齊潔皆適口也雖爛帛陳絮縫裁新整皆便體也庸拙之婦魚肉之肥焉而羮爛之乖焉稻粱之馨焉而蒸炊之違焉綺羅之燦焉而硏熨之麤焉絲緜之良焉而紉裝之陋焉膳書鍼史不可不看

動止

凡入門而內有紡車織機聲外有誦詩讀書聲其家之齊整可知也內有讀傳奇聲外有賭博奕聲其

家之雜亂可知也

淨刷梳櫛整置筆硯躡履勿挫磨墨勿爪子所罕見

行無履聲食有吃聲回裙生颸呵口溫手豈令媛之

端儀也

行步勿搖裙盥手勿彈窓壁勿對人嚼楊枝

見小事而鼓掌頓足急聲驚惑傍人此最躁妄無足

取也婦人之能不疾言遽色者惟吾徐妹而已

未言先笑笑或軒渠以其中心不莊而然也故不妄

言笑是曰婦行工於諧笑迺近流蕩易家人之辭

•曰婦子嘻嘻終吝程子曰嘻嘻笑樂無節也法度

立倫理正乃恩義之所存也若嘻嘻無度乃法度之所由廢倫理之所由亂安能保其家乎終至敗家可羞吝也

婦人善泣以其不當泣而泣者多焉故泣涕之數非貞德也樂羊子妻其姑每攘隣鷄爲饌婦不食泣曰恨家貧不能自力使盤中有不義之物其姑遂止攘此當泣而泣故人易感也世俗婦人悲怛之泣恥悔之泣正泣也其餘不出於不耐貧而泣不堪病而泣此猶可說也至有恚而泣嬌而泣不可說也

耽睡不早起最是婦人之惡德閨範之壞家務之敗

懶婦人之罪也

新昏女子在家安逸常厭夫家頻請歸寧習不可長也況生長富貴不堪窮寒乎養成驕惰亶由於此

唐李晟於正歲崔氏女歸寧讓曰爾姑在堂婦當治酒食且待賓客却之不得進

不耐幽靜性喜出入亦耽賞玩露面颺笑流弊亦大世或有婦人入關廟佛寺經宿祈禱可知其家法之壞也

人家婦女或有對瞽者而占吉凶自以爲彼不見我

而殊不知彼能聞吾之聲我則能見其面也不亦可辱之甚乎

內外族黨家如有娼妓爲妾者婦人女子不可與之親近坐同席而食共器

勿窺見男子評議其肥瘦姸醜何異男子談女色

不可窺見隣家不可屬耳于壁伺聽賓客之談笑若鬪淫媟之言其當奈何

習俗不正嫁女迎婿婿宿三日家中婦人必潛聽伺其私語何其媟也爲家長者痛禁其習可也

嫂叔有病不可躬臨問候各於門外致訊

子女奴雖有過失夫及舅姑尊者在坐勿肆打罵適會長者有怒亦不打罵嫌其逆忤長者移怒於此也

家長出外日暮不歸須明燈伏火整器皿肅恭而待家長旣歸解衣坐定須溫羹炙膳以進不可怠懶以致不謹之責也

外內和樂家之福也故雖貧且賤焉不足以爲憂夫婦乖背家之災也故雖富且貴焉不足以爲喜

丈夫好內亦婦人之羞也

使妻驕恣皆由於丈夫之不能先正其身韓詩外傳

曰孟子妻獨居踞孟子入戶視之白其母曰婦無禮請去之母曰乃汝無禮也非婦無禮禮不云乎將入門將上堂聲必揚將入戶視必下不掩人不備也今汝往燕私之處入戶不有聲令人踞而視之是汝之無禮也非婦無禮也於是孟子自責不敢去婦

長樂劉氏曰家人內政不嚴以防之於細微之初不剛以正之於未然之始則其悔咎不可追矣易曰閑有家志未變也男女之志既爲情邪之所變閑禁雖嚴求其無咎而咎可無哉

凡赴婚姻宴會毋怍也毋驕也毋惰也毋放也毋諂也毋羨也毋啓齒而笑毋搖手而語毋恣食餠肉毋低頭若愁毋矜嚴若怒毋越席亂步毋評人脂粉濃淡毋問人首飾衣裙價直高下毋附耳細語流目邪眄凝而靜莊而和愼默安詳然後不失其儀度也

士小節卷之六

士小節卷之七

完山 李德懋懋官甫 著

蘂城 崔瑆煥星玉甫 編

婦儀第二之二

教育

古來婦人賢淑非不多也惟程子母侯夫人可學也程子曰先公賴其內助禮敬尤至夫人謙順自牧撫愛諸庶不異已出不喜笞扑視小臧獲如兒女諸子或加呵責戒之曰汝如是大時能爲此事否常曰子所以不肖者由母蔽其過而父不知也飮

食嘗置之坐側嘗食絜羹卽叱止曰幼求稱欲長當如何雖使令輩不得以惡言罵之故頤兄弟平生於飲食衣服無所擇不能惡言罵人非性然也教之使然也與人爭忿雖直不右曰患其不能屈不患其不能伸常使從師友遊雖居貧欲迎客則喜而爲之具

昏義曰教以婦德婦言婦容婦功釋之者曰德貞順言辭令容婉娩功絲麻也尋以爲德非便慧之謂也言非辯利之謂也容非艶媚之謂也功非巧靡之謂也

退溪先生曰先妣貞夫人朴氏禀質徽婉歸于我先君爲繼室先君沒夫人痛念多男而早寡將不克持門戶遂嫁婚益修稼穡蠶桑之務及諸子漸長則令就學於遠邇每加訓戒不惟文藝是事尤以持身謹行爲重遇物設譬因事爲敎未嘗不丁寧警切曰世常訾寡婦之子不敎汝輩非百倍其功何以免此譏乎

賀醫閭先生敎諸女十二條曰安詳恭勤曰承祭祀以嚴曰奉舅姑以孝曰事丈夫以禮曰待娣姒以和曰敎子女以正曰撫婢僕以恩曰接親戚以敬

曰聽善言以喜曰戒邪妄以誠曰務紡績以勤曰用財物以儉

不敎男子亡吾家不敎女子亡人家故敎之不預父母之罪也縱姑息之恩愛貽無窮之患害爲吾子女者不遵吾敎必作禽獸可不惕念

敎子女先禁貪食而女尤不可少恕不惟生丁奚瘡積諸疾因貪生奢因奢生盜因盜生悍予未見嗜食婦女不亡人家者也先恭人養我兄弟及徐元兩妹也使之節食故我輩四人旣長庶無過人之慾焉小兒兩手執物猶恐不及雖呵不從當盡奪

所執啼哭欲死勿與之可也諺曰憎兒多與餅愛
兒多與打
虞韙妻趙氏嫁女女臨去敎之曰愼勿爲好女曰不
爲好可爲惡耶母曰好尙不可爲況惡乎此詩所
謂無非無儀唯酒食是議無父母貽罹同其義也
朱子釋此詩曰女子以順爲正無非足矣有善則
亦非其吉祥可願之事也夫此二言婦人之行幽
閒和順無赫赫爲善之名可聞於外人也世俗所
謂才能婦人未必無干預外事之弊魯繆姜能識
周易元亨利貞無咎之義而通于叔孫喬如擯死

東宮衛南子聞車聲之止闕而知伯玉之賢而有淫行逐蒯聵覆敗衛國可不懼哉

世之爲繼室者必不慈於前妻之子不深思爲吾夫之子則亦吾子也且彼喪慈母益加哀憐可也晉程文矩妻李氏字穆姜有二男而前妻有四子文矩死四子以母非所生憎毁日積而李慈愛溫仁撫字益隆衣食資供皆兼倍所生前妻長子興遇疾困篤母惻隱自傷親調藥饍興疾瘳謂三弟曰繼母慈仁吾兄弟不識恩養過惡甚矣遂將三弟詣南鄭獄乞就刑辟郡守表異其母蠲除之右一

條表出之以爲世之爲繼室者之戒
貧家女野陋富家女驕侈聞見然也雖然亦有先貧
後富家女多慳吝先富後貧家女多迂濶皆非均
常也故取婦入門須審其勢而矯其習也
後世雖無傅姆之訓然女子之婉娩聽從灑掃應對
紡織裁縫烹飪調割專憑母教其爲父道不過時
取詩書圖史道說箴儆而已男子自初生至于七
八歲出入行步言笑起居衣服飮食節愼雍和培
養德性亦資母訓然則爲母之職不亦重且大乎
縫裁衣服調飪飮食之法劄記以爲譜簿必敎室女

使之熟習

孕婦不愼起居飮食使其子夭且病也

懷娠之婦故犯太任胎敎之訓非淑行也而旣產之後不遵長老之調護冒風寒喫生冷以致痼疾亦是陋陋之性

胎產資於天命烏有所謂帝釋痘疹行於運氣烏有所謂胡鬼此不待辨而易知賢淑婦人其宜猛覺

乳孩無知啼泣嘵嘵躁性之婦不知思所以止之之術反乃喃喃怨詈有若眞有知而故爲啼泣者然何其窒也婦人之事大率如此此雖微細不可不

反而求之

凡櫛子女頤上交午分開平直無少偏重視鼻爲準如少跛斜面目皆仄

幼子女不使之櫛沐盥頮鼻涕目眵蟣蝨累累亦非婦人精潔之德也

人倫

男子不必巍然自大以爲丈夫猶天也猶君也狂躁暴悍全責婦人也是故孟子曰身不行道不行於妻子使人不以道不能行於妻子孝經曰治家者不敢失於臣妾而況於妻子乎故得人之歡心以

事其親夫然故生則親安之祭則鬼享之災害不生禍亂不作雖然婦人之德有資贊之功焉匡衡曰詩曰窈窕淑女君子好逑言能致其貞淑不貳其操情欲之感無介於容儀宴私之意不形於動靜此綱紀之首王教之端也

室家和樂雖疏食惡衣不勝其歡娛夫妻反目雖綺服珍膳不任其愁嘆鷄鳴之詩琴瑟在御莫不靜好北門之詩我入自外室人讁我夫此二詩順不順何如也不順之極婦先疎夫此改嫁畔弑之漸貧寒夫婦易生咎怨何其不祥之甚也或有丈夫不

自營生以育妻孥反迺歸咎室人動稱古語家貧思賢妻顯然有厭棄其妻之意心術之刻焉而倫紀之墜焉夫此語戰國衰世之言不可以爲法禮有婦犯七去而先貧賤後富貴不可去先王制禮何其厚也宋弘曰糟糠之妻不下堂此長者語也天下之可愍者寒士之妻也故有譬以弱國之臣焉貧賤同勞富貴共享無失恩義期于偕老家之祥也妻若不耐飢寒怨懟夫主是亦何異朱買臣之妻之嫌其貧而棄其夫也

世之孱男子挾制於悍婦人不能措手足者往往有

之此人倫之大變王法之所不容以凌侮毆罵無所不至也蓋悍婦類多才氣能營生利其夫藉此而活故婦爲之鉗制夫爲之讋服可不哀哉

丈夫遠遊歸來兄嫂弟嫂舉皆迎拜其爲妻妾者迺反不拜此朝鮮之陋俗也凡百婦人其宜痛革

夫及舅姑性暴毆迫使之不在家爲婦者但當哀訴以示不忍歸之意庶幾其感憐不可毅然作氣色曰快歸吾家永不相見亦吾志也此非背畔而何

夫與舅姑狂悍使性凡爲妾婦者低頭屏息惴惴承奉逾慕而益順無少怫觸此帖然無事之至方也

舅姑夫主性雖狂躁不可觸激而有勝心但當姑與之承順使之感憐俟其氣和畧言俄者之過失亦須怡色柔聲則能不悔悟漸至於和祥耶人倫之斁敗未嘗不由於互有勝心不顧義理以至陷於罪辟不亦哀乎韓詩外傳曰夫臨照而有別妻柔順而聽從若夫行之而不中道即恐懼而自竦此婦道也

左傳曰姑慈婦聽此何義也姑與婦皆是異姓之人以義而合尊卑之不同而老少之有異矧又類多褊狹之性其不相容者在在相望故爲姑者不恚

婦之不聽患已之不慈則鮮有不聽之婦爲婦者不患姑之不慈患已之不聽則鮮有不慈之姑禮記曰夫義婦聽大抵婦人以聽從爲順德也雖然夫若不義亦時有不聽之事姑雖不慈亦不可以不聽君子曰父雖不慈子不可以不孝其義一也姑與婦同是婦人恩義猶有易行者舅之於婦男女之異非姑婦之比也故尊嚴之極焉而阻隔之易焉婦或失意於舅舅亦督責之不已甚至肆口叱斥有如婢子則家中之氣象愁鬱門外之聽聞駭愕故爲婦者小心承奉惟恐其失愛爲舅者亦當

嘉獎小善脫畧細過慈愛之中寓以矜莊之意勿受左右浸潤之譖家道迺定古語云不痴不聾不能爲翁女憲曰婦如影響焉不可賞

姑嫌婦貧不善奉養督責苛刻無少慈憐至使其婦戚戚枯死或有刀藥自裁者此人倫之大變也凡有子婦者須加警惕重倫紀而輕財貨毋或得罪於神人也

孝婦許氏江陰陳承祚妻也貞靜沉默言笑不苟姑暴稍不如旨撻之流血婦婉容承順姑有疾婦侍立榻前雖漏盡一呼輒應未嘗或倦姑躁病必發

狂撻婦百數頭顱破而面目紫青人多爲之不平婦曰姑病耳非病肯若是哉終姑世每夜必三更乃寢鷄一鳴則起盥沐櫛髮伺姑於寢門外

今俗嫂叔書札稱嫂稱叔固其正也其自稱也弟婦夫弟互稱弟焉兄嫂夫兄互稱同生夫之女兄弟與兄弟之妻亦隨其排行互相自稱弟與同生婦人之互相稱弟猶可也稱同生無謂也男女之稱弟稱同生鄙野無識孰甚於此孔子曰名不正則言不順其此之謂歟曰兄嫂曰弟婦曰夫兄曰夫弟男子仍書名婦人仍書氏可也夫姊妹兄弟妻

亦嘗曰夫姊夫妹兄嫂弟嫂兄弟之妻長曰姒次曰娣則亦不當隨俗稱同婿也婿者男子之稱也

妯娌娣姒同居一室私買飲食或恐人知非貞德也

娣姒貧富雖不同不可羨慕而淩侮與之共而無間焉可矣

妯娌娣姒之房不可潛踪伺聽亦不可使奸黠之婢偵察過失此狐蜮之倫家中無附耳細語然後家道乃正

妯娌之子或相鬪鬩不可偏護已子發作惡聲

姊妹之夫外人也以有姊妹也故雖或見之不可通

書札而數數往來也
婦人之性往往愛女逾於子愛婿逾於婦甚至家道壞敗何其偏也詩云鳲鳩在桑其子七兮言其哺子旬一無少厚薄也
衆子婦或貧或富不可待之或薄或厚若有間焉則貧者怨而富者驕家道之乖未必不由於此
凡擇婿婦德行爲先家範門閥次之若無德行雖王謝崔盧之名族不足觀也家有詩禮懿範則其敎子女必循古訓其爲壻婦互相觀感今人則不然先擇富貴如其貧寒雖賢如冶長淑如德曜不取

也雖名門右族家貧則無與爲婚而家範顧置而
不論苟富貴雖白痴殘疾亦所不辭亦有只取閥
閱而不問德行家範者有只取容貌之姸美而其
他不問者凡此數者丈夫不能自斷而謀及婦妾
將子女爲貨物斁敗顚倒不可紀極可不懼哉
妾固賤於嫡然是夫子之所安不可侮而虐之同於
臧獲且其子卽吾子之兄弟吾夫之所生吾舅吾
姑之血氣也可不愛之如吾子耶然世之嫡妻或
有驅迫之如牛馬陵疾之如仇敵只緣妒其母罪
及於其子殊不知爲吾子之同氣吾夫與吾舅姑

之所遺也故其子又倣傚其母之倣爲也從而鄙侮其兄弟丈夫又畏其妻之妬也始薄視其愛子也俗習膠固天彝斁專由於一妬字是故禮設七去妬居其一詩讚螽斯嘉其不妬

嫡子嫡婦嫡孫雖冲幼而妾母自初撫養勞苦然若或凌蔑側目而視惡言相加讒愬流行誠亂家之兆也家長當明察嚴懲無少寬貸杜絕其漸古來骨肉殘戕家國覆亡歷歷可鑒

庶之於嫡妻之於夫婦之於舅姑只有恭順而已不可有諂媚當深辨恭順諂媚之懸絕也

嫡妾之間恩威并行然後家道不亂徒恩而已則妾恣而陵分徒威而已則妾怨而圖害然賢妾不然

已嫁女貪取本家財物以肥夫家求之無厭至使本家蕩敗者有之亦有盡削夫家助養私親兄弟以致傾覆者皆非婦道也兩家一貧一富相周之道自有其義不可恣意專行以招人言也

祭祀

明習祭儀凡進饌陳器不失次第籍記以教女子

凡有果穀魚蔬必先分置以爲祭祀之需然後乃敢他用

凡當祭營辦祭饌勿喧笑多言勿打兒詈婢烹煑之物熱而騰氣可以享神餅果太高墮落紛紛非潔誠也

凡忌祭進酌闔門必止哭肅靜欲其神之不煩也婦人不識禮意當其時也或有不止哭者雖使止之而愈哭不已此豈事神之禮類多此習改之可也

居喪婦女自取便安朝夕哭二時上食或不預者有之孝順之道亡矣

高槃祭餅只整齊邊幅中則雜塡碎塊爛片此豈事神之誠意也

夫祭者務潔齊而致哀誠也苟如是一稻飯一菜羹足以歆格鬼神苟不如是雖大牢五齊只夸耀人目而誠心貳矣故君子之祭稱家之有無不計其貧富今世婦人以祭饌之不得豐備爲大耻也凡辦祭需必先計其宗族隣里分餽之頗優也家財不足必貸錢而辦之債家之督索必辱之曰貸錢祭先而不卽報何其不孝也嗚呼此眞不孝也蓋有侈祭而破産業者焉豈祖先之志也

世俗婦人惑於拘忌隣有癘疫疹痘則托爲不潔而不行祭焉家人有微疴小癤則勒以爲癘疫疹痘

故不爲祭家長溺信其說不能禁止亦有不善祭祀而祈禳雜鬼號曰神祀腰鼓悲栗銅鑼震盪女巫跳踉毒舌呵喝婦人膝行攢手乞命多納錢帛謂蒙神惠家長不禁屛伏外舍恬不知恥可哀也已或又邀瞽念呪號曰誦經扑鼓亂呌老少名姓雜鬼標目斥呼紛紛凡此等事必有妖婢姦婆誘引主婦致此雜亂欲正家道先治此輩可也

事物

士人之妻家計貧乏稍營生理未爲不可紡績蠶繭固是本業至若牧鷄鴨沽販醬醋酒油又善藏棗

栗烏柹金橘朱榴待時而出又貿積紅花紫艸丹木黃蘗黔金藍葩知學桃紅粉紅松花黃油綠草綠天青鴉青雀頭紫銀色玉色諸染色法非惟有補於生計亦是女工之一端然痼於利欲多行刻薄不近人情之事亦豈賢淑之行也哉

生殖子母錢尤非賢婦人之事也非惟少與錢多取息之爲不義若或失期不還則督索煩苛惡言相加甚至使婢訟訴事載官牒負債之人賣家賣田傾產乃已愁怨之聲播于遠近又兄弟姻親之間互相債貸惟利是急頓失和厚之意余見殖錢之

家覆敗相望以其不近人情故也
人家子女私畜雞犬各標名目分殖錢穀以長子母
此誠父母之無識也不惟不能嚴禁必曰吾貸食
某子之所畜貸用某女之所殖其爲子女者或吝
惜而不與或德色而假借嗟乎此非小事倫紀倒
置之始也
不告家長多負債錢以爲奢華之費命之曰淚婦
婦人之善債貸由於不節用不節用由於不勤苦
不能勤儉祖先產業覆敗於一婦人之手者往往有
之可不懼哉故婦人之嗇猶可說也婦人之侈不

可說也

婦人之喜施與非好消息也非其吝之謂也喜施與者雖得稱譽於人家長所托之財不可耗費也若宗族隣里之貧乏者必告家長而周之可也

錢穀布帛不識劑量亡家之兆也

錢穀出入必有籍記以示家長無有遺漏

舅姑所賜不可擅與人而擅賣之

閨閫之內日用器什無論巨細完缺必記在處無或放失

掃軒堂拭器皿袪汙穢務潔淨是故婦之爲文從女

從帚謂女子常持帚也妻亦謂之箕帚妾
不可亂棄梳餘之髮纏於衣間蟠於甕中
鳥羽魚鱗菜葉果核勿亂棄軒砌
廚上之烟煤藻井之蛛絲人所罕見而不察然衣巾
之不潔飲饌之不精皆由於此日月詳檢隨有而
隨除之可也
醬有蛆醯生雞米荳穴黑蛘果蓏館白蠹蚰蜒蜈蚣
盤據羹臛鼠溺蠅遺歷涉飯飧皆守藏調劑之失
其法也故精勤婦人經驗防備必愼必謹也
尨溝雨水鳥矢蟲窩之所漬穢毒之聚不可盥手頮

面滌器作食婢子用之亦當禁之暑水不可宿用孑孓紅虫恐入飲食

吸烟大害婦德非精潔之習也以其長襲葷臭唾津不收故也且烟屑一涉飲食全烹盡棄豈婦人之所可近也常惡轎後婢子持烟具而隨之也

夜登圊必明燭女奴隨之將夕必檢器皿匙箸而固藏凡鑰匙必藏秘近以備偸竊

勿攢鍼於襟恐乳兒之觸之也勿使兒含乳蔕而睡恐其積而不化新生兒臥必正枕恐其腦之不正也臥勿側近窓明恐目睛之相比也裀褥不潔勿

煩人目凡此數者足見婦人精一之心

毋以指挑燈拭于窓壁挑燈毋長也勿撚窓壁紙引燈、

匙柄勿搔首指頭勿撥火衣紐勿佩錢

魚肉布帛果菜器皿諸日用之物使人貿市不可苛減其直且已裁割沾汚而使之還退以招人怨但防其偸竊欺詐之太甚也

姻親家自有兄弟之義問訊贈遺久而和敬勿失厚意雖有過失互相容護須看子女壻婦顔面勿使有少不安之心今世姻家因一事之不合動成讐

隙皆緣婦人而發也婿家凌虐婦家者尤多使其婦容身無地愧恨而死吁其甚矣

聞人死則停鍼線何其邪而窒也若有癘疫連年日日聞人死則其可以裸體耶凡諸拘忌皆此類也

凡家人疾病婦女主張屏斥醫藥專事禳祝以致死亡者多關係不小可不惕心小兒患痘婦人食素乳道虛匱眞氣消削夭札相繼亦有欲餌鷄膏補虛而以爲大忌死而無救是故丈夫無識婦人自專災害必至焉

家人疾病惑於巫瞽以爲先亡某親之祟也必使之

祈祝祓禳瀆嫚不敬無所不至亦有厭勝其墳墓
者此詛呪巫蠱妖惡之兆故能斥左道不使妖人
入門者不害爲賢媛也唐文德長孫后疾亟太子
欲請汎度道人祓塞災會后曰死生有命非人力
所支若修福可延吾不爲惡使爲善無效我尙何
求且佛老異方教耳上所不爲豈宜以吾亂天下
法此至言也且人死必招巫假說其平生言語行
事謂其神降號曰唱魂此尤瀆媟不敬者也至若
爲死者供佛號曰水陸會以祈冥福小學書所載
溫公之言明白正大可破迷惑

祓禳欲除鬼而鬼先入家拘忌欲避邪而邪已染心何其惑也故家法嚴斥巫覡不使入門忌諱邪說不行於閨壼之內吾家今無此等陋習

婦人有病例守固狹之見不愼風寒不進藥餌深信巫卜專事祈禳此亂人家而有餘

婦人之德當務體下情楊誠齋夫人羅氏年七十餘每寒月黎明卽起躬作粥遍饋奴婢然後使之服役其子東山先生曰天寒何自苦夫人曰我自樂此不知寒也生四子三女悉自乳曰饑人之子以哺吾子是誠何心哉

栗谷先生曰治家當以禮法辨別內外雖婢僕男女不可混處男僕非有所使令則不可輒入內又曰婢僕代我之勞當先恩而後威乃得其心必須軫念飢寒資給衣食有過惡則先須勤勤敎誨使之改革敎之不改然後乃施楚撻使其心知厥主之楚撻出於敎誨而非所以憎疾然後可使改心革面右二條匪惟家長之所勉其亦閨閫之當念也

男僕有罪不可親臨施罰女婢有罪雖施詈撻不大聲色勿使外人聞之

夫之乳母及舅姑所信任老婢當加意善待之

女奴暑月裸衣或踞坐或穢言痛加呵責閨門之內肅如也

僧尼之服不分男女莫曰尼女僧也許入其門

家設山臺鐵枴曼碩淫亂之戲使婦人觀之笑聲出於外非正家之道

女子擲柶雙陸敗志荒儀已是惡習從兄弟中表兄弟姨兄弟男女匝坐對局點籌叫呶爭道手勢相觸呼五呼六聲出簾帷此誠淫亂之本也留客珠留客環不可入閨門之內

近世婦人有才氣者或談及偏黨色目家閥高下科

宦陞黜之事則姻族男女嘖嘖稱其能也嗚呼此誠亂家之本也推此以往叅與外事無所不至故書曰牝雞之晨惟家之索詩云婦有長舌惟厲之階

婦人當畧讀書史論語毛詩小學書女四書通其義識百家姓先世譜系歷代國號聖賢名字而已不可浪作詩詞傳播外間周文煒曰寧可使人稱其無才不可使人稱其無德世家大族一二詩章不幸流傳必列於釋子之後娼妓之前豈不可耻

訓民正音子母翻切初中終聲齒舌淸濁字體加減

非偶然也雖婦人亦當明曉其相生相變之妙不知此辭令書尺野陋疎舛無以爲式

諺翻傳奇不可耽看廢置家務怠棄女紅至於與錢而貰之沉惑不已傾家產者有之且其說皆妒忌淫媟之事流宕放散或由於此安知無奸巧之徒鋪張艶異之事挑動歆羡之情乎

諺翻歌曲不可口習如唐人詩長短歌之類艶麗流蕩妓女之所誦亦不可習也

凡作諺書語必明約字必疎整不可作荒艸胡說張皇支離使人厭惡也

士小節卷之七

女士須知

女士須知

信之如父母

文士須知 訥人書庄

敬之如神明 乙丑孟春

女士須知序

女士之所可學不一內則列女傳小學及我東三綱行實是也雖然力有所不能遍焉盖不納酒漿無以觀祭祀不治絲繭無以衣室中長幼不具雞黍無以供賓客凡此數事關係甚緊固何暇於嘗繼者噫吾不絶乎此須知之所以務其簡也其目有二曰立教曰稽古實節取小學也續之以東國之嘉言善行取其近而易知也譯之以國文慮女士之識字者不常有也乃令子之婦及息女受之藏之紝器隨暇隨讀冀或有補於事父母事舅姑事君子教子姪之道也

噫人家盛衰未嘗不由於婦人之賢不肖讀此書者他日能昌其門戶則可謂不負我編書之意云己丑孟春訥人盧相稷書

녀사수지서

녀사의가히법올것시블을ᄒᆞᄂᆞ니ᄂᆡ측과렬녀젼과소학과및아동삼강ᄒᆡᆼ실이라그러ᄒᆞ나한으로ᄒᆞ히두루ᄒᆞ지못할비니딕기술과장을드리지아니ᄒᆞ면제사ᄂᆞᆯ보살피지못할써시며실과졔ᄌᆞᆯ다사리지아니ᄒᆞ면접가온듸어룬과아ᄅᆡ니ᄅᆞᆯ옷ᄒᆞ지못할것시며닥과지졍을갓추지아니ᄒᆞ면빈각

음이라지ᄒᆞ지못할것시니두렷이두어알이관계
가심히마ᄂᆞ니진실로어ᄂᆞ녀가에기렴을뒤와날
빗흘이어이러ᄂᆞᆫ소릐ᄂᆞᆯ쉰치아니ᄒᆞ리오이런바
이ᄀᆞᆯ이갈략ᄒᆞ기ᄂᆞᆯ힘시ᄂᆞᆫ바이라그조목이ᄃᆞᆯ이
이스니가로ᄃᆡ표탈서오미오가로ᄃᆡ예ᄂᆞᆯ상고ᄒᆞ
미니실상은소학을절취ᄒᆞᆷ이오동국의가션파션
힝으로써이어니그갓찹고알기쉬여를취ᄒᆞᆷ이오
국문으로써번녁ᄒᆞ니녀사의식자ᄒᆞᆫ저ᄒᆞᆫ치아니
ᄒᆞᆷ을념려ᄒᆞᆷ이라이익아ᄃᆞᆯ의안히와ᄯᆞᆯ자식으로
ᄒᆞ여금바다서절삼그력에갑수ᄒᆞ야여가ᄂᆞᆯᄭᅵ라

일거서부모섬기며구고섬기며 군자섬기며자식
가라치ᄂᆞᆫ도에유익ᄒᆞ기를바라노라 실푸다사람
의집셩쇠가부인의현블초의말마암지아 니치아
니ᄒᆞ여스니이글일거ᄂᆞᆫ지타일인능히그믄ᄒᆞ놀
창셩케ᄒᆞ면가히ᄂᆡ이글편차ᄒᆞᆫᄯᅳ절저바리지 아
니타이러로다 기츅망춘눌인모상직서

女士須知卷之一

녀사수지권지일

光州盧相稷致八編

광쥬로상직치팔편

立教

립교 가라침을세온다

妊子寢不側坐不邊立不蹕不食邪味割不正不食席不正不坐目不視邪色耳不聽淫聲生子形容端正才過人矣

자식배엿실제잘쎄기우리지아니ᄒᆞ며안기를

가이아니ᄒᆞ여서기를작이드듸지아니ᄒᆞ여사
특ᄒᆞᆫ맛을먹지아니ᄒᆞ여벼힌거시바러지아니
커든먹지아니ᄒᆞ여자리가바러지아니커든안
지아니ᄒᆞ여눈에사특ᄒᆞᆫ빗올보들아니ᄒᆞ며귀
에음란ᄒᆞᆫ소릐를듯지아니ᄒᆞ면자식을나음에
얼골이단정ᄒᆞ여ᄌᆡ조ㅣ남에게지나리라

七年男女不同席不共食

일곱살먹거든남녀ㅣ한자리안ᄶᅥ아니ᄒᆞ며한
티먹지말것이니라

十年不出姆教婉娩聽從執麻枲治絲繭織紝組紃

學女事以共衣服觀於祭祀納酒漿籩豆葅醢禮相助奠

열히어든나단이지아니ᄒᆞ며삼과모시를잡으며실과고치를다사리며명지깁을짜며녀공을ᄇᆡ와써의복을장만ᄒᆞ며제사에보삷혀술과장과ᄃᆡ그릇과나모그릇과침ᄎᆡ와젓을드려례를도와제유를도옵기날가라칠지니라

父送女命之曰戒之敬之夙夜無違命

아비ㅣᄯᆞᆯ을보낼제명령ᄒᆞ야갈오ᄃᆡ경계ᄒᆞ며죠심ᄒᆞ야일즉이러나며밤들거든자셔싀부모

의명령을어기지말라

母施衿結帨曰勉之敬之夙夜無違宮事

어미갈오ᄃᆡ힘ᄡᅳ며조심ᄒᆞ야일즉이러나며밤

들거든자서집일을어기지말라

庶母及門內施鞶申之以父母之命命之曰敬恭聽

宗爾父母之言夙夜無愆視諸衿鞶

저모ㅣ문안에밋처부모의명령으로ᄡᅥ다시갈

오ᄃᆡ조심ᄒᆞ며공슌히드ᄅᆞᆺ자와부모말ᄉᆞᆷ을옷듬

삼아일즉이러나며밤들거든자서허물업게ᄒᆞ、

야부모훈계ᄒᆞ신말ᄉᆞᆷ을항상ᄉᆞᆲ혀라

事舅姑雞初鳴咸盥漱櫛縰笄總衣紳左右佩用衿纓綦屨以適舅姑之所及所下氣怡聲問衣燠寒疾痛苛癢而敬抑搔之出入則或先或後而敬扶持之

싀부모를셤기되닭이처음울거든세슈ᄒᆞ고양치물ᄒᆞ고머리빗고비녀ᄭᅩᆺ고옷닙고ᄯᅴᄯᅴ며왼편과오란편에쓸것차며향낭ᄎᆞᆫ미며신ᄉᆞᆫ미고싀부모계신곳에가되곳에밋처기운을나추며소리를길거이ᄒᆞ야옷이더우며치움을묻자오며압과ᄒᆞ시며가려워ᄒᆞ심에공경히만지며긁으며나며들으실적이어든혹압서며혹뒤서공

경ᄒᆞ야븟잡을씨니리

進盥少者奉槃長者奉水請沃盥盥卒授巾

세수드릴셰졂으니ᄂᆞᆫ반을받들고얼운은물을

받들어세수ᄒᆞ심을쳥ᄒᆞ고세수맛치시거든수

건을받자올씨니라

問所欲而敬之柔色以溫之舅姑必嘗之而後退

자시고져ᄒᆞ시ᄂᆞᆫ바를뭇자와공경ᄒᆞ야드리오

되낫빗을부드러이ᄒᆞ야써뜻을받자와싀부모

ㅣ반다시맛보신후에물러날씨니라

舅姑將坐奉席請何鄉將衽長者奉席請何趾少者

執牀與坐御者擧几斂席與簟縣衾篋枕斂簟而襡之

싀부모ㅣ안즈려거시든자리를밧드러어듸를향ᄒᆞ실고청ᄒᆞ며곳쳐누으려시든얼운은자리를밧드러어듸를발두실고청ᄒᆞ고졂으니ᄂᆞᆫ평상을잡아뫼셔안즈며모신이ᄂᆞᆫ안석을들고자리를거두어며니불을달며벼기를상자에녀코자리를거두어간슈할씨니라

舅姑之衣衾簟席枕几不傳杖屨祇敬之勿敢近敦牟卮匜非餕莫敢用與恒飮食非餕莫之敢飮食

싀부모옷과니블과자리와벼ᄀᆡ와궤를옴기지아니ᄒᆞ며작지와신을공경ᄒᆞ야감히갓가히말며밥담고술ᄯᅳᆺ코믈담ᄂᆞᆫ그릇을잡숫고남은것아니어든감히쓰지아니ᄒᆞ며예사음식이라도남은것아니어든감히먹지아니할씨니라

在舅姑之所有命之應唯敬對進退周旋愼齊升降出入揖遜不敢噦噫嚏咳欠伸跛倚睇視不敢唾洟

싀부모계신곳에이서명령ᄒᆞ심이잇거시든ᄲᆞᆯ리이러나공경ᄒᆞ야ᄃᆡ답ᄒᆞ며진퇴주선에삼가ᄒᆞ며조심ᄒᆞ며올르며나리며나며들며굽으며

펴며감히게욕질ᄒᆞ며트림ᄒᆞ며저참ᄒᆞ며기참
ᄒᆞ며하품ᄒᆞ며기지ᄀᆡᄒᆞ며작이드듸여지듸며
빗기보믈아니ᄒᆞ며감히춤밧ᄒᆞ며코푸디아니
ᄒᆞᆯ씨니라

寒不敢襲癢不敢搔褻衣衾不見裏

치워도감히더입디아니ᄒᆞ며가려워도감히긁
지아니ᄒᆞ며더러운옷과이불을안올보이지아
니ᄒᆞᆯ씨니라

舅姑唾洟不見冠帶垢和灰請漱衣裳垢和灰請澣
衣裳綻裂紉箴請補綴

싀부모춤과코를남뵈이지아니ᄒᆞ며갓과ᄯᅴ가ᄯᆡ지거든ᄌᆡ물타서씩기를청ᄒᆞ며옷과치마가ᄯᅥ뭇거든바날에실ᄭᅱ여기우며붓치기를청홀ᄶᅵ니라

舅姑之命勿逆勿怠

싀부모의명령을거사리지말며게을이말라

若飮食之雖不嗜必嘗而待加之衣服雖不欲必服而待

만일음식먹이거시든비록즐기지아니ᄒᆞ나반다시맛보고기다리며의복을주거시든비록ᄒᆞ

고졉지아니ᄒᆞ나반다시닙어셔기달일ᄶᅵ니라

無私貨無私畜無私器不敢私假不敢私與

사사ᄉᆞ지물업스며사사ᄉᆞ기르ᄂᆞᆫ바이업스며

사사ᄉᆞ그릇업스며감히사사로빌리지못ᄒᆞ며

감히사사로주지못ᄒᆞᄂᆞ니라

若有私親兄弟將與之則必復請其故賜而後與之

사사친례와형뎨잇셔장차쥬려거든반다시그

연고를쳥ᄒᆞ야쥬라ᄒᆞᆫ신후에야쥴ᄶᅵ니라

每事必請於姑介婦請於冢婦

미사를반다시시모ᄭᅴ쳥ᄒᆞ고지차며나리ᄂᆞᆫ맛

며나리의게쳥홀씨니라

舅姑若使介婦毋敢敵耦於冢婦不敢並命不敢並坐

싀부모ㅣ만일지차며나리를일식히거시든감히맛며나리의게갓치ᄒᆞ려말것시니감히갓치단니지못ᄒᆞ며갓치하인의게일식히지못ᄒᆞ며갓치안씨못ᄒᆞ나니라

不命適私室不敢退將有事大小必請於舅姑

사사ㅅ방에가라명령아니커시든감히물러나지못ᄒᆞ며크며적은일을싀부모세청할씨니라

雞初鳴咸盥漱衣服斂枕簟灑掃室堂及庭布席各從其事

ᄃᆞᆰ이쳐음울거든다셰슈ᄒᆞ고양치ᄒᆞ며옷닙고벼기와사자리를거드며방이며텽이며ᄯᅳᆯ을물ᄲᅮ려쓸어자리를ᄭᅡᆯ고각각그일을죠ᄎᆞᆯ씨니라

信婦德也一與之齊終身不改

밋어옴이부인의덕이라ᄒᆞᆫ번더불어가작ᄒᆞ면몸이맛도록곤치지못ᄒᆞ나니라

男女無別禽獸之道也

남녀ㅣ분별이업시면금수의도ㅣ니라

禮始於謹夫婦爲宮室辨內外男子居外女子居內深宮固門閽寺守之男不入女不出

례ᄂᆞᆫ부부를삼가홈에비롯ᄒᆞ나니집을지오ᄃᆡ안밧을분별ᄒᆞ야사나희ᄂᆞᆫ밧게잇고계집은안에잇서집을깁ᄒᆞ게ᄒᆞ며문을굿게ᄒᆞ야환자로직히서사나희ᄂᆞᆫ들지아니ᄒᆞ고계집은나지아니할찌니라

男女不同椸枷不敢縣於夫之楎椸不敢藏於夫之篋笥不敢共湢浴夫不在斂枕篋簟席襡器而藏之

남녀ㅣ옷거ᄂᆞᆫ줄ᄃᆡ를갓치아니ᄒᆞ야감히가장
의옷건ᄃᆡ갓치걸지아니ᄒᆞ며모욕ᄒᆞᄂᆞᆫ그릇을
갓치아니ᄒᆞ며가장의상자와단사기에간수치
아니ᄒᆞ며가장이나간ᄉᆡ에ᄂᆞᆫ벼개를상자에거
두며자리와이불을마라간수ᄒᆞᆯ찌니라

男不言內女不言外非祭非喪不相授器其相授則
女受以篚其無篚則皆坐奠之而後取之

밧근일을말ᄒᆞ지아니ᄒᆞ며제사며상사아니어
든서로그릇을쥬지아니ᄒᆞᆯ찌니구서로줄찐ᄃᆡ
계집이ᄃᆡ그릇으로써밧고ᄃᆡ그릇업거든다안

자노혼후에가질써니라

外內不共井不通寢席不通乞假不通衣裳

밧과안히우믈을ᄒᆞᆫ가지아니ᄒᆞ며자ᄂᆞᆫ자리를
통치아니ᄒᆞ며빌며빌리기ᄅᆞᆯ통치아니ᄒᆞ며의
복을통치아니할ᄶᅵ니라

女子出門必擁蔽其面夜行以燭無燭則止

문밧게나올제반다시낫을갈우며밤에는촉불
업스면문밧게나가지못할씨니라

道路由左

도로에왼편으로행할씨니라

夫婦人倫大綱夭壽之萠也世俗嫁娶夭蚤未知爲人父母之道而有子是以敎化不明而民多夭

부부ᄂᆞᆫ인륜의큰별이오단명ᄒᆞ며장수ᄒᆞᄂᆞᆫ징조ㅣ니세속이혼인ᄒᆞ기ᄅᆞᆯ너무일적ᄒᆞ야사람의어버이될도리ᄅᆞᆯ아지못ᄒᆞ면서자식을두ᄂᆞᆫ지라이로써교화ㅣᄇᆞᆰ지못ᄒᆞ고ᄇᆡᆨ셩이혼이단명ᄒᆞᄂᆞᆫ바니라

輕其夫而傲其舅姑養成驕妬之性異日爲惡庸有極乎

그가장을염첩기녁이지아니ᄒᆞ고그싀부모ᄅᆞᆯ

업신녁이면반다시큰화ㅣ싱기나니라

婦主中饋唯事酒食衣服之禮耳國不可使預政家不可使幹蠱如有聰明才智識達古今正當輔佐君子勸其不足必無牝雞晨鳴以致禍也

부녀의일은다맛의복음식ᄯᆞᆯ음이니나라에정사를참예치못할것이며집에일은맛기지못홀것이니만일총명ᄒᆞ며지조잇고지혜잇서고금일을통달ᄒᆞ리잇스도다맛당히군자를도와그부족한듸를권홀만홀씨니반다시암닭이시벽에울어써화를닐우옴업게홀씨니라

有七去不順父母去無子去淫去妒去有惡疾去多言去竊盜去

닐곱가지ᄂᆡ침이잇나니싀부모의순치아니커든ᄂᆡ치며자식업거든ᄂᆡ치며음란커든ᄂᆡ치며투기ᄒᆞ거든ᄂᆡ치며악질잇거든ᄂᆡ치며말만커든ᄂᆡ치며도적질ᄒᆞ거든ᄂᆡ칠ᄶᅵ니라

有三不去有所取無所歸不去與更三年喪不去前貧賤後富貴不去

세가지ᄂᆡ치지아님이잇나니례로써만나니고도라갈바ㅣ업거든ᄂᆡ치지아니ᄒᆞ며삼년상을

함ᄭᅴ지니거든ᄂᆡ치지아니ᄒᆞ며젼의ᄂᆞᆫ빈쳔ᄒᆞ

고후의ᄂᆞᆫ부귀ᄒᆞ거든ᄂᆡ치지아닐ᄯᅵ니라

父母之喪婦人次於中門之內別室撤去帷帳衾褥華麗之物不得輒至男子喪次

부모의초상에부인은즁문안에잇셔장막과니불과요에빗난것을거더업사며시러곰남자의상차에니르지아니홀ᄯᅵ니라

婦人伏於人也是故無專制之義有三從之道在家從父適人從夫夫死從子無所敢自遂也教令不出閨門事在饋食之間而已矣

부인은사람의게굴복ᄒᆞᄂᆞᆫ것이라이런고로쳔
단ᄒᆞᄂᆞᆫ이업고세가지ᄯᅩᆺᄂᆞᆫ뒤잇나니집에잇스
ᄂᆞᆫ아비를ᄯᅩᆺ고사람의게가스ᄂᆞᆫ가장을ᄯᅩᆺ고가
장이죽으면아ᄃᆞᆯ을조차감히스스로하ᄂᆞᆫ비업
서가려치고명령ᄒᆞᄂᆞᆫ것이방문밧게나지아니
ᄒᆞ며일이음식니바지ᄒᆞᄂᆞᆫ사이에잇슬ᄯᆞ람이
니라

及日乎閨門之內不百里而奔喪事無擅爲行無獨
成參知而後動可驗而後言晝不遊庭夜行以火所
以正婦德也

방문안에서날을졍을오고어버이상사ㅣ라도

길이빅리면가지못ᄒᆞ며일이쳔단ᄒᆞᆷ이업스며

횡실이ᄒᆞ올로일음이업서사람으로참예ᄒᆞ야

난후에움작이며가히종거한후에말ᄒᆞ며나저

ᄯᅳᆯ에단니지아니ᄒᆞ며밤에단닐제블로써ᄒᆞ나

니써부인의덕을바러기ᄒᆞᄂᆞᆫ빈니라

稽古

게고 녯날샹고ᄒᆞ다

太任娠文王目不視惡色耳不聽淫聲口不出敖言

生文王而明聖君子謂太任爲能胎教

태임이문왕을비사눈에악한빗츨보디아니ᄒᆞ시며귀에음란ᄒᆞᆫ소리ᄅᆞᆯ듯지아니ᄒᆞ시며입에거만ᄒᆞᆫ말ᄉᆞᆷ을내지아니ᄒᆞ더시니문왕을나어심에총명ᄒᆞ시고통달ᄒᆞ시니군ᄌᆞ닐오ᄃᆡ태임이능히ᄇᆡ여서갈아치다ᄒᆞ니라

孟子之母其舍近墓孟子之少也嬉戲爲墓間之事踊躍築埋孟母曰此非所以居子也乃去舍市其嬉戲爲賈衒孟母曰此非所以居子也乃徙舍學宮之旁其嬉戲乃設俎豆揖讓進退孟母曰此眞可以居子矣遂居之

밍자의어마니그집이무덤에갓갑더니밍자어
려실제놀고희롱할제무덤사이일울ᄒᆞ야뛰놀
며홀을다지며문난묘양을ᄒᆞ거시늘밍자의어
마니갈오ᄃᆡ아들기를곳아니라ᄒᆞ고집을장가
에올마더니그희롱함이홍졍하며파ᄂᆞᆫ일을ᄒᆞ
시거늘밍자의어마니갈오ᄃᆡ아들살릴곳아니
라ᄒᆞ고올마학궁곗ᄐᆡ가집ᄒᆞ니그희롱이제사
에쓰ᄂᆞᆫ그릇을버려읍ᄒᆞ야사양ᄒᆞ며진퇴ᄒᆞ거
시늘밍자의어마니갈오ᄃᆡ이진실로아들살림
즉ᄒᆞ도다ᄒᆞ고드듸여사니라

孟子幼時問東家殺猪何爲母曰欲啖汝旣而悔曰吾聞古有胎教今適有知而欺之是教之不信乃買猪肉以食之

밍자ㅣ어린실셰에무러사ᄃᆡ동녁집에셔돗잡기ᄂᆞᆫ무엇ᄒᆞ려ᄒᆞᄂᆞ고어마니갈오ᄃᆡ너를먹이고져ᄒᆞ나니라다시후회ᄒᆞ야갈오ᄃᆡ녯사람은비여서갈아침이잇다ᄒᆞ니이제바야흐로알음이잇거늘속이면이ᄂᆞᆫ미덥지아니홈으로가라침이라ᄒᆞ고돗고기를사서먹이니라

冀人郤缺耨其妻饁之敬相待如賓

긔ᄯᅡ사람각결이밧틀밀시그안ᄒᆡ밥을이바지ᄒᆞ되공경ᄒᆞ야서로ᄃᆡ접홈이손갓치ᄒᆞ더라

魯大夫文伯之母季康子之從祖叔母也康子往焉闖門而與之言皆不踰閾

로ᄉᆞ나라ᄐᆡ부문ᄇᆡᆨ의어마니ᄂᆞᆫ계강자의종조모ㅣ러니강자ㅣ미양감에밧기서서로말ᄒᆞ고문젼을넘지아니ᄒᆞ더라

江東婦女略無交遊其婚姻之家或十數年間未相識者唯以信命贈遺致慇懃焉

강동ᄯᅡ부녀들은잠간도사괴여놀들아니ᄒᆞ야

그혼인ᄒᆞᆫ집이혹수십년사이에서로아지몯ᄒᆞ
고다ᄆᆞᆺ젼갈이며주믜기치기로써은근홈을닐
우나니라

柳開仲塗曰皇考治家孝且嚴朝朢弟婦等拜堂下
畢卽上手低面聽我皇考訓誡曰人家兄弟無不義
者盡因娶婦入門異姓相聚爭長競短漸漬日聞偏
愛私藏以致背戾分門割戶患若賊讎皆汝婦人所
作男子剛腸者幾人能不爲婦人言所惑吾見多矣
若等寧有是耶退則惴惴不敢出一語爲不孝事開
輩抵此賴之得全其家云

류중도ㅣ갈오듸션고ㅣ집을다사리사되효도
롭고또엄히ᄒᆞ더서니초ᄒᆞ로보름에자제와며
나리물이당ᄒᆞ에절ᄒᆞ고손을들고낫을낫츄우
고우리션고의가라쳐경계ᄒᆞ시몸을못더니갈아
사되사람의집형제을치아니ᄒᆞ니업건마ᄂᆞᆫ다
안히엇어가문에들어옴을인ᄒᆞ야다란셩이서
로모도와서긴것을닷투워며져른것을닷투워
물젹듯ᄒᆞ야날로들리며사랑ᄒᆞᆷ에편벽되며세
간사사로이ᄒᆞ야써핑려ᄒᆞᆷ을닐우며문을난호
며집을달리ᄒᆞ야서로보기를도적과원수갓치

ᄒᆞ나니다녀의부인의지은바ᄂᆞᆫ남자의기럽구
세니몃사람이능히계집의말에의혹한바되지
아니ᄒᆞ뇨녀희엇지이럼이잇스리오ᄒᆞ야시든
물녀와조심ᄒᆞ야감히한말이라도불효ᄒᆞᆫ일을
니지못ᄒᆞ니중도의물이이에닷도록힘닙어서
시러곰집을온젼ᄒᆞ노라

公父文伯退朝朝其母母方績文伯曰以歜之家而
主猶績乎母嘆曰魯其亡乎使僮子備官而未之聞
耶居吾語女民勞則思思則善心生逸則淫淫則忘
善忘善則惡心生是故王后親織玄紞

로ㅅ나라ᄃᆡ부족이죠회로써물너와그어마니
게뵤오니그어마니바야흐로삼을삼더니족이
갈오ᄃᆡ족의집으로써어마님이삼을삼나잇가
그어마니탄식ᄒᆞ야갈오ᄃᆡ로ㅅ나라이그망ᄒᆞᆫ
린져아히로ᄒᆞ여곰벼사를식키고녀안져라ᄂᆡ
너다려닐으리라ᄇᆡᆨ성이잇부면ᄉᆡᆼ각ᄒᆞ나니ᄉᆡᆼ
각ᄒᆞ면어진마음이나고편안ᄒᆞ면음탕ᄒᆞ나니
음탕ᄒᆞ면착ᄒᆞᆫ일을잇고착ᄒᆞᆫ일을잇즈면악ᄒᆞᆫ
마음이나나니이런고로왕후도친히면류관ᄭᅳᆫ
을ᄧᅡ시나니라

唐山南節度使崔琯曾祖王母長孫夫人年高無齒祖母唐夫人事姑孝每朝櫛縰笄拜於階下卽升堂乳其姑長孫夫人不粒食數年而康寧一日疾病長幼咸萃宣言無以報新婦恩願新婦有子有孫皆得如新婦孝敬崔之門安得不昌大乎

당나라산남졀도사최관의증조모장손부인이나이만ᄒᆞ야이엄거늘관의조모당부인이싀모를효도로셤기셔ᄆᆡ일아참에ᄯᅳᆯ아ᄅᆡ절ᄒᆞ고당에올나그싀모를졋먹이니장손부인이쌀낫먹지못ᄒᆞ기를두어ᄒᆡ로ᄃᆡ편안하더니ᄒᆞᆫ날병이

즁켜늘열운과아ᄒᆡ다모닷더나배펴일오ᄃᆡ며
날이운혜를갑지못ᄒᆞ리로소니원컨ᄃᆡ며나리
ᄂᆞᆫ자식이여손자만히잇서효도ᄒᆞ며공경ᄒᆞ기
를며나리갓ᄒᆞ면최시의가문이엇지창ᄒᆞ야켜
지아니ᄒᆞ리오

崔玄暐母盧氏嘗誡玄暐曰吾見姨兄屯田郎中辛
玄馭曰兒子從宦者有人來云貧乏不能存此是好
消息若聞貲貨充足衣馬輕肥此惡消息吾常以爲
確論比見親表中仕宦者將錢物上貢父母父母但
知喜悅竟不問此物從何而來必是祿俸餘資誠亦

善事如其非理所得此與盜賊何別縱無大咎獨不

內媿於心

당나라최현위의어마니로시현위을경계ᄒᆞ야

갈오ᄃᆡ네이죵형신낭즁의게들이니갈오ᄃᆡ자

식이벼살단인것을남이와닐오ᄃᆡ간란ᄒᆞ여군

핍ᄒᆞ야견ᄃᆡ지못ᄒᆞ더라ᄒᆞ면이눈조흔기별이

어니와만일저물이풍족ᄒᆞ며옷과말이아람답

고살찌다ᄒᆞ면이눈악한기별이라ᄒᆞ니너일로

서너계바리로라

漢鮑宣妻桓氏字少君宣嘗就少君父學父奇其淸

苦以女妻之裝送資賄甚盛宣不悅謂妻曰少君生富驕習美飾而吾實貧賤不敢當禮妻曰大人以先生修德守約故使賤妾侍執巾櫛旣奉承君子惟命是從宣笑曰能如是是吾志也妻乃悉歸侍御服飾更著短布裳與宣共挽鹿車歸鄕里拜姑禮畢提甕出汲修行婦道鄕邦稱之

한나라포선의뫼환시의자ᄂᆞᆫ소군이라선이일즉소군의아비께나아가비왓더니그아비선의쳥고ᄒᆞᆫ지죠를기특히녀겨ᄯᆞᆯ로써선의안해를삼으니치장ᄒᆞ야보니ᄂᆞᆫ지믈이만커ᄂᆞᆯ선이질

거하지아니ᄒᆞ야안ᄒᆡ다려일너갈오ᄃᆡ소군이
부귀ᄒᆞᆫ집에셩장ᄒᆞ야아람답기쉬미기를닉혀
ᄉᆞ니ᄂᆡ진실로간란ᄒᆞ고천한지라능히례를감
당치못ᄒᆞ리로다소군이갈오ᄃᆡ어버니본ᄃᆡ선
싱의덕을닥고금소ᄒᆞ고간략ᄒᆞᆫ년고로써천첩
으로ᄒᆞ여곰뫼서슈건과빗을잡게ᄒᆞ시니임의
군자를밧자와시란ᄃᆡ오직명ᄒᆞ신ᄃᆡ로이좃차
리이다선이웃고갈오ᄃᆡ능히이럿타시ᄒᆞ면참
ᄂᆡ뜻이로다소군이뫼신ᄒᆞ인과조ᄒᆞᆫ복식을다
도라보ᄂᆡ고저른벼처마입고ᄒᆞᆫ가지적은수리

믈ᄯᅥ어싀가에도라와서싀모ᄭᅦ보압는례도를
맛고항아리를ᄭᅵ고나가믈을길러먹더라

唐鄭義宗妻盧氏事舅姑甚得婦道嘗夜有強盜數
十持杖鼓譟踰垣而入家人悉奔竄惟有姑自在室
盧冒白刃往至姑側爲賊捶擊幾死賊去後家人問
何獨不懼盧氏曰人所以異於禽獸者以其有仁義
也隣里有急尙相赴救況在於姑而可委棄乎若萬
一危禍豈宜獨生

졍의죵의되로시싀부모를효도로써셤기더니
하로밤에도적수십명이북을울리며담을넘어

드니집사람이다달아나숨고싀뫼홀로방에잇거늘로시도적의칼을무릅시고싀모를뫼서도적의게치이미되여거의죽어리러니도적간후에집사람이무러되엇지혼자저허치아니ᄒᆞ뇨로시갈오되사람이금수에게다ᄅᆞᆫ바는인과의이쳠이니마을에급함이잇스도오히려서로구할것시온하물며싀모를구치아니ᄒᆞ랴만일위틔한화ㅣ잇스면엇지맛당히혼자사라시리오

柳公綽妻韓氏相國休之曾孫歸柳氏三年無少長未嘗見其啓齒

류공작의안해한시ᄂᆞᆫ정숭휴의증손이니류시의게간삼년에아히어룬업시일즉그니드러남을보들못ᄒᆞ더라

龐德公釋耕於壠上而妻子耘於前夫妻相敬如賓

방덕공이언덕우에서밧가든것을근치고안해와아달이압픠서기음믜시부쳐서로공경ᄒᆞᆷ을손갓치하더라

立教續錄 東國嘉言

립교속록우리나라아람다온말삼이라

退溪先生曰夫婦人倫之始萬福之源雖至親至密

而至正至謹之地世人都忽禮敬遽相狎昵遂至侮慢凌蔑無所不至者皆生於不相賓敬之故

되게린 선ᄉᆡᆼ이 갈오ᄃᆡ 부부ᄂᆞᆫ 인륜에 비로소ᄒᆞᆷ이오 만복의 근원이니 비록 지극히 친밀ᄒᆞ나 ᄯᅩ한 지극히 졍ᄃᆡᄒᆞ고 지극히 삼가할 ᄯᅡ이니 세상 사람이 다 례도로 공경ᄒᆞᆷ은 잇고 문득 서로 친압ᄒᆞ야 졈졈 만모ᄒᆞ며 능멸ᄒᆞᆫᄃᆡ 일어ᄂᆞᆫ지 다 서로 손갓치 공경ᄒᆞ지 못ᄒᆞᆫ 년괴니라

寒暄堂金先生敎諸女曰異日汝往之汝家惟舅姑是順惟祭祀是謹至於麻絲絍紃罔極不謹無敢多

言以招入議事良人遇姊姒必須敬愼財利尤宜不較多少惟恐失兄弟歡心御婢僕以恩有過則敎之敎之不從乃可施罰也

한헌당금션싱이여러ᄯᆞᆯ을가러치갈오ᄃᆡ다른날에너의집에가서싀부모께순텬ᄒᆞ고제사를삼가ᄒᆞ고길삼을부지런히ᄒᆞ며감히말을만니ᄒᆞ야사람의의논을불어지말고가장을섬기며싀누의올처를ᄃᆡ졉호ᄃᆡ반다시공경ᄒᆞ며삼가ᄒᆞ야ᄶᅵ리를더욱맛당이만코적음을교게치말아서오직형제의조흔마암을일을ᄭᅡ저히ᄒᆞ며

비복을어거ᄒᆞᄃᆡ은혜로써ᄒᆞ야허믈잇스면가라치고가라치도좃지아니ᄒᆞ거든이에가히벌을벼풀씨니라

李鰲城曰聖人制禮年過七歲男女不同席嫂叔不通問其別嫌愼微之意至密且詳不如是無以防後世之嫌而有以起淫泆之端後世之人不知此義親戚接遇有別則曰短於睦族指無倫無法之家曰親戚相愛至於接膝而坐同床而食諠浪笑傲褻慢淪入於禽獸之域而自不能覺或謗興於情外變生於帷薄亡身滅族而後悔可不誠哉

리오셩이갈오ᄃᆡ셩인이례를지여나이칠셰되
거든남녀ㅣ자리를갓치아니ᄒᆞ고수숙이통히
뭇지아니케ᄒᆞ니그혐의를분별ᄒᆞ야삼가ᄒᆞ며
간은ᄯᅳᆺ지지극히신밀ᄒᆞ고ᄯᅩ자시ᄒᆞ니이갓지
아니ᄒᆞ면후셰의혐의를막지못ᄒᆞ야ᄡᅥ음일한
ᄯᅳᆺ들일바심이니뒤셰상사람이이룰아지못ᄒᆞ
고친쳑간거쳐졉ᄃᆡ분별잇스면갈오ᄃᆡ목족ᄒᆞ
지못ᄒᆞ다ᄒᆞ고륜괴업고법업ᄂᆞᆫ집을갈아쳐갈
오ᄃᆡ친쳑간의체좃타ᄒᆞ야물업을다이기안고
상을가치먹어희학ᄒᆞ며읫고거만ᄒᆞ야졈졈금

수의지경에일어란혹실사박마말이나고혹잘
안니번이나서몸을바리고일가를망친후에누
위치나니가이경계치아니ᄒᆞ라

成牛溪曰姊妹夫不在不可夜入其室而與姊妹語
也

셩우계갈오ᄃᆡ누의가장이그자리잇지아니ᄒᆞ
면밤에그방에들어가누의를더부러말ᄒᆞ지못
ᄒᆞᆯ지니라

退溪先生曰閨門之內日用周旋飮食言笑豈可與
裸肱股不裹頭奴人相對無障蔽耶

되게션싱이갈오ᄃᆡ부인의언소음식을엇지괄

파다리를들니고머리를감추지아니ᄒᆞ죵의를

이로더부러서로ᄃᆡᄒᆞ여막고갈우지아니ᄒᆞ라

鄭困齋婦女箴曰婦人之德坤道之義厚重塞淵貞

固其志靜正幽閒秉執其儀聲不諠聒容不嬉戲笑

不見矧怒不皺眉言則可驗動則參知聽順其夫無

越其思敬孝舅姑無怠其誠教育子女義以勝情命

令婢僕禮以勝狎內外宗族親以敦睦遠近隣里恤

以周急凡百措爲思省謹密能守此道女中聖哲

뎡곤지의부녀를경계ᄒᆞᆫ글에갈오ᄃᆡ소ᄅᆡ를고

게말며용모를게을케말며위셔도니ᄉᆞ모옴뫼
이지말며셩닌도눈셥을씽거리지말며말을실
상잇기ᄒᆞ며츌립에ᄒᆞᆫ자말며가장의ᄯᅳᆺ을순케
ᄒᆞ며싀부모게효도ᄒᆞ며공경ᄒᆞ야그졍셩을게
을치말며자녀를교양ᄒᆞ되ᄌᆞ졍에불니지말며
비복을불이되은의를몬저ᄒᆞ며족당을화목ᄒᆞ
며인리를구급ᄒᆞ야범ᄇᆡᆨ을삼가ᄒᆞ라이말ᄉᆞᆷ을
직히면녀중에셩쳘되리라

稽古續錄東國善行

계묘속록우리나라착ᄒᆞᆫ힝실이라

靜菴趙先生夫人內外截然衣衾不混

졍암됴션싱의부인은ᄂᆡ외엄졀ᄒᆞ야옷과의불을서로혼잡지아니ᄒᆞ더라

退溪先生夫人相敬如賓居處授受之際人不見其親狎

퇴계션싱의부인은서로공경ᄒᆞ기를손갓치ᄒᆞ야긔거음식과주고반ᄂᆞᆫ지음에남이그친압홈을본셰업더라

許遯溪夫人每遯溪遠出必拜送之還則迎于中門之內揖而陞堂乃拜

허돈계의부인은ᄆᆡ양돈계멀니츄립할셰반다
시비배ᄒᆞ여보ᄂᆡ고도라올셰ᄂᆞᆫ중문안ᄒᆡ셔마
자드려와읍ᄒᆞ고당에올라셔비례ᄒᆞ더라

李鰲城母崔氏家法甚嚴其兄廷秀年少長居同里
至老相見尤數未嘗見侍婢不在側而接也嘗誡諸
女曰吾家子女甚繁而年已長足知禮法雖男妹之
間切不可嬉笑相謔自虧典訓坐臥言語皆當有別

오셩ᄃᆡ감의모친최시ᄂᆞᆫ가법이심히엄졀ᄒᆞ야
그올아비너한동ᄂᆡ살아서로늙도록보기를더
욱자조호ᄃᆡ일즉뫼시ᄂᆞᆫ죵이겻헤잇지아니ᄒᆞ

면서로보ᄂᆞᆫ바를보지못ᄒᆞ더라최시ᄆᆡ양여러
ᄯᆞᆯ들을경계ᄒᆞ야갈오ᄃᆡ우리집ᄌᆞ녀ㅣ심히만
ᄒᆞ니비록남ᄆᆡ간이라도결단코서로뭇고희롱
ᄒᆞ야셩인의훈계를잇들못ᄒᆞᆯ것시니안지며누
어며말과위ᄉᆞᆷ을다맛당이분별잇게ᄒᆞ라

宋公世忠妻李氏朱溪君滐源女也治家甚勤未嘗頃刻自逸居常早起盥櫛端坐終日家人未嘗見其欹側時也宋公喜賓客耽文史家事略不經心李氏勉承其意雖至屢空能經理周悉凡禮所當爲未見闕之常不使公知也

숑세츙의안해리시ᄂᆞᆫ쥬게군의ᄯᆞᆯ이니치산을
부지런히ᄒᆞ야잠간도스스로편키아니ᄒᆞ야항
상일즉일어나세수ᄒᆞ고빗질ᄒᆞ고가사를간금
ᄒᆞ더라가장이빈ᄀᆡᆨ을조와ᄒᆞ고문학을길겨워
ᄒᆞ야치산등졀을견혀모ᄅᆞᄂᆞᆫ지라리시가장의
ᄯᅳᆺ을힘쓰이어비록가난ᄒᆞ나례도에당한것은
일일히쥬션ᄒᆞ야항상가장의게군속ᄒᆞᆷ을알게
아니ᄒᆞ더라

沈舍人順門妻忠貞公許琮之姊也家範甚修雖小
事必稟舍人姑年近百歲許氏昇葉家事晝夜不離

側坐臥必躬扶之婢僕有過不喜箠笞亦未嘗苛罵常戒子婦曰昔陶潛送一力給其子曰此亦人子可善遇之爾曹當以此爲法

심사인순문의안해허시눈츙경공죵의누위니가법을심히닷가비록적은일이라도가쟝의게고ᄒᆞᆫ후에ᄒᆡᆼᄒᆞ고싀모의나이ᄇᆡᆨ세에갓가온지라허시밤낫뫼서안지며누어시기를몸소부지ᄒᆞ며비복이죄잇스도간ᄃᆡ로형벌아니ᄒᆞ며모질기ᄭᅮ짓도아니하야항상아달파며나리를경계ᄒᆞ야갈오ᄃᆡ녯ᄯᅧᆨ도핑퇴이죵ᄒᆞᆫ구를그아달

에게주어갈오되이도쏘한사람의자식이라가
히잘ᄃᆡ졉ᄒᆞᆯ것이라ᄒᆞ니너의도이로써법을ᄒᆞ
라

申象村夫人李氏清江濟臣女也勤儉自守每門會
中表姊姒甚盛務以修麗相高李氏獨攝弊頹坐略
無容飾識者敬之公秉銓時有媚竈求欵者李氏斥
之曰吾少而事嚴君無絲毫累長而奉君子如嚴君
何可以利故垢吾家範乎子翊聖尚公主家益尊貴
而惟日事枲麻紝織

신상촌의부인리시는청강제신의ᄯᆞᆯ이니셩품

이금소하야미양문중목고지에너외당싀누의
와올처들이만ᄒᆞ야사려홈을서로승상ᄒᆞᄃᆡ리
시ᄂᆞᆫ홀로헌옷입고참예히안즈되조곰도수치
ᄒᆞᄂᆞᆫ안식이엽고남도지각잇ᄂᆞᆫ이ᄂᆞᆫ더욱경ᄃᆡ
ᄒᆞ더라가장이이조관서홀ᄯᅢ예부인의게폐빅
으로써벼살구ᄒᆞᄂᆞᆫ자ㅣ잇거ᄂᆞᆯ부인이비척ᄒᆞ
야갈오ᄃᆡ너아히ᄯᅢ부친셤기되조곰도직물로
쳐더럽힌바ㅣ업스니가장셤기믈부친갓치ᄒᆞ
니엇지직물리ᄒᆞᆫ것스로깁법을더럽히리오아
달이부마되여집이더욱존귀ᄒᆞᄃᆡ오직날로친

히삼샴고베쌰더라

鄭公惟沉妻安氏子瀓官大僚女爲 仁廟貴人寢處不具衾枕雞鳴而起夜分而寢到老不變姻黨鄕曲甚有恩意頻致饋遺而未嘗往來日喜出入交遊男子尚不可况婦人乎

졍유침의안해안시의아ᄃᆞᆯ은졍숑이고ᄯᆞᆯ은인묘후궁귀인되엿스되안시잠자리며거처에니불벼기를가추지아니ᄒᆞ고ᄃᆞᆯ이울면일어나고밤이깁ᄒᆞ면자서늙도록변치아니ᄒᆞ고사가결ᄂᆡ와동ᄂᆡ이웃에심히은의잇서음식왕ᄂᆡᄂᆞᆫ

자조ᄒᆞ되서로가뇨오든아니ᄒᆞ야갈오ᄃᆡ츌립
을결겨ᄒᆞ뇨친구사이에눕기를조와녁김은남
자도오히려가치아니ᄒᆞᆫᄃᆡᄒᆞ믈며부인가

武府使尹士貞妻李氏甚得婦道士貞嘗有妾失意
將歸李氏諫曰夫婦之義無間嫡妾今必去之妾亦
不敢自居士貞感其言不去

부사윤사졍의안해리시심히부인의례도잇ᄂᆞᆫ
지라사졍이일즉쳡이잇더니ᄯᅳ지맛지못ᄒᆞ야
장차도라보닐ᄉᆡ리시간ᄒᆞ야갈오ᄃᆡ부부졍의
ᄂᆞᆫ젹쳡어업ᄉᆞ니이제반다시바릴ᄶᅵᆫ딘나도ᄯᅩ

한감히잇늘못ᄒᆞ겟노라사졍이그말ᄉᆞᆷ을늑겨
보니지아니ᄒᆞ니라

善山有一卒與吉治隱先生隣居嘗遠戍其妻恐爲
强暴所汚以棘爲籬自守幾十年一日夜卒自戍還
呼使開門妻不應卒曰久役始歸何不歡迎而反閉
門也妻曰雖信吾良人暮夜潛入則豈平生守燈之
義乎使吉注書聞之亦以爲如何卒止宿籬下翌朝
會隣里迎入

션산사ᄂᆞᆫ군사ᄒᆞᆫ사람이멀리수자리가고그안
해이쟝ᄌᆞᄅᆞᆯ저어ᄒᆞ여가시로울을만들고수십

년ᄒᆞᆯ로직히더니하러밤이군새수자리로부터
도라와서문열나ᄒᆞ거날안해대답아니ᄒᆞ되군
새갈오ᄃᆡ오ᄅᆡ역사ᄒᆞ다가도라오거날엇지길
겨이영졉아니ᄒᆞ고도로여문을닷난고안해갈
오ᄃᆡ비록젹실히니가장이라도져믄밤에가만
혀들온즉엇지평셩등잔직히든바람이리오군
사ㅣ맛참닉울다리아리자거날그이튼날아참
이이옷사람올못기ᄒᆞ고영졉ᄒᆞ여드리더라
寒岡先生處於家內外之法嶄嶄夫人遭母喪先生
以爲雖婦人三年之內不宜混處遂居外舍以至服

關雎男妹之親不令同席而坐

ᄒᆞᆫ강션ᄉᆡᆼ이집에잇서ᄂᆡ외법이엄졀ᄒᆞ지라부인이모장을강ᄒᆞ여션ᄉᆡᆼ이써ᄒᆞ되비록부인이라도삼년아니혼잡ᄒᆞ기거처못ᄒᆞ다ᄒᆞ야드듸여밧게거ᄒᆞ야결제를기다리더라또갈오ᄃᆡ비록남미간이라도ᄒᆞᆫ자리안지못ᄒᆞ리라ᄒᆞ더라

女士須知卷之一 녀사수지권지일 紫巖藏板